面向"十二五"高职高专精品规划教材·经管系列

经济学应用基础

王 蓓 李 蕾 主编

郭 懿 辜 林 付 蕾 龚 洁 李云丽 副主编

清华大学出版社

北 京

内 容 简 介

本书作为"项目导向、任务驱动"型教材，适合目前高职高专推行的教学模式改革，编写重点强调了"应用"，简化了传统理论，以解决问题为导向，更适合职业教育的发展。

本书共分为 14 个项目，主要内容包括介绍经济学的研究对象、研究内容、研究方法。其中微观经济学部分主要研究稀缺资源的有效配置问题，包括经济学原理介绍、需求、供给与均衡价格理论与应用、消费者行为理论与应用、生产者行为理论与应用、成本理论与应用、市场理论与应用、分配理论与应用等；宏观经济学部分主要研究稀缺资源的利用问题，包括国民收入核算理论与应用、国民收入决定理论与应用、失业与通货膨胀、经济周期与经济增长理论与应用、宏观经济政策、开放经济理论部分等。

本书既可作为高职高专、成人高等教育院校经济管理及相关专业的教材，也可作为广大经济管理学爱好者自学的入门教材，也可供经济管理领域的相关人士参考。

图书在版编目(CIP)数据

经济学应用基础/王蓓，李蕾主编. --北京：清华大学出版社，2013（2015.8 重印）

(面向"十二五"高职高专精品规划教材·经管系列)

ISBN 978-7-302-33732-4

Ⅰ. ①经… Ⅱ. ①王… ②李… Ⅲ. ①经济学—高等职业教育—教材 Ⅳ. ①F0

中国版本图书馆 CIP 数据核字(2013)第 204532 号

责任编辑：李玉萍　郑期彤
封面设计：刘孝琼
责任校对：周剑云
责任印制：杨　艳

出版发行：清华大学出版社
　　　　网　　　址：http://www.tup.com.cn，http://www.wqbook.com
　　　　地　　　址：北京清华大学学研大厦 A 座　　　　邮　　编：100084
　　　　社 总 机：010-62770175　　　　邮　　购：010-62786544
　　　　投稿与读者服务：010-62776969，c-service@tup.tsinghua.edu.cn
　　　　质 量 反 馈：010-62772015，zhiliang@tup.tsinghua.edu.cn
　　　　课 件 下 载：http://www.tup.com.cn，010-62791865
印 装 者：北京鑫海金澳胶印有限公司
经　　销：全国新华书店
开　　本：185mm×260mm　　　　印　　张：17.5　　　　字　　数：421 千字
版　　次：2013 年 9 月第 1 版　　　　印　　次：2015 年 8 月第 3 次印刷
印　　数：4001～5500
定　　价：34.00 元

产品编号：051766-01

前　言

本书按照项目导向、任务驱动型教学方式进行编写，每个项目都经过精心设计，适合目前高职高专推行的教学模式改革。本书在编写上重点强调了"应用"，简化了传统理论，以解决问题为导向，强调基本知识和实用技能的融合，各项目内容均由"任务引入"、"技能目标"、"知识目标"、"知识点学习"、"项目小结"、"项目考核"和"拓展项目"七部分组成，使读者在了解和掌握经济学的基本原理的同时能运用所学的理论分析现实问题，为今后的专业学习打下良好的理论基础。

本书共分 14 个项目模块：主要介绍西方经济学的研究对象、研究内容、研究方法。其中微观经济学部分主要研究稀缺资源的有效配置问题，包括经济学原理介绍、需求、供给与均衡价格理论与应用、消费者行为理论与应用、生产者行为理论与应用、成本理论与应用、市场理论与应用、分配理论与应用等；宏观经济学部分主要研究稀缺资源的利用问题，包括国民收入核算理论与应用、国民收入决定理论与应用、失业与通货膨胀、经济周期与经济增长理论与应用、宏观经济政策、开放经济理论部分等。

此次编写项目导向任务驱动型教材，适合目前高职高专推行的教学模式改革，重点强调"应用"，简化了传统理论，以解决问题为导向，旨在进行职业教育的新尝试。

本书由天津电子信息职业技术学院王蓓老师和天津渤海职业技术学院李蕾老师担任主编；天津渤海职业技术学院郭懿老师、天津城建职业学院辜林老师、天津现代职业技术学院付蕾老师、天津河西区职工大学龚洁老师和天津河西区职工大学李云丽老师担任副主编；天津电子信息职业技术学院张桓老师担任主审。其中王蓓编写项目五、项目十二及全书策划、统稿，付蕾编写项目三、项目十及修改，李蕾编写项目七、项目十一及习题编写，郭懿编写项目十三、项目十四，龚洁编写项目四、项目八，辜林编写项目二、项目九，李云丽编写项目一、项目六。

本书既可作为高职高专、成人高等教育院校经济管理及相关专业的教材，也可作为广大经济管理学爱好者自学的入门教材，也可供从事经济管理领域相关人士参考。

本书在编写过程中，借鉴了国内外经济学理论研究和教学的优秀成果，得到了南开大学经济学院有关领导和教师的支持和帮助，在此，对所有帮助过我们的同志一并表示衷心的感谢！由于编者水平所限，书中如有不妥之处，欢迎读者批评指正。

编　者

目 录

项目一　认识经济学

【项目引入】

"大炮与黄油"问题是经济研究的一个经典案例。"大炮"代表军用品,是保卫一个国家的国防所必不可少的;"黄油"代表民用品,是提高一国国民生活水平所必需的。"大炮与黄油"的问题也就是一个社会如何配置自己的稀缺资源的问题。

任何一个国家都希望有无限多的大炮与黄油,这就是欲望的无限性。但任何一个社会用于生产大炮与黄油的资源总是有限的,这就是社会所面临的稀缺性。因此,任何一个社会都要决定生产多少大炮与黄油。这就是社会所面临的选择问题。作出选择并不是无代价的。在资源既定的情况下,多生产一单位大炮,就要少生产若干单位黄油。为多生产一单位大炮所放弃的黄油数量就是生产大炮的机会成本。"大炮与黄油"问题概括了经济学的内容。

各个社会都要解决"大炮与黄油"问题。纳粹德国时代,希特勒叫嚣"要大炮不要黄油",实行国民经济军事化。"二战"后,苏联为了实现霸权与美国对抗,把有限的资源用于生产大炮——军事装备与火箭等,这就使人民生活水平低下,长期缺乏黄油,匈牙利经济学家科尔奈称此现象为"短缺经济"。"二战"中,美国作为"民主的兵工厂"(时任美国总统罗斯福的名言),向反法西斯国家提供武器,也把相当多的资源用于生产"大炮"。大炮增加,黄油减少,因此,美国战时对许多物品实行管制。无论出于什么目的而更多地生产大炮,都要求经济的集中决策——希特勒的法西斯独裁,苏联的计划经济,或者美国的战时经济管制。这些体制都可以集中资源不计成本地达到某种目的——法西斯德国的侵略,苏联的霸权,以及美国的反法西斯。但代价是黄油减少,人民生活水平下降。

在正常的经济中,政府与市场共同决定大炮与黄油的生产,以使社会福利达到最大。整个经济学都是在解决"大炮与黄油"问题。在学习中可以经常想想所学的内容与这一问题有什么关系,或者说如何有助于更好地解决"大炮与黄油"问题。

讨论:通过上述案例,同学们想想在实际生活中存在哪些稀缺资源的配置问题?

(资料来源:曼昆. 经济原理[M]. 北京:北京大学出版社,2009.)

【技能目标】

- 学会运用经济学的眼光去看待现实生活中的各种现象。
- 初步学会从经济学的角度来分析各种社会问题。
- 理解经济运行十大原理,并可用于实际问题分析。

【知识目标】

- 能够掌握欲望、稀缺性、选择、机会成本、经济学等基本概念。
- 能够掌握西方经济学的四个假设。
- 能够熟悉西方经济学的几种分析方法。

【关键概念】

经济学　稀缺性　欲望　选择　机会成本　理性经济人　通货膨胀

【导语】

生活在经济社会中，每个人都在日常生活中不知不觉地应用着经济学的理论。本从经济学的含义入手，介绍经济学的研究内容，认识经济运行十大原理，学习经济学的研究方法。

第一节　认识经济学

一、经济学的含义

对于经济学的含义，不同时期有不同的定义。

经济学是一门研究人类一般生活事务的学问。((英)阿尔弗雷德·马歇尔(Arfred Marshall)《经济学原理》)

经济学研究的是社会如何利用稀缺的资源以生产有价值的商品，并将它们分配给不同的个人。((美)保罗·萨缪尔森(Paul A.Samuelson)《经济学》)

经济学是研究人和社会对有不同用途的稀缺资源利用并加以选择的科学。其目标是有效配置稀缺资源以生产商品和劳务，并在现在或将来把它们合理分配给社会成员或集团以供消费之用。

二、经济学研究中的基本假设

经济现实是复杂多变的，为了专注于要说明的东西，就要求假设其他条件不会变化。只有先假定某一或某些因素不变，才能分析出其他因素的运动变化规律，然后再假设这些因素不变的情况下其他相关因素的变化情况，这样总结起来就能比较客观地反映事物的运动本质。可以说，经济学假设是了解和研究经济学的必要前提。在具体的研究中，经济学有四大基本假设。

1. 理性经济人假设

所谓的理性经济人，是在一定约束条件下总希望实现自己效用最大化的人。

　　理性经济人假设认为人是自私的，自私的人是有理性的，因此人所从事一切活动的目的就是个人利益最大化。此外，从个人理性可以推出社会理性，理性是可以计量的。经济学就是建立在对这种人性承认的基础之上的，因此经济学把理性人假设作为自己的基本前提。理性经济人就是把个人利益最大化当做是一切行为的目标的人，而经济学就是在这一假设前提之下对资源在限制条件下如何实现效用最大化的问题进行研究。这对个人而言是实现收入和效用的最大化；对企业而言是实现利润和企业资产价值的最大化；对国家、社会而言是 GDP 和社会福利的最大化。理性经济人假设是进行现代经济分析和把握经济规律的重要工具。

2. 资源稀缺假设

　　资源稀缺性假设是指相对于人们永无止境的欲望和需求，资源总是不够的。学习经济学首先必须承认资源稀缺性假设，因为如果资源是足够的，那就不需要选择，也就没必要考虑成本，当然就不会有经济学存在和发展的必要。人们的欲望和需求是复杂多样的，也是无穷无尽的，满足了一种低层次的需求，就会产生一种更高的新的需求。于是任何一种资源无论总量有多大，总是稀缺的。

　　因此从这个角度上说，资源之所以稀缺完全是被我们人类自身"制造"出来的。人类在不断追求更高的生活质量的过程中，会受到来自时间、空间和各种资源的限制，人们为了突破这种限制，在寻求和实现解决方法的同时，也不断为自己制造出更多的难题和更大的麻烦，于是又要花费力气发展自己以解决这些问题、克服这些难题。就是在这种无限循环的解决问题、制造新的矛盾，再解决新的矛盾、又制造新的问题的过程中，我们的资源变得越来越稀缺。从这个意义上讲，资源的稀缺性在人类生存这个层面上是可以不成为问题的，但在人们无限度的需求面前，资源的稀缺性就有了实际意义，因此这个假定也就无疑地成立了。

3. 完全信息假设

　　完全信息是指每一个人都能够掌握足够使自己交易得以顺利进行的信息。完全信息假设在微观经济学中占有重要的地位。如果信息是完全的，那么市场价格机制才会是有效的，资源就能实现最优配置。

　　在市场经济中，政府只有在掌握完全信息的基础上，才能对事实有全面而真实的把握，以这些信息为根据所作出的决策才具有现实可行性。个人和企业也需要大量地掌握经济信息，才能在市场的变换面前适时地调整自己的策略，以实现利益的最大化。由此可见完全信息假设在经济学中所占的重要地位。

4. 市场出清假设

市场出清是指在市场调节供给和需求的过程中市场机制能够自动地消除超额供给(供

给大于需求)或超额需求(供给小于需求)，市场在短期内自发地趋于供给等于需求的均衡状态。该假设是建立在最大化原则与自由价格假设之上的假设，与前两个基本假设有明确的因果关系。对于在最大化原则与自由价格假设的共同作用下的结果，亚当·斯密(Adam Smith)认为追求最大化的个人"在这样做时，有一只看不见的手引导他去促进一种目标，而这种目标绝不是他所追求的目的，由于追求自己的利益，他经常促进了社会利益，其效果是以他真正促进社会利益时所得到的效果为大。"在此，斯密所谓的"看不见的手"一般被认为是价格机制，并且是自由灵活变动的价格机制，即价格可以使个人理性和社会理性达到一致。

理性经济人、资源稀缺、完全信息、市场出清这四个基本的假设，为经济学的分析力、决策力提供了现实的前提条件和基础，因而在学习经济学的时候就必须先了解这些假设。

三、经济学研究的内容

经济学是研究在市场经济制度下，稀缺资源配置和利用的科学。或者说，是研究在市场经济制度下，个人、企业、政府以及其他组织如何在社会范围内进行选择，以及这些选择如何决定社会稀缺资源的使用的科学。

资源配置(allocation of resources)是指在各种可供选择的用途中，一个社会如何把经济资源分配到不同部门、生产不同产品的企业以及社会各成员中，以取得最大的经济效果。

资源配置可以分为宏观与微观两个层次。宏观资源配置是指全社会的各种生产性资源在不同部门、不同地区的分配和使用；微观资源配置是指企业内部的各种生产要素的组合。整个社会资源配置效率的提高，是宏观资源配置效率与微观资源配置效率提高的总和。

1. 微观经济学

微观经济学以单个经济单位为研究对象，通过研究单个经济单位的经济行为和相应的经济变量单项数值的决定，来说明价格机制如何解决社会的资源配置问题。

微观经济学包括的内容相当广泛。其中主要有以下几点。

第一，均衡价格理论，也称价格理论。该理论研究某种商品的价格如何决定，以及价格如何调节整个经济的运行。这一部分是微观经济学的中心，其他内容都是围绕这一中心而展开的。

第二，消费者行为理论。该理论研究消费者如何把有限的收入分配于各种物品的消费上，以实现效用最大化。这一部分是对决定价格的因素之一——需求的进一步解释。

第三，生产者行为理论。该理论研究生产者如何把有限的资源用于各种物品的生产而实现利润最大化。这一部分包括研究企业内部组织与效率的企业理论，研究生产要素投入与产量之间关系的生产理论，以及研究成本与收益之间关系的成本与收益理论。这一部分是对决定价格的另一个因素——供给的进一步解释。

第四，市场结构理论。该理论研究企业在不同结构市场上的行为与市场均衡。如果说均衡价格理论是研究完全竞争市场上的价格决定问题，这一部分就是研究不同市场上的价格决定问题。

第五，分配理论。该理论研究产品按什么原则分配给社会各集团与个人，即工资、利息、地租和利润如何决定。这一部分是运用价格理论来说明为谁生产的问题。

第六，一般均衡理论与福利经济学。该理论研究社会资源配置最优化的实现，以及社会经济福利的实现等问题。

第七，市场失灵与微观经济政策。传统微观经济学理论以完全竞争、完全理性与完全信息为前提。但在现实中，由于公共物品、外部性、垄断与信息不对称，价格调节并不总是能实现资源的最优配置，这就称为市场失灵。解决市场失灵就需要政府的微观经济政策。

现代微观经济学还包括更为广泛的内容。诸如，产权经济学、成本-收益分析、时间经济学、家庭经济学、人力资本理论等。这些都是在微观经济学基本理论的基础之上发展起来的。微观经济学还是现代管理科学的基础。在本书中，我们介绍微观经济学最基本的内容：均衡价格理论、消费者行为理论、生产理论、厂商均衡理论、分配理论、市场失灵理论以及相关的微观经济政策。

2. 宏观经济学

宏观经济学以整个国民经济为研究对象，通过研究经济中各有关总量的决定及其变化，来说明资源如何才能得到充分利用。

宏观经济学的内容相当广泛，包括宏观经济理论、宏观经济政策，以及宏观经济计量模型。本书涉及的主要是宏观经济理论与政策。其中主要内容有以下几点。

第一，国民收入决定理论。国民收入或称国内生产总值(GDP)是衡量一国经济资源利用情况和整个国民经济状况的基本指标。宏观经济学要研究长期与短期中宏观经济的决定。在长期中说明潜在 GDP、物价水平和自然失业率的变动。短期中用总需求—总供给模型，即从总需求和总供给的角度出发，分析 GDP 和物价水平的决定及其变动的规律。这是宏观经济学的中心。

第二，失业与通货膨胀理论。失业与通货膨胀是各国经济中最主要的问题。宏观经济学把失业与通货膨胀和 GDP 联系起来，分析其原因及其相互关系，以便找出解决这两个问题的途径。

第三，经济周期与经济增长理论。经济周期指国民收入的短期波动，经济增长指国民收入的长期增长趋势。这一理论主要分析国民收入短期波动的原因、长期增长的源泉等问题，以期实现经济长期稳定的发展。

第四，宏观经济政策。宏观经济学是为国家干预经济服务的，宏观经济理论要为这种干预提供理论依据，而宏观经济政策则是要为这种干预提供具体的措施。政策问题包括政策目标，即通过宏观经济政策的调节要达到什么目的；政策工具，即用什么具体办法来达到这些目的；政策效应，即宏观经济政策对经济的作用。

第五，开放经济理论。现实的经济都是开放型的经济，开放经济理论要分析一国国民收入的决定与变动如何影响别国，以及如何受到别国的影响，同时也要分析开放经济下一国经济的调节问题。

3. 微观经济学与宏观经济学的关系

微观经济学与宏观经济学在研究的对象、解决的问题、中心理论和分析方法上存在差别。但作为经济学的不同组成部分，它们之间又有着密切的联系。

(1) 二者在内容上互相补充。经济学的目的是要实现社会经济福利的最大化。为了达到这一目的，既要实现资源的最优配置，又要实现资源的充分利用。微观经济学在假定资源已实现充分利用的前提下分析如何达到最优配置的问题；宏观经济学在假定资源已实现最优配置的前提下分析如何达到充分利用的问题。它们从不同的角度分析社会经济问题。从这一意义上说，微观经济学与宏观经济学不是互相排斥的，而是互相补充的，它们共同组成经济学的基本原理。

(2) 二者在研究方法上主要是实证分析。微观经济学与宏观经济学都把社会经济制度作为既定的，不分析社会经济制度变动对经济的影响。也就是说，它们都是把市场经济制度作为一个既定的存在，分析这一制度下的资源配置与利用问题。这种不涉及制度问题，只分析具体问题的方法就是实证分析。从这种意义上看，微观经济学与宏观经济学都属于实证经济学的范围。

(3) 微观经济学是宏观经济学的基础。整体经济是单个经济单位的总和，微观经济学应该成为宏观经济学的基础。但如何把微观经济学作为宏观经济学的基础，不同的经济学家有不同的理解。

第二节　认识经济运行原理

一、人们如何作出决策

原理一：人们面临交替关系

人类社会的基本问题是生存与发展。生存与发展就是不断地用物质产品(或劳务)来满足人们日益增长的需求。需求来自欲望，欲望是一种缺乏的感受与求得满足的愿望。欲望可能产生于生理要求，也可能产生于心理要求。欲望的基本特点在于无限性，即人们的欲望永远没有完全得到满足的时候。一种欲望满足了，又会产生新的欲望，永无止境；同时也正是欲望的无限性推动了人类不断去追求，去探索，才有了社会进步。人的欲望要用各种物质产品(或劳务)来满足。物质产品(或劳务)要用各种资源来生产。这些资源包括人力与自然资源。一个社会无论有多少资源，总是一个有限的量。无限的欲望与有限的资源之间的关系就是经济学所说的稀缺性。稀缺性的定义：相对于人类社会的无穷欲望而言，经济物品或者说生产这些物品所需要的资源总是不足的，这种资源的相对有限性就是稀缺性。

稀缺性决定了每一个社会和个人必须作出选择。选择就是用有限的资源去满足哪种欲望的决策，或者说如何使用有限资源的决策。

原理二：某种东西的成本是指为了得到它而放弃的东西

"天下没有免费的午餐"，作出选择有所得就要有所失，为了得到某种东西而放弃的另一种东西就是作出决策的机会成本。例如，我们把一块土地用于作为体育场时，必须放弃这块土地所能生产的粮食。为修建体育场所放弃的粮食就是作出修建体育场这项选择的机会成本。对于机会成本的理解，要把握以下几点。

第一，机会必须是决策者可选择的项目。机会成本所指的机会必须是决策者可选择的项目，若不是决策者可选择的项目便不属于决策者的机会。例如，某农民只会养猪和养鸡，那么养牛就不是某农民的机会。

第二，机会成本是指放弃的机会中收益最高的项目。放弃的机会中收益最高的项目才是机会成本，即机会成本不是放弃项目的收益总和。例如，某农民只能在养猪、养鸡和养牛中择一从事，若三者的收益关系为养牛＞养猪＞养鸡，则养猪和养鸡的机会成本皆为养牛，而养牛的机会成本仅为养猪。

原理三：理性人考虑边际量

经济事物是在各种因素的影响下不断变动的变量，一般用边际变动这个术语来描述对现有行动计划的微小增量调整。边际量是指某个经济变量在一定因素的影响下发生的变动量，即增量。理性人通常通过比较边际利益与边际成本来做决策。因此，边际量就是理性人在做正确决策时的重要参考。

许多人都有这样的经验，当你饥肠辘辘时，急着去街头买吃的。假设去买烧饼，由于饿得厉害，当你吃第一个烧饼时，即使价钱贵一点，也不会挑剔什么，因为这时最饿，最需要烧饼，多花一点钱也愿意。而吃第二个烧饼时，感觉就不太一样了，尽管也饿，但毕竟不像刚才那样迫切需要了。如果你的饭量是介于四到五个烧饼之间，那么，当你吃完第四个烧饼后，由于基本上已经吃饱，对烧饼的需要已经不再迫切，第五个烧饼可以吃，也可以不吃。由于烧饼的价钱较贵，一般情况下，你是不会再买第五个了。这是因为你考虑到了自己的边际成本与边际收益，第五个烧饼对你而言，边际成本已经超过了边际收益，那么理性的你自然会选择拒绝。

边际收益和边际成本是经济学中非常重要的概念，需要人们在学习经济学的过程中引起足够的重视。关于边际收益，有一个递减和递增的问题。例如，在上述关于烧饼的例子中，第一个烧饼的边际收益最大，因为那是你需要的，而第五个烧饼的边际收益最小，因为那个时候你几乎已经饱了，它对你已经是可有可无的了。那么，每支出一个烧饼的价钱所产生的效益，也就是你感觉花钱后所买来的价值，其实是从第一个向最后一个递减的。烧饼这个例子，可以帮助我们更好地理解边际收益这个概念。

对于特定的这个人而言，如果他是理性的，他应该考虑的选择点至少应该保证边际收益大于边际成本，而一旦边际成本高于边际收益，那么便不是一个理性的人应该作出的最佳选择。

原理四：人们会对激励作出反应

人们面临选择时会通过比较成本与收益，尤其是成本与收益的边际变动来作出决策。这样，就可以得出结论：当成本或收益变动时，人们的行为也会改变。就是说，人们会对激励作出反应。

关于个人做出决策的基本结论是，人们面临不同目标之间的权衡取舍，任何一种行为的成本可以用所放弃的机会来衡量，理性人通过比较边际成本与边际利益做出决策，而人们根据他们所面临的激励改变自己的行为。

二、人们如何相互交易

原理五：贸易能使每个人状况更好

贸易的好处就是使每个人可以专门从事自己最擅长的活动。通过与他人交易，我们可以按较低的价格买到各种自己需要并喜欢的物品与劳务。例如：虽然每个家庭都与其他的家庭竞争，但是如果把你的家庭与所有其他家庭完全隔绝开来的话，并不见得会过得很好。因为如果是那样的话，我们就必须自己种食物、自己裁布做衣服、自己造车盖房子。

人与人之间是存在差异的，每个人都有自己的独到之处，而且每个人都会有自己特殊的做事方式和方法。贸易经济使大家的成果能够互相交换，不必亲自去生产却能从他人那里得到自己需要的东西。互相交换远远比各自为战、孤立生产要好得多。就像一辆汽车，由瑞典提供发动机、美国提供车框架、泰国提供轮胎、日本提供保险杠、韩国提供车灯……最后在中国进行组装加工。这其中，贸易经济使各国的优势都发挥了出来，并生产出了成本较低、较为优质的汽车。

我们通过一个例子进一步感受贸易给我们带来的好处。假设有两户人家，陈家人捕鱼，张家人种地。陈家人每天可以捕 8 斤鱼，张家人每天可以种 15 斤粮食。如果他们相互之间隔绝生活的话，每天就只能过着单调的生活，因为陈家人只能吃鱼，张家人只能吃粮食。但如果存在贸易，那么他们之间可以相互交换，每家人也可以去享受更多的东西了。

但如果一个人在每个领域都很擅长的话，他还有必要进行贸易吗？我们再回顾一下刚刚的情景来解释这个问题。

假设陈家人每天可以捕 8 斤鱼，或者种 24 斤粮食；张家人每天可以捕 5 斤鱼，或者种 20 斤粮食。要是从主观分析两家人若相互交换，张家人不管怎么样都会占了很大的便宜，那么陈家人还会选择去交易么？从机会成本来看，陈家人得到 1 斤鱼的机会成本是 3 斤粮食，张家人得到 1 斤鱼的机会成本是 4 斤粮食。那么张家人在生产粮食方面比较有优势，陈家人在捕鱼方面比较有优势。从绝对优势来看，陈家人不管在捕鱼还是在生产粮食方面都具有绝对优势。如果他们各自生产，结果是陈家人每天捕 5 斤鱼，种 9 斤粮食；张家人每天捕 3 斤鱼，种 8 斤粮食。但是如果他们各自只生产一种产品，那么陈家人每天可以有 8 斤鱼，没有粮食；张家人每天有 20 斤粮食，没有鱼。陈家人拿 3 斤鱼、张家人拿 10 斤粮食进行交换，那么结果是陈家一共有 5 斤鱼 10 斤粮食，张家人一共有 3 斤鱼 10 斤粮食。这么一看，和原来相比，贸易可以使得陈家人吃更多的粮食，张家人也吃到更多的粮食。只要他们的鱼和粮食的价格比在 1∶3 和 1∶4 之间，两家都会有好处。显而易见，贸易的好处是体现在比较优势上而不是绝对优势上。

原理六：市场通常是一种组织经济活动的好方法

在一个市场经济(Market Economy)中，中央计划者的决策被千百万企业和家庭的决策所取代。企业决定雇用谁和生产什么。家庭决定为哪家企业工作，以及用自己的收入购买什么。这些企业和家庭在市场上相互交易，价格和个人利益引导他们的决策。

经济学家亚当·斯密在其 1776 年出版的著作《国民财富的性质和原理的研究》中提出了全部经济学中最有名的观察结果：家庭和企业在市场上相互交易，他们仿佛被一只"看不见的手"所指引，并导致了合意的市场结果。价格就是看不见的手，用来指引经济活动的工具。价格既反映了一种物品的社会价值，也反映了生产该物品的社会成本。由于家庭和企业在决定购买什么和卖出什么时关注价格，所以，他们就不知不觉地考虑到了他们行动的社会收益与成本。结果，价格指引这些个别决策者在大多数情况下实现了整个社会福利最大化的结果。

关于"看不见的手"在指引经济活动中的技巧有一个重要推论：当政府阻止价格根据供求自发地调整时，他就限制了"看不见的手"协调组成经济的千百万家庭和企业的能力。这个推论解释了为什么税收对资源配置有不利的影响：税收扭曲了价格，也因此扭曲了家庭和企业的决策。这个推论还解释了租金控制这类直接控制价格的政策所引起的更大伤害。中央计划者之所以失败，是因为他们在管理经济时把市场上那只"看不见的手"缚起来了。

原理七：政府有时可以改善市场结果

尽管市场通常是组织经济活动的一种好方法，但这个规律也有重要的例外。政府干预经济的原因有两类：促进效率和促进平等。也就是说，大多数政策的目标不是把经济蛋糕做大，就是改变蛋糕的分割。

尽管"看不见的手"通常会使市场有效地配置资源，但情况并不是这样。经济学家用市场失灵这个术语来指市场本身不能有效配置资源的情况。市场失灵的一个可能原因是外部性，外部性是一个人的行为对旁观者福利的影响。例如，外部成本的典型例子是污染。市场失灵的另一个可能原因是市场势力。市场势力是指一个人(或一小群人)不适当地影响市场价格的能力。例如，假设某镇里的每个人都需要水，但只有一口井，这口井的所有者并不受残酷竞争的限制，而正常情况下，"看不见的手"正是以这种竞争来制约个人的私利。在存在外部性或垄断的情况下，设计良好的公共政策可以提高经济效率。

"看不见的手"也不能确保公平地分配经济成果。市场经济根据人们生产其他人愿意买的东西的能力来给予报酬。世界上最优秀的篮球运动员赚的钱比世界上最优秀的棋手多，只是因为人们愿意为看篮球比赛比看象棋比赛付更多的钱。看不见的手并没有保证每个人都有充足的食品、体面的衣服和充分的医疗。许多公共政策，如所得税和福利制度的目标就是要实现更平等的经济福利分配。

我们说政府有时可以改善市场结果并不意味着它总能这样。公共政策并不是完美的，而是由极不完善的政治程序制定的。有时所设计的政策只是为了有利于政治上有权势的人；有时政策由动机良好但信息不充分的领导人制定。学习经济学的目的之一就是帮助人们判断什么时候一项政府政策适用于促进效率与公正，而什么时候不行。

关于人们之间相互交易的基本结论是，贸易可以是互利的，市场通常是协调人们之间贸易的一种好方法，如果存在某种市场失灵，或者如果市场结果不平等，政府可以改善市场结果。

三、整体经济如何运行

原理八：一国生活水平取决于其生产物品和劳务的能力

世界各国在同一时期或一个国家在不同时期人们的生活水平有巨大的差别，这些差别几乎都可以归因于各国生产率(Productivity)的差别——一个工人一小时所生产的物品与劳务量的差别。在那些每单位时间工人能生产大量物品与劳务的国家，大多数人享有高生活水平；在那些工人生产率低的国家，大多数人必须忍受贫困的生活。同样，一国的生产率增长率决定了平均收入增长率。

生产率和生活水平之间的基本关系是简单的，但它的意义是深远的。如果生产率是生活水平的首要决定因素，那么，其他解释的重要性就应该是次要的。例如，有人把20世纪美国工人生活水平的提高归功于工会或最低工资法，但美国工人的真正英雄行为是他们提高了生产率。另一个例子是，一些评论家声称，20世纪70年代和20世纪80年代美国收入增长放慢是由于日本和其他国家日益激烈的竞争，但真正的敌人不是来自国外的竞争，而是美国生产率增长的放慢。

生产率与生活水平之间的关系对公共政策也有深远的含义。在考虑任何一项政策如何影响生活水平时，关键问题是这项政策如何影响我们生产物品与劳务的能力。为了提高生活水平，决策者需要通过让工人受到良好的教育，拥有生产物品与劳务需要的工具，以及得到获取最好技术的机会。

原理九：政府发行较多的货币导致物价上升

1921 年 1 月，德国一份日报价格为 0.3 马克。不到两年之后，也就是 1922 年 11 月，一份同样的报纸价格为 7 000 万马克。经济中所有其他价格都以类似的程度上升。这个事件是历史上最惊人的通货膨胀(Inflation)的例子，通货膨胀是经济中物价总水平的上升。

虽然美国从未经历过接近于德国 20 世纪 20 年代的情况，但通货膨胀有时也成为一个经济问题。例如，20 世纪 70 年代期间，物价总水平翻了一番多，杰拉尔德·鲁道夫·福特(Gerald Rudolph Ford Jr.)总统称通货膨胀是"公众的头号敌人"。与此相比，在 20 世纪 90 年代，通货膨胀每年 3%左右；按这个比率，物价 20 多年才翻一番。由于高通货膨胀给社会带来了各种代价，所以世界各国都把保持低通货膨胀作为经济政策的一个目标。

那么是什么引起了通货膨胀？在大多数严重或持续的通货膨胀情况下，罪魁祸首总是相同的——货币量的增长。当一个政府创造了大量本国货币时，货币的价值下降了。在 20 世纪 20 年代初的德国，当物价平均每月上升 3 倍时，货币量每月也增加了 3 倍。美国的情况虽然没有这么严重，但美国经济史也得出了类似的结论：20 世纪 70 年代的高通货膨胀与货币量的迅速增长是相关的，而 20 世纪 90 年代的低通货膨胀与货币量的缓慢增长也是相关的。

原理十：社会面临通货膨胀和失业之间的短期交替关系

当政府增加经济中的货币量时，一个结果是通货膨胀：另一个结果是至少在短期内降低失业水平。说明通货膨胀与失业之间短期权衡取舍的曲线被称为菲利普斯曲线(Phillips Curve)。

虽然经济学家仍对菲利普斯曲线有所争议，但大多数经济学家现在接受了这种思想：通货膨胀与失业之间存在短期权衡取舍。这就简单地意味着，在一两年的时期中，许多经济政策在相反的方向推动通货膨胀与失业。无论通货膨胀和失业从高水平开始(正如 20 世纪 80 年代西方国家的情况)，或者从低水平开始(正如 20 世纪 90 年代后期西方国家的情况)，或者从这两者之间某个地方开始，决策者都面临这种权衡取舍。

通货膨胀和失业之间的权衡取舍只是暂时的，但这种关系会持续好几年。因此，菲利普斯曲线是理解经济中许多发展的关键。特别是，它对理解经济周期(用雇用的人数或生产的物品与劳务衡量的，经济活动中无规律的、大部分无法预测的波动)是重要的。决策者在运用各种政策工具时可以利用通货膨胀和失业之间的这种短期权衡取舍。决策者可以通过改变政府支出量、税收量和发行的货币量来影响经济所经历的通货膨胀与失业的组合。由于这些货币与财政政策工具具有如此大的潜在力量，所以决策者应该如何运用这些工具来控制经济一直是一个有争议的问题。

关于整体经济的基本结论是，生产率是生活水平的最终根源，货币增长是通货膨胀的最终根源，而且，社会面临着通货膨胀与失业之间的短期权衡取舍。

第三节　经济学的研究方法

一、实证分析和规范分析

1. 实证分析

实证分析方法研究经济问题时脱离价值判断，只研究经济本身的内在规律，并根据这些规律分析和预测人们经济行为的效果。它要回答"是什么"的问题。

2. 规范分析

规范分析方法研究经济问题时以一定的价值判断为基础，提出某些标准作为分析处理经济问题的标准，并研究如何才能符合这些标准。它要回答"应该是什么"的问题。

3. 实证分析与规范分析的区别

实证分析和规范分析是两种不同的分析方法，它们的区别主要表现在以下几个方面。

(1) 实证分析总是企图摆脱和排斥价值判断，而规范分析总是与一定的价值判断相结合。

(2) 实证方法要解决"是什么"的问题，即要确认事实本身，研究经济本身的客观规律与内在逻辑，分析经济变量之间的关系，并用于进行分析与预测。规范方法要解决"应该是什么"的问题，即要说明事物本身是好还是坏，是否符合某种价值判断，或者对社会有什么意义。这一点决定了实证方法可以避开价值判断，而规范方法必须以价值判断为基础。

(3) 实证分析的命题具有客观性，有正确与错误之分；而规范分析的命题不具有客观性，没有正确与错误之分。

4. 实证分析与规范分析的联系

实证分析和规范分析尽管有所不同，但并不是绝对对立。一般来说，实证分析以规范分析为指导，同时价值判断往往产生于一定的实证分析结论。因此，经济学的研究既需要实证分析，也需要规范分析，二者的结合运用，方能确保经济研究的正确方向。

二、均衡分析

经济学中的均衡是指经济体系中相互抗衡的力量势均力敌，使体系处于一种相对静止，不再变动的状态。在这种状态下，经济决策者意识到重新调整资源的配置方式已不可能获得更多的利益，从而不再改变其经济行为。

均衡分析就是在假定经济体系中的经济变量既定条件下，考察体系达到均衡时所出现的情况以及实现均衡所需要的条件。

均衡分析可分为局部均衡分析和一般均衡分析。局部均衡分析考察在其他条件不变时单个市场均衡的建立与变动；一般均衡分析考察各个市场之间均衡的建立与变动，它是在各个市场的相互关系中来考察一个市场的均衡问题的。均衡分析偏重于数量分析；非均衡分析则认为经济现象及其变化的原因是多方面的、复杂的，不能单纯用有关变量之间的均衡与不均衡来加以解释，而主张以历史的、制度的、社会的因素作为分析的基本方法，即使是量的分析，非均衡也不是强调各种力量相等时的均衡状态，而是强调各种力量不相等时的非均衡状态。微观经济学与宏观经济学中运用的主要分析工具是均衡分析。

三、经济模型

经济模型是用来描述同研究对象有关的经济变量之间相互依存关系的理论结构。

建立经济模型，首先要作出假定，采用抽象法舍弃次要的、非本质的、外在的因素或变量，抓住主要的、本质的、内在的因素或变量，使研究的经济问题简单、明了；然后考察剩下的为数不多的因素或变量，分析它们之间的内在联系，构成经济模型。通过经济模型可以得出有关经济现象简单的、一般的、带有本质性的结论。在这个基础上，逐渐加进已经抽象掉的因素，考察这些因素加进后产生的影响，这样就可以使研究越来越接近于现实。

经济模型可以用叙述法、代数法和几何法来表示。叙述法比较浅显，几何法比较直观，代数法比较精确。

借助经济模型不仅可以把各种经济现象概括地描述出来，而且可以预测经济行为的后果，分析一个社会经济制度的特征。

第四节　经济学发展简史

经济学的理论体系，不是某一个人的独创，它是在长期的历史过程中，经过几代人的努力，不断丰富和完善起来的，基于探索如何创造更多财富的目标，它的发展经历了以下几个重要的阶段。

一、第一阶段：重商主义——经济学的萌芽时期

重商主义产生于 15 世纪，终止于 17 世纪中期。产生的背景：技术进步引发生产力大发展，推动资本主义生产方式的形成和确立。资本主义原始积累十分迫切，遂产生了重商

主义思想。重商主义的主要代表人物有英国经济学家约翰·海尔斯(John Hayles)、托马斯·孟(Thomas Mun),法国经济学家让·巴蒂斯特·柯尔培尔(Jean-Baptiste Colbert)等。重商议的代表作是托马斯·孟的《英国得自对外贸易的财富》。

重商主义的经济学说主要体现在:①特别强调国家财富的重要性,并把货币财富作为财富的唯一形态;②认为一国财富的唯一来源是对外贸易,只有通过对外贸易吸收他国财富(金银)才能增加本国财富;③提出民穷国富论。私人财富的增加,会导致国家财富的减少。基于以上理论,重商主义者主张国家对国内外经济生活严格地实行全面干预。主张实行贸易保护主义以谋求贸易顺差,主张实行重出口产业的产业政策和低工资的消费政策,限制国内非生产部门的发展和工人生活水平的提高,增加国家和商业资本的财富积累。

重商主义经济思想是典型的原始国家干预主义,它反映了资本原始积累时期商业资本的意识形态。重商主义是对"近代生产方式的最早的理论研究"。但重商主义仅限于对流通领域的研究,并没有形成完整的经济学体系,只能说是经济学的萌芽时期,真正的经济科学只有其研究从流通领域转到生产领域时才会出现。

二、第二阶段:古典经济学——经济学的形成时期

古典经济学产生于17世纪中期,完成于19世纪70年代。产生的背景:技术进步进一步引发了工业革命;企业制度确立引发劳动生产组织效率的提高;海外新大陆的发现激发了无限商机。古典经济学的创始人是英国经济学家威廉·配第(William Petty),主要代表人物有英国的亚当·斯密(Aam Smith)和大卫·李嘉图(David Ricardo)。主要代表作有亚当·斯密的《国民财富的性质和原因研究》及大卫·李嘉图的《政治经济学及赋税原理》。

古典经济学把经济研究从流通领域转移到生产领域,研究的中心问题是国民财富如何增长的问题。古典经济学认为,国民财富增长的主要途径是发展生产,而社会生产和整个社会的经济运动"受一只看不见的手的指导",这只看不见的手,把无数个人的盲目的、相互矛盾的经济行为纳入整个经济有秩序的运动中。因此,古典经济学主张自由放任、自由竞争,反对国家对经济生活的干预。斯密这里所论述的"看不见的手"实际上就是市场机制或价格机制思想的最早表述,从而奠定了微观经济学的理论基础。

古典经济学反映了自由竞争时期资本主义经济发展的要求,此时经济学已逐步成为一门具有独立体系的科学。真正意义的经济学便从此时产生。

三、第三阶段:庸俗经济学——奠定了现代西方经济学的基本理论路线和框架

西方庸俗经济学产生于18世纪和19世纪之交的英国和法国,初步发展于19世纪中叶。西方庸俗经济学产生的背景:以私人产权制度为基础的资本主义商品经济发展;财富总量迅速增大;收入分配的两级化也迅速拉大。资产阶级急需要代言人对资本主义制度进行辩

护。萨伊等人抛弃了古典经济学的科学和合理的成分，将其理论体系中庸俗部分分离出来，拼凑成庸俗经济学体系，为资产阶级的统治和剥削辩护，掩盖资产阶级对雇佣工人的剥削。其主要代表人物是法国的让·巴蒂斯特·萨伊(Jean-Baptiste Say)、英国的托马斯·罗伯特·马尔萨斯(Thomas Robert Malthus)以及詹姆士·穆勒(J.Mill)和约翰·麦克库洛赫(John Ramsay McCulloch)。

西方庸俗经济学的庸俗理论主要是：用庸俗的效用价值论、稀缺价值论、生产费用价值论和供求均衡价值论取代科学的劳动价值论。庸俗经济学认为，商品的价值不是由生产商品的劳动所创造的，而是决定于商品的效用，决定于生产商品所耗费的生产费用，决定于商品的稀缺性，决定于商品的供给与需求。他们提出三要素价格分配论，认为商品的价值是由生产三要素创造的：劳动创造工资；资本创造利润；土地创造地租。因此，工资是劳动的价格，利润是资本的价格，地租是土地的价格。这些庸俗的经济理论对后世西方经济学产生了很大的影响，成为现代西方经济学的基本概念，奠定了现代西方经济学的基本理论路线和框架。

四、第四阶段："边际革命"——现代西方经济学理论基础的奠定

从19世纪晚期到20世纪初期的半个世纪是西方庸俗经济学发展的一个重要时期，这就是所谓的"边际革命"时期。产生的背景：在这一时期，西方经济学以萨伊、西尼尔、约翰·穆勒的庸俗经济学理论为基础，吸收当时心理学和数学发展的某些成果，将心理分析和增量分析引进经济学研究领域，从而奠定了现代西方经济学特别是微观经济学的理论基础。边际主义经济学的创始人是英国的威廉姆·斯坦利·杰文斯(William Stanley Jevons)(W. S. Jevons)、奥地利的卡尔·门格尔(Carl Menger)(C. Menger)、法国的里昂·瓦尔拉斯(Lén Walras)(L. Walras)。主要代表人物有奥地利的弗里德里希·冯·维塞尔(Friedrich Freiherr Von Wieser)(Wieser)和欧根·冯·庞巴维克(Eugen Bohm-Bawerk)(E. Bohm-Bawerk)、美国的约翰·贝茨·克拉克(John Bates Clark)(G. N. Clark)和英国的阿尔弗雷德·马歇尔(Alfred Marshall)(A. Marshall)，其中马歇尔是边际主义经济学的集大成者。

边际主义经济学的基本理论主要包括边际效用分析和边际效用价值论、边际生产力分析和边际生产力分配论、一般均衡理论三部分。人们为什么增加商品购买？主要取决于商品的边际效用，某时刻的商品价值量取决于此时商品的边际效用的大与小。雇主为什么增加与减少工人？主要取决于劳动力的边际生产力。完全竞争的市场态势下，生产周期短的商品其市场供求之间会迅速形成一般均衡，此时，资源配置的效率最高，社会福利总量最大。这些理论成为现代西方经济学特别是微观经济学的基础，标志着现代微观经济学的产生。20世纪30年代，美国的爱德华·哈斯丁·张伯伦(E.H.Chamberlin)和英国的琼·罗宾逊(Joan Robinson)同时提出内容基本相同的"垄断竞争理论"，论述了不同市场类型下产量与价格的决定及资源优化配置问题，弥补了马歇尔经济理论的最大缺陷，使现代微观经济

学的理论体系得以最终完成。

五、第五阶段：凯恩斯革命——现代宏观经济学的建立和发展

20 世纪 30 年代前，在古典经济学中占统治地位的是萨伊定律。在理论上他们认为，资本主义市场经济的"供给能够自动创造需求"，资本主义经济能够自动达到并经常处于充分就业的均衡状态，从而在政策上主张实行自由放任主义。但是，20 世纪 30 年代的资本主义世界大危机打破了这种神话，经济理论与经济现实发生了尖锐的冲突，经济学面临着它的第一次大危机。在这种情况下，英国经济学家约翰·梅纳德·凯恩斯(John Maynard Keynes)发表了他的划时代的著作《就业、利息和货币通论》。在这本著作中，凯恩斯抛弃了以萨伊为代表的新古典经济学的传统理论和政策主张。在理论上，凯恩斯抛弃统治西方经济学达 150 年之久的萨伊定律，指出在资本主义市场经济中，由于存在边际消费倾向递减、资本边际效用递减和灵活偏好三大基本心理规律，导致消费需求和投资需求不足，经常存在"非自愿失业"，从而提出了"非充分就业的均衡论"，以反对新古典学派的"充分就业均衡论"。在政策主张上，凯恩斯主张实行国家干预，以反对新古典学派的自由放任主义。他认为只有通过国家干预，实行"需求管理"，才能有效地克服经济萧条和通货膨胀，实现经济稳定。

凯恩斯的上述理论观点、分析方法及政策主张与传统经济学完全不同，被称为"凯恩斯革命"。这次革命形成了凯恩斯主义，产生了"凯恩斯时代"，诞生了现代西方宏观经济学。凯恩斯被称为现代宏观经济学之父。

凯恩斯《就业、利息和货币通论》发表之后，西方宏观经济理论的发展表现在两个方面：一是对凯恩斯宏观经济理论的补充和发展；二是各种非凯恩斯宏观经济学说的发展和自由放任思潮的复兴。

第二次世界大战以后，凯恩斯的追随者和信徒对凯恩斯经济学进行了重要的补充和发展，形成了新凯恩斯主义的两个重要派别：一个是以美国著名经济学家保罗·萨缪尔森(Paul A.Samuelson)和阿尔文·汉森(Alvin Hansen)为首的，以美国麻省理工学院为中心的新古典综合派；一个是以琼·罗宾逊为首的，以英国剑桥大学为核心的新剑桥学派。新古典综合派将新古典经济学的微观经济理论与分析方法同凯恩斯的宏观经济理论及分析方法综合在一起，对凯恩斯经济学说进行了重要的补充和发展。以琼·罗宾逊为首的新剑桥学派则反对以新古典经济学作为宏观经济学的微观基础，他们认为，宏观经济分析应该以老的古典经济学，特别是大卫·李嘉图的经济理论作为其微观基础。在分析方法上，他们坚持凯恩斯主义的历史观，反对新古典综合派的均衡观。新古典综合派和新剑桥学派虽然都从凯恩斯的《就业、利息和货币通论》出发，以解释和发展凯恩斯经济学说为目的，但从一开始他们就朝着相反的方向发展，他们在分析方法、理论观点和体系上存在着原则性的分歧。新古典综合派是战后凯恩斯主义经济学中占主导地位的经济学，在第二次世界大战后

经济理论中起主导作用。

进入 20 世纪 60 年代以后，西方各国经济出现了停滞和通货膨胀同时并存的"滞胀"局面，凯恩斯主义失灵，引发了凯恩斯主义的危机，危机打破了凯恩斯主义一统天下的局面，各种非凯恩斯主义宏观经济理论迅速产生和发展。其中占重要地位的是自由放任经济学思想和流派的发展。如形成于 20 世纪 60 年代的，以美国著名经济学家米尔顿·弗里德曼(Milton Friedman)为首的现代货币主义学派；形成于 20 世纪 70 年代的，以美国经济学家罗伯特·卢卡斯(Robert Lucas)为首的理性预期学派。这些学派都把凯恩斯主义的国家干预作为经济滞胀的根源，他们论述了市场机制的完善性，说明了国家干预经济政策的局限性，主张减少国家干预，充分发挥市场机制的作用，实行自由放任。20 世纪 70 年代以后，西方各国采用了这些主张，逐步实行了经济自由化的政策，这便是现代西方经济学史上的"自由放任"复兴时期。自由放任经济学流派的理论在现代宏观经济理论中，占有非常重要的地位，成为现代宏观经济学的一个重要组成部分。

但是，自由放任经济学说并没有完全取代凯恩斯主义经济学说，在 20 世纪 70 年代之后，凯恩斯主义经济学仍有重要影响。凯恩斯主义自身的发展，自由放任经济学流派的形成与发展，以及其他各种宏观经济理论的产生与发展(如经济发展理论、经济增长理论)，形成了现代宏观经济学色彩斑斓的世界。

◎ 项 目 总 结

此项目从对经济学的定义入手，提出经济学主要有四大假设，分别是理性经济人假设；资源稀缺假设；完全信息假设和市场出清假设。介绍了经济学的研究内容，认识经济运行十大原理。经济学包括微观经济学和宏观经济学两大部分，前者以单个经济单位为研究对象，通过研究单个经济单位的经济行为和相应的经济变量单项数值的决定，来说明价格机制如何解决社会的资源配置问题；后者以整个国民经济为研究对象，通过研究经济中各有关总量的决定及其变化，来说明资源如何才能得到充分利用。学习经济学的研究方法，主要包括实证分析和规范分析，均衡分析和经济模型分析。项目最后对经济学历史演变及发展现状作了一个简要介绍。

◎ 项 目 考 核

一、选择题

1. 资源的稀缺性是指(　　)。

　　A. 世界上的资源最终会因为人们生产更多的物品而消耗光

　　B. 相对人们无穷的欲望而言，资源总是不足的

C. 生产某种物品所需要的资源的绝对数量较少

D. 所有的资源都是有限的

2. 微观经济学的核心理论是(　　)。

A. 价格理论　　　B. 效用理论　　　C. 市场理论　　　D. 生产理论

3. 宏观经济学的核心理论是(　　)理论。

A. 经济增长　　　B. 国民收入决定　C. 失业　　　　　D. 国民收入核算

4. 微观经济学解决的问题是(　　)。

A. 资源配置　　　　　　　　　　　B. 资源利用

C. 单个经济如何实现最大化　　　　D. 整体经济如何实现最大化

5. 宏观经济学解决的问题是(　　)。

A. 资源配置　　　　　　　　　　　B. 资源利用

C. 单个经济如何实现最大化　　　　D. 整体经济如何实现最大化

6. 实证经济学与规范经济学的根本区别是(　　)。

A. 研究方法不同　　　　　　　　　B. 研究对象不同

C. 研究范围不同　　　　　　　　　D. 研究目的不同

二、问答题

1. 如何理解资源的稀缺性?

2. 什么是选择? 它包括哪些内容?

3. 微观经济学与宏观经济学的区别与联系是什么?

4. 实证经济学与规范经济学的区别与联系是什么?

◎ 项 目 拓 展

1. 结合生活实际,说明贸易给我们能带来什么好处?

2. 案例分析。

我国实施电价阶梯定价

2010 年 10 月 9 日至 21 日,国家发改委正式就《关于居民生活用电实行阶梯电价的指导意见(征求意见稿)》(以下简称《征求意见稿》)公开征求意见。这意味着呼吁多年的居民阶梯电价终于被纳入到政策视野。《征求意见稿》提出,居民阶梯电价将划分三个档次,电价实行分档累进递增。第一档电量按满足居民基本用电需求确定,电价维持较低水平;第二档电量反映正常合理用电需求,电价逐步调整到弥补电力企业合理成本加合理收益的水平;第三档电量体现较高生活质量用电需求,电价反映资源稀缺状况和环境损害成本。对此,厦门大学中国能源经济研究中心主任林伯强认为,推行居民阶梯电价最大的意义在于解决公平和效率问题，使用电少的居民少负担，用电多的居民多负担。在国外，居民电价一般是工业电价的 1.5 倍至 2 倍，而中国的居民电价却低于工业电价，一直由后者补贴。中国对居民电价采取低政策的后果是，用电量越多的用户，享受的补贴越多；用电量越少的用户，享受的补贴越少，这既没有体现公平负担的原则，也不能合理体现电能资源的价值，不利于资源节约和环境保护。实行居民阶梯电价，不仅有利于建立合理的电价机制，改善电价结构，而且还有利于促进节能减排。曹长庆说，实行居民阶梯电价可以充分发挥价格杠杆的作用，引导用户特别是用电量多的居民用户调整用电行为，促进合理、节约的用电。

(资料来源：hhttp://www.indaa.com.cn)

问题： 运用本项目所学知识分析我国实施电价阶梯定价的原因。

项目二　需求、供给与均衡价格

【项目引入】

曾经有一篇美国作家写的短片小说，写的是一个画家总不得志，作品卖不出去。于是，他和朋友策划了一个骗局，宣称该画家已死，并请评论家对其作品进行狂轰滥炸式的赞扬。于是，这些原本卖不出去的画价格狂升，他们着实发了一笔财，但是已成名的画家却无法以原来的身份生活并作画了。人死画才值钱，这并不奇怪。印象派大师梵高生前作品无人问津，死后作品却卖出天价。

设计这个骗局的人也许不懂经济学，但他们却按经济学原理策划了这场戏。价格取决于供求，要想控制价格，必须控制供求。在这个骗局中控制供求的中心是让画家死。换言之，画家之死既影响需求，又影响供给。

市场经济中许多物品的价格令人眼花缭乱。有些有用的东西很便宜；有些无用的东西却很贵；有些用了大量劳动的东西不值钱；有些耗费劳动并不多的物品却价格高昂；但只要用供求关系一分析就不是什么难题了。供求关系是经济学的基本工具，正如19世纪著名的历史学家和作家卡莱尔曾经说过的一句话："只要你教鹦鹉学会说供给与需求，就可以把它培养成一个经济学家。"尽管卡莱尔的说法过于夸张，但它却十分恰当地强调了需求与供给在经济学中的重要作用。

讨论：我们如何运用需求与供给的关系影响价格？

(资料来源：http://yingyu.100xuexi. am.)

【技能目标】

- 能够分析需求(供给)的变动与需求量(供给量)的变动。
- 能够分析均衡价格的决定过程。
- 能够计算某商品的需求价格弹性。
- 能够分析需求价格弹性与总收益的关系。

【知识目标】

- 掌握需求和供给的含义及影响因素。
- 掌握弹性的概念和类型。

【关键概念】

需求　需求规律　需求变动　需求量变动　供给　供给规律　供给变动　供给量变动
均衡　均衡价格　弹性　需求价格弹性

【导语】

经济学运用价格机制来讨论资源配置问题的核心内容是价格如何确定。均衡价格取决于需求和供给。本项目在介绍需求、供给及弹性一般知识的基础上，讨论预测均衡价格的变化方向和变动多少，及在现实中的应用。

第一节　需　求

一、需求和影响需求的因素

1. 需求

经济学中所讲的需求是指消费者(家庭)在某一特定时期内，在每一价格水平上，愿意并且能够购买的某种商品的数量。简单地说，需求就是有支付能力的购买欲望(需要)。

要构成需求，购买欲望和购买能力缺一不可，这可以理解为：①消费者必须要有购买欲望。只有购买能力而无购买欲望则不构成需求。②消费者还必须有一定的购买能力。

2. 需求表与需求曲线

我们先来举一个现实生活的例子。2010 年第四季度在天津某超市里，当牛肉的价格为 27 元/kg 时，需求量是 120kg；当价格为 28 元/kg 时，需求量是 110kg；当价格为 29 元/kg 时，需求量为 100kg；当价格为 30 元/kg 时，需求量为 90kg。根据这些数字，我们可以做出需求表，如表 2-1 所示。

表 2-1　需求表

	价格/(元/kg)	需求量/kg
A	27	120
B	28	110
C	29	100
D	30	90

根据表 2-1，可以做出需求曲线，如图 2-1 所示。

在图 2-1 中，横轴 OQ 代表消费者对牛肉的需求量，纵轴 OP 代表牛肉的价格，D 即为需求曲线。需求曲线是根据需求表做出的，是用来表示某种商品的价格与需求量之间关系的曲线，它向右下方倾斜。

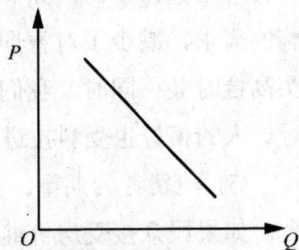

图 2-1　需求曲线

3. 影响需求的因素——需求曲线移动的原因

一个消费者在给定价格、收入等条件下所购买某商品的数量，便是消费者在上述给定条件下对该商品的需求量。同一价格下所有消费者需求量的总和就是市场需求。显然，需求量由多种因素共同决定，其中主要的因素包括商品本身的价格，其他相关商品的价格，及消费者的收入、偏好和期望等。

(1) 商品本身的价格。价格越高，人们的购买量就越少，这几乎是人所共知的"真理"。因此，这一现象在经济学中被称为需求规律。其原因在于，价格上升对消费者的需求产生了两种效应：一种是替代效应。例如：如果猪肉太贵，消费者就会转而购买鸡肉(或者其他肉类)来代替猪肉。这就降低了对猪肉的需求。另一种是收入效应。当商品价格上涨时，相对来说消费者的实际收入就会下降(人们变穷了)。由于收入的约束，消费者无法在较高的价格下购买与原先一样多的商品。在现实的商战中，厂家公开降价销售可能会导致竞争对手的报复性价格战，同时也会降低产品在消费者心目中的形象。所以，很多厂家经常采取"买一送一"的促销活动，这种促销活动看似价格没变，但事实上的变相降价促进了消费需求，增加了销售额，扩大了市场份额。

(2) 其他相关商品的价格。一种商品的需求除了受到本身价格的影响之外，还受到其他商品价格的影响。鸡肉的价格低，人们可以多买鸡肉少买猪肉，这两样商品叫做替代品(竞争性商品)。公交车票价格上涨，出行坐地铁的人数会上升，用通俗的话讲，地铁代替了公交车。还有一些商品往往同时消费，如汽车和汽油、牙膏和牙刷、网球和网球拍，这些商品叫做互补品。汽油的价格上升，人们对汽车的需求量便降低，汽车少了，汽油的消费量也相应减少。所以，汽油的需求随汽车价格的上升而下降。

(3) 消费者的收入。消费者的收入对需求的影响也是显而易见的。一般来说，收入增加了，人们对商品的消费量也会增加。例如：对文化娱乐方面的消费，从横向来看，高收入家庭的文化娱乐活动多于低收入的家庭；从纵向来看，随着消费者财富的不断积累，人类社会对文化娱乐的需求在质和量两方面都越来越高。需求随收入增加而增加的商品叫做正商品。另有一些商品，当人们的收入增加时，对这些商品的需求反而降低了，这种商品叫做低劣品。

(4) 消费者的偏好(也叫做嗜好)。人的消费行为与他们的偏好有关。人的偏好还受时尚、广告等因素影响。例如：对健康和健美的重视增加了人们对健身设施、健康食品和体育设施的需求，减少了对香烟、肉食品的需求；对着装的个性化需求，使时尚人士更偏好于购买高档时装；同时，我们也发现具有上网功能的触摸屏手机正通过各种的广告变得日益流行。人的偏好也受科技进步的影响，如 DVD 代替录像机就是一个很好的例子。

(5) 消费者的期望。人们的期望也起着类似的作用，这在房地产市场上表现得最为显著。如果民众接受房价继续上涨的趋势，可能就抢购商品房；当计算机正在降价的时候，人们也往往选择持币待购。

除以上列举因素之外，商品需求还受到其他因素的影响。如季节(啤酒在夏天的需求要远高于冬天的需求)、温度、市场规模(人口数量及结构)、消费信贷政策、广告和营销支出等。

综上所述，影响需求的因素(以轿车为例)如表 2-2 所示。

表 2-2　影响需求的因素(以轿车为例)

影响需求的因素	预期效应
越野车(替代品)价格上升	轿车需求增加
汽油(互补品)价格上升	轿车需求减少
消费者的平均收入水平上升	轿车需求增加
轿车厂家广告数量和营销支出上升	轿车需求增加
社会人口数量上升或青年人口的增多	轿车需求增加
拥有新车成为社会地位的象征(消费者偏好程度提高)	轿车需求增加
预期轿车的价格优惠政策即将到期	轿车需求增加

二、需求规律

从需求表和需求曲线中可以看出，一种商品的需求量与其自身价格是呈反方向变动的，这种现象被称为需求规律。其基本内容是：在其他条件不变的情况下，一种商品的需求量与其自身价格之间存在着反方向变动的关系。即需求量随着商品自身价格的上升而减少，随商品自身价格的下降而增加。

需求规律的描述符合我们经常在市场上看到的现象，并不深奥。但在理解这个规律的时候要注意"在其他条件不变的情况下"这句话。所谓"其他条件不变"，是指除了商品自身的价格外，其他任何能够影响需求的因素都保持不变。也就是说，需求规律是在假定影响需求的其他因素都不变的情况下，研究商品自身价格和需求量之间的关系。离开了"其他条件不变"这个前提，需求规律也将不复存在。例如：冷饮在夏天的需求量比较大，而同一种冷饮到了冬天后即使价格下降需求量可能还是会减少。

三、需求变动与需求量变动

在经济分析中要注意区分需求量的变动与需求的变动——曲线的平移与沿曲线运动。在其他条件不变，由商品本身的价格变动引起的需求量的变化，称为需求量变动，表现为在一条既定的需求曲线上点的位置移动。除了商品价格以外的其他因素的变动引起的需求量的变动，称为需求变动，表现为整条需求曲线的移动。

例如：政策制定者设法使人们减少吸烟有以下两种办法：一是增加公益广告，这意在使香烟需求曲线左移(减少需求)的办法。二是通过税收政策提高香烟价格，这意在使香烟需求量在同一条需求曲线左移(减少需求量)的办法。

如图 2-2 所示反映了需求的增加，而图 2-3 则反映了需求量的增加。

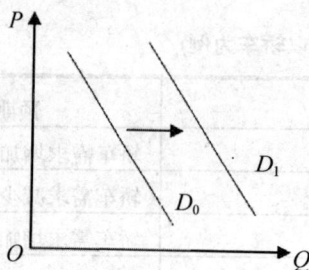

图 2-2　需求的增加

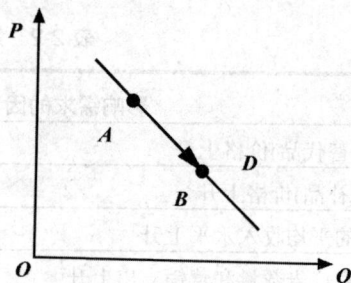

图 2-3　需求量的增加

第二节　供　给

一、供给与影响供给的因素

供给是指商品生产者在某一特定时期内，在每一价格水平时，愿意并且能够出售的某种商品的数量。简单地说，供给就是供给愿望与供给能力的统一。决定供给的关键因素是生产成本。影响厂商生产成本的因素主要是：商品本身的价格、生产要素的价格、其他相关商品的价格、生产技术、管理水平和厂商目标及预期等。

1. 商品本身的价格

价格上升，企业愿意提供更多的商品，所以，价格是决定供给的重要因素之一。这种现象也是我们在日常生活中能够经常见到的。比如当市场上冰淇淋价格上涨，制造冰淇淋的厂商就会加班加点地生产以增加冰淇淋的供给。

2. 生产要素的价格

生产要素的价格与商品的供给负相关。生产要素价格的涨落直接影响到企业的生产成本。在其他条件不变的情况下，生产要素的价格上升，厂商利润减少，商品的供给也减少；反之，则供给增加。最近几十年来，越来越多的企业通过购买自动化设备来代替人工，其原因就是人工的成本在上升，而自动化设备的价格在不断下跌。

3. 其他相关商品的价格

如果商品间的相对价格发生变化，将会使生产要素重新配置，从而影响该商品的供给。例如：一个原本生产冰淇淋的厂商季节性地转产月饼，会使冰淇淋的供给量减少。

4. 生产技术、管理水平和厂商目标

在生产要素既定时，技术越先进，管理效率越高，所能提供的商品就越多。因此，在生产中提高技术和管理水平非常重要。同时，追求利润最大化的企业和追求其他目标(如销

量最大化)的企业供给量不一样。

5. 预期

主要是指厂商对未来价格的预期。如果厂商预期未来价格会上升，就会把已生产出来的商品储存起来，或者减少生产，这样就会减少当前供给。

以上主要是从个别企业的角度分析影响供给的因素。如果分析某种商品的行业供给，还应考虑该行业厂商的数量、政府产业政策、气候条件等因素。

同样，我们可以把除价格之外的所有因素作为背景因素。在背景因素不变的条件下，供给量与价格之间的关系可以用如图 2-4 所示的供给曲线来描述。显然，供给曲线是向右上方倾斜的。

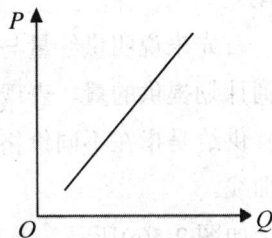

图 2-4　供给曲线

二、供给规律

从供给曲线中可以看出，某种商品的供给量与其价格是呈同方向变动的。这种现象普遍存在，被称为供给规律。供给规律对于我们理解价格的形成很有帮助。

供给规律是说明商品本身价格与其供给量之间关系的理论。其基本内容是：在其他条件不变的情况下，一种商品的供给量与价格之间呈同方向变动，即供给量随着商品本身价格的上升而增加，随商品本身价格的下降而减少。

在理解供给规律时，也同样要注意"在其他条件不变的情况"这个假设前提。离开了这一前提，供给规律就无法成立。例如：当技术进步时，即使某种商品价格下降，供给量也会增加，这种情况在电脑等电子信息业中体现得非常明显。

供给规律所说明的供给量与价格的同方向变动关系可以用生产成本来解释。在经济中作为生产要素的资源总是有限的。某种商品的供给增加，就需要更多的生产要素，为了把生产要素从其他商品的生产中吸引过来，就要提高生产要素的价格，从而增加成本。因此，只有在一种商品价格上升时，供给才会增加。

综上所述，影响供给曲线的因素(以轿车为例)如表 2-3 所示。

表 2-3　影响供给曲线的因素(以轿车为例)

影响供给曲线的因素	预期效应
技术进步	利用现代化制造工艺，降低了汽车成本，增加了轿车供给
要素(投入品)价格	钢材价格下降降低了成本，增加了轿车供给
相关产品价格	卡车价格下降，从而增加了轿车的供给
政府政策	国家对节能轿车进行补贴，会增加小排量轿车的供给
其他特别因素	汽车公司在淘宝网销售汽车，降低了成本，增加了供给

三、供给变化与供给量变化

在经济分析中要注意区分供给的变动与供给量的变动——曲线的平移与沿着曲线移动。

首先来说明供给量与供给的区别。在经济分析中,供给量是指在某一特定价格水平时,厂商计划提供的量。表现在图形中,供给量是供给曲线的一个点。

供给是指在不同价格水平时的不同供给量的总称。在供给曲线图中,供给是指整个供给曲线。

如图 2-5(a)所示,当某商品的价格为每单位 10 元时,其供给量为 20 单位(A 点),若价格上升为 15 元每单位,则供给量增加到 24 单位(B 点),供给量的变动在供给曲线上表现为某一点沿着供给曲线的上下移动(由 A 到 B)。

现在,我们假设生产这种产品的原材料价格下降。如图 2-5(b)所示,原材料价格下降会使厂商的生产成本降低,即使成品的价格保持不变也愿意增加生产以获取更多利润。在价格保持在每单位 13 元的基础上,厂商会把产量由原来的 20 单位(A 点)增加到 24 单位(B 点)。若原材料价格上升,则厂商会减少产量。我们发现,A、B 点在不同的供给曲线 S_0 和 S_1 上,这种变动我们称之为供给变动。供给的变动由商品本身价格以外的因素引起的,它表现为供给曲线的左右平移。

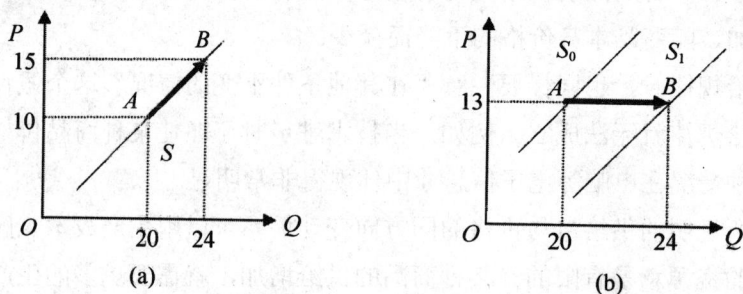

图 2-5 供给曲线移动

有关供给的变动和供给量的变动这两个问题,我们必须牢记:由商品自身价格变化引起的,称为供给量的变动,它表现为一个点在同一条供给曲线的移动;由于商品自身价格以外的任何因素引起的供给量的变化,称为供给的变动,表现为整个供给曲线的左右平移。

第三节 均 衡 价 格

再来看一个例子。花旗银行悉尼分部的一份预测报告称,2005 年锌、铝两种金属价格有望大幅攀升,原因是原材料供应缺口很大,以及来自中国的需求还会增加。在这份预测报告中,花旗银行的大宗商品分析师们认为,2005 年锌、铝两种金属供不应求的市场趋势相当明显，各自都存在不小的供应缺口，因此将 2006 年铝价预估数值提高 3%，升至每吨 1938 美元，锌价更是上调了 11%，升至每吨 1146 美元。这个事例再次说明了在市场经济中，商品的价格其实是由需求和供给这两种力量决定的，这种价格又称均衡价格。下面来分析均衡价格是如何决定的，又是如何变动的。

一、均衡价格的决定

1．均衡

在经济学中，均衡指经济中各种对立的、变动着的力量处于一种力量相当、相对静止、不再变动的状态。

2．均衡价格

需求说明了某一商品在每一价格下的需求量，而供给说明了某一商品在每一价格下的供给量。要说明该商品价格的决定，就必须将需求和供给结合起来考虑。在竞争性的商品市场上，对于某种商品的任一价格，其相应的需求量和供给量并不一定相等，但在该商品各种可能的价格中，必定有一价格能使需求量和供给量相等，从而使商品市场达到一种均衡状态。

均衡价格是指一种商品需求量与供给量相等时的价格。这时该商品的需求价格与供给价格相等，该商品的需求量与供给量相等称为均衡数量。如图 2-6 所示，需求曲线 D 与供给曲线 S 相交于 E_0 点。在这一点实现了均衡，E_0 所对应的价格 P_E 即为均衡价格，E_0 所对应的产量 Q_E 即为均衡产量。

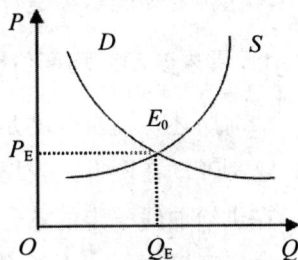

图 2-6　均衡曲线

3．均衡价格的形成

均衡价格是在市场上供求双方的竞争过程中自发形成的，均衡价格的形成就是价格决定的过程。需要强调的是，均衡价格形成完全是在市场上供求双方的竞争过程中自发形成的，有外力干预的价格不是均衡价格。

在市场上，需求和供给对市场价格变化作出的反映是相反的。由于均衡是暂时的、相对的，而不均衡是经常的，所以供不应求或供过于求经常发生。

如图 2-7 所示，当供过于求时，市场价格下跌，导致供给量减少而需求增加；当供不应求时，市场价格上升，导致供给量增加而需求量减少。供给与需求相互作用最终会使商品的需求量和供给量在某一价格水平上正好相等。这时既没有过剩(供过于求)，也没有短缺(供不应求)，市场正好均衡。这个价格就是供求双方都可以接受的均衡价格，市场也只有在这个价格水平上才能达到均衡。

图 2-7 所示的均衡模型是简单的，但却不失一般性。作为一种近似，这个模型适用于各种商品市场。该模型是这些市场以及其他类似市场的概括。这个模型注意的是所有市场都有的和基本的力量。最好是设想需求曲线和供给曲线是在不停运动着，这样，新的均衡价格总在形成之中。每一时刻需求曲线和供给曲线的位置关系，则好似活动景物的一张快照。

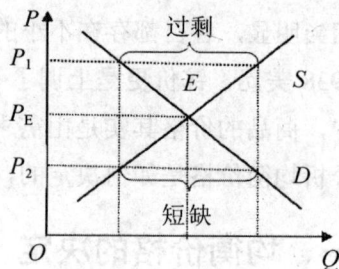

图 2-7　均衡模型

二、供需变动对均衡价格的影响

既然均衡价格是由供求水平或供求曲线共同决定的，那么，均衡价格的变动也自然是供求曲线的移动所引起的。

在分析各种因素如何影响均衡价格时可以分为三步：首先，这种因素的变动影响的是需求还是供给；其次，引起需求或供给如何变动，即需求曲线或供给曲线向哪个方向移动；最后，这种变动的结果是什么，即均衡价格与均衡数量如何变动。

1. 需求变动对均衡价格的影响

如前所述，需求变动是指在价格不变的情况下，影响需求的其他因素变动所引起的变动，这种变动在图像上表现为需求曲线的平行移动。

在供给曲线一定的条件下，需求增加在图像上表现为需求曲线右移，会使均衡价格提高，均衡数量增加；而需求减少在图像上表现为需求曲线左移，会使均衡价格下降，均衡数量减少。如图 2-8 所示，若鸡蛋的供给曲线为 S_0，则当需求曲线为 D_0 时，均衡点为 E_0。

例如：媒体向消费者宣传"多吃鸡蛋使人体内的营养更加均衡"，引起需求增加，需求曲线右移到 D_1，这时均衡价格上升($P_1>P_0$)，均衡数量增加($Q_1>Q_0$)。这表明由于需求的增加，均衡价格上升了，均衡数量也增加了。相反，如果动物检疫机构发现禽流感再度发生，导致消费者对鸡蛋的需求减少，需求曲线会向左平移，这时均衡价格下降，均衡数量减少。这表明由于需求的减少，均衡价格下降了，均衡数量减少了。

所以，需求增加引起均衡价格上升，需求减少引起均衡价格下降。需求增加引起均衡数量增加，需求减少引起均衡数量减少。

由此得出结论：需求变动引起均衡价格与均衡数量同方向变动。

2. 供给变动对均衡价格的影响

供给变动是指在价格不变的情况下，影响供给的其他因素变动所引起的变动。这种变动在图像上表现为供给曲线的平行移动。

在需求曲线一定的条件下，供给增加导致供给曲线右移，会使均衡价格下降，均衡数量增加；而供给减少导致曲线左移，会使均衡价格上升，均衡数量减少。如图 2-9 所示，

需求曲线为 D_0，当供给曲线为 S_0 时，均衡点为 E_0。

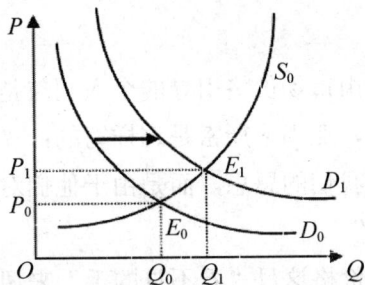

图 2-8 需求变动对均衡价格的影响

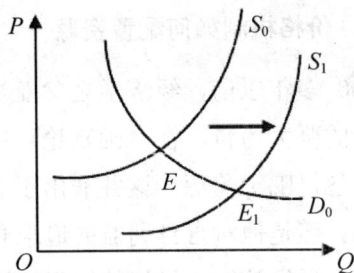

图 2-9 供给变动对均衡价格的影响

如饲料价格由于粮食大丰收而下降，生产要素的价格下降导致养鸡成本降低，进而使鸡蛋的供给增加，供给曲线右移到 S_1，这时均衡价格下降，而均衡数量则增加。这表明由于供给的增加，均衡价格下降了，均衡数量增加了。

相反，如果饲料价格上升，则鸡蛋的供给会减少，使得鸡蛋的供给曲线向左平移，这时均衡价格上升，而均衡数量则减少。这表明由于供给的减少，均衡价格上升了，均衡数量减少了。

所以，供给增加引起均衡价格下降，供给减少引起均衡价格上升。供给增加引起均衡数量的增加，供给减少引起均衡数量的减少。

由此得出结论：供给变动引起均衡价格反方向变动，均衡数量同方向变动。

综合以上两种情况，需求、供给的变动对均衡的影响如表 2-4 所示。

表 2-4 需求、供给的变动对均衡的影响

需 求	供 给	均衡价格	均衡数量
增加	不变	上升	增加
减少	不变	下降	减少
不变	增加	下降	增加
不变	减少	上升	减少

需求、供给变动对均衡的影响还有第三种情况，即供求同时变动的影响，这个问题相对较复杂，有兴趣的读者可尝试着自己研究。

3．供需法则

上述两个方面的影响总和就是供需定理。从以上关于需求与供给对均衡价格的影响的分析可以得出：①需求的增加引起均衡价格上升，需求的减少引起均衡价格下降。②需求的增加引起均衡数量增加，需求的减少引起均衡数量减少。③供给的增加引起均衡价格下降，供给的减少引起均衡价格上升。④供给的增加引起均衡数量增加，供给的减少引起均衡数量减少。这就是经济学中的供需定理。供需定理是运用供需关系分析经济现象的重要

工具。这个工具看起来简单，但却能说明许多问题。

4. 价格机制如何配置资源

200 多年以前，经济学之父亚当·斯密就强调了由市场价格引导的个人利益是推动经济进步的强大力量。在《国富论》中有一段著名的话，亚当·斯密是这样写的："我们能吃到面包，喝上美酒，这并非出于面包师、酿酒师对我们的恩惠，而是由于他们对自己利益关切。但是他对自身利益的追求必然有利于社会。"

在市场经济中，经济的运行、资源的配置都是由价格这只"看不见的手"来调节的，价格对经济的调节就是价格机制发生作用的过程。所谓价格机制又称市场机制，是指价格调节社会经济生活的方式与规律。

美国经济学家 M.弗里德曼把价格在经济中的作用归纳为：①传递信号；②提供刺激，促使人们采用最节省成本的生产方法，可得到的资源用于最有价值的目的；③决定谁可得到多少产品，即配给手段。

这三种作用是密切关联的，我们举个例子来说明。如果在市场上某种商品的需求增加了，那么在原有价格下会导致过度需求。此时，该商品的价格会上升，从而减少市场需求量(配给手段)，价格上涨也刺激了现有厂商增加产量(提供刺激)并使得更多厂商加入该行业(传递信号)。而当市场上供过于求时，该商品价格会下降。这样，一方面刺激消费，使需求增加；另一方面抑制生产，使供给减少，最终使供求相等，资源达到合理配置。

当价格确定在需求等于供给时，任何人可以在那个价格上买到他所要买的东西，并且任何攻击者可以在那个价格上卖掉他所要卖的东西。经济学家说，这时的市场处于出清的状态。

但也存在市场不能出清的情况。短缺意味着人们想要买某些东西，但他们不能按照现行价格来买到这些东西。过剩意味着售卖者想要出售他们的产品，但他们不能按照现行价格卖掉他愿卖出的这些东西，这里的问题在于现行价格不是市场均衡价格。

在有些市场上，如股票市场，价格对需求曲线和供给曲线移动而作出的调整非常迅速，在其他情况下，价格调整则很缓慢。当价格调整缓慢时，在价格调整过程中会出现短缺或过剩。

当价格趋向于均衡的调整不是很快时，经济学家就会说，这时的价格具有黏性。即使在这种情况下，均衡分析仍然是有用的，因为它指出了价格变化的方向，如果均衡价格超过当前价格，则价格趋向于上升；如果均衡价格低于当前价格，则价格趋向于下降，而且价格上升或下降的幅度往往和当前市场价格所产生的需求量与供给量的差距有关。

应该指出，价格机制是自发地调节经济的。自发性是价格机制发挥作用的基本特点，没有自发性就没有价格机制的作用。在市场经济中，没有任何外力的干预，价格可以调节经济。但是，自发性引起不可避免的缺点，会产生"市场失灵"。在市场经济中，价格机制并不是十全十美的，它需要适当的经济政策加以调控。

第四节　弹性及其应用

　　需求规律描述为价格和需求量之间的反向关系。在价格较低时，买的就多些，但究竟多多少？很多还是只多一点？同样的，在价格高时，买的就少些，是极少还是只少一点？回答这类问题，就需要利用需求价格弹性这一概念。概括地说，如果说供求规律使我们可以预测价格的变化方向，弹性理论则能使我们预测它们会变动多少(量值)。弹性分析是典型的边际分析。

　　需求规律告诉我们，价格上升，则需求下降。但在现实生活中，我们常常会发现一些现象，仅仅用供需规律无法得到合理解决：当大米、食用油等生活必需品的价格以 15%的幅度上涨时，消费品市场总体需求量却依然平静；而全国房地产方面，楼盘价格一次次高开之际，抢购风暴却愈演愈烈。

　　仅仅知道影响某种商品需求的因素并进行定性分析是不够的。为了更好地将供求曲线转化为真正有用的工具，我们还要知道这些因素对需求变动的反映程度如何，供给和需求在多大程度上对价格的变动作出反应。经济学家经常用弹性分析法来进行定量分析。

一、弹性与需求弹性

　　弹性是一个十分有用且非常直观的概念。弹性描述的是因变量对自变量的反应程度，也就是说，要计算自变量变化一个百分点，因变量要变化几个百分点。首先，我们必须对所谓的"剧烈变动"、"微小变动"作严格定义。大白菜每斤涨价 1 元是"剧烈变动"，而汽车涨价 100 元却微不足道。因此，在研究需求弹性时，我们对这些与需求相关的因素比较合理的表达方式是相对变化的大小。例如：需求弹性可以表示为，当相关因素变化一个单位时引起需求量变化的单位大小。需求弹性的数学表达式为

$$需求弹性 = \frac{需求量变动的比例}{相关因素变动的比例} \tag{2-1}$$

　　需求弹性的图形如图 2-10 所示。在需求弹性分析中，一般认为消费者的消费心理、收入水平、产品价格、相关产品的价格及对价格的反应程度等是影响市场需求的基本变量。所以需求弹性主要有需求价格弹性、需求收入弹性、需求交叉弹性等。下面着重讨论需求价格弹性，读者可依照此方法分析其他需求弹性。

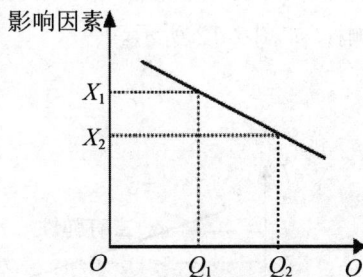

图 2-10　需求弹性

二、需求价格弹性

1. 需求价格弹性的概念与计算

　　在市场经济中，不同行业的厂商会采用不同的价格策略来改变现有的需求量状况，以

谋取最大利益回报，达到企业经营目标。有些行业采用提升或降低价格来获得更大的利益；而有些行业却很少使用多变价格策略来实现利益。例如：盐、大米等生活必需品很少采用多变价格，但家电、汽车、手机、旅游等却经常使用价格变化策略。这就需要引入需求价格弹性理论来解释。

需求价格弹性衡量的是需求量对价格变动的反应程度。它的数学表达式为

$$E_a = \frac{需求量变动的比例}{价格变动的比例} = \frac{\Delta Q/Q}{\Delta P/P} \tag{2-2}$$

举例：如果某品牌微波炉的价格从 400 元上涨至 500 元，则会使需求量下降一半，从 100 万台下降到 50 万台，则

$$E_a = \frac{需求量变动的比例}{价格变动的比例} = \frac{\Delta Q/Q}{\Delta P/P} = \frac{(50-100)/100}{(500-400)/400} = -2$$

由于需求价格弹性一般都是负数，为了便于分析，所以我们通常只取其绝对值。这说明该微波炉的需求弹性为 2，意味着当价格变化 1 个单位时，需求量会引起 2 个单位的变化。

2. 需求价格弹性的类型：富有弹性和缺乏弹性

(1) $|E_d|>1$ 时，称为富有弹性——消费者对价格变化的反应很强烈。这类商品在价格变化时，引起需求量变动幅度比较大，即价格相对变动 1%，需求量相对变动要超过 1%。例如：几乎所有的电信运营商在手机资费的标准上都采用非常接近的价格标准，因为假如其中一家运营商提价，它的客户就转入其他话费相对便宜的运营商。其需求曲线相对比较平缓，如图 2-11 所示。

(2) $|E_d|<1$ 时，称为缺乏弹性——消费者对价格变化的反应很小。这类商品在价格变化时，引起需求量变动幅度比较小，即价格变动 1%，需求量相对变动不到 1%。石油输出国组织(OPEC)1960 年成立以来限制石油供应，导致 1973—1974 年间石油价格上涨了 4 倍。因为石油需求弹性很小，涨价导致消费者支出增加，生产者收入增加。其需求曲线相对比较陡峭，如图 2-12 所示。

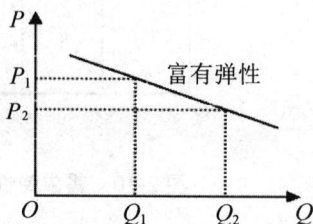

图 2-11　富有弹性曲线图

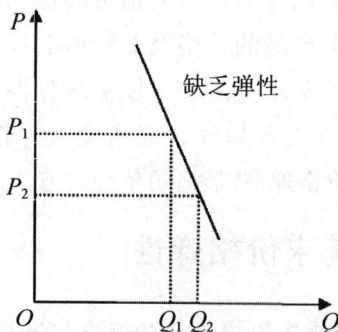

图 2-12　缺乏弹性曲线图

(3) $|E_d|=1$ 时，称为单位弹性。这类商品在价格变化时，正好引起需求量相同程度的反向变动，即价格上升 1%，需求量也正好下降 1%。这时的需求曲线是一条双曲线，需求量乘以价格等于常数，如图 2-13 所示。

(4) 需求完全弹性时 $E_d \to \infty$，表明价格变动一点需求量变动无限大；价格为既定时需求量是无限的。这时的需求曲线是和横轴平行的水平线。理论上在完全竞争市场上有此情形，商品价格若低于市场价格，立即销售一空，若略高于市场价格出售，则无人问津，如图 2-14 所示。

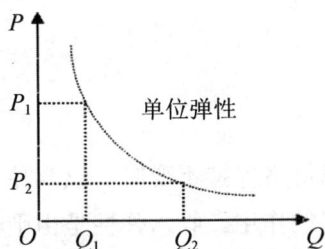

图 2-13　单位弹性图　　　　　图 2-14　完全弹性图

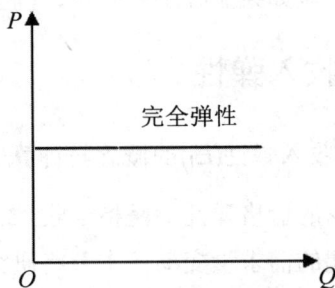

(5) 完全无弹性时 $E_d=0$，表明不管价格为多少，需求量固定不变，需求曲线是和纵轴平行的垂线，如图 2-15 所示。对于特殊的战略物资需求、治疗重症的特效药等，可近似地看作完全无弹性的商品。

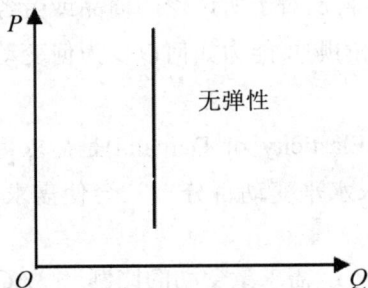

图 2-15　完全无弹性

3. 影响需求价格弹性的因素

(1) 商品的必需程度。我们把食物、日用家电、医疗服务称为必需品，把出国度假旅行、新款高档轿车、贵重首饰称为奢侈品。必需品的替代品少，需求缺乏弹性；奢侈品则具有很多替代品，需求弹性大。

(2) 商品开支占收入的比重。例如：白糖、大蒜的价格上涨 100%，其消费规模占家庭年收入的比重微乎其微，人们不会大规模地减少消费量，因此它的价格弹性很小。

(3) 商品定义的宽窄。对定义很窄的商品的需求是有弹性的。例如："饮料"包罗内容广泛，需求弹性小；而"可口可乐"因为其范围单一，替代品很多，需求弹性很大。

(4) 时间的长短。一种商品的需求常常存在于某个时期，可以是某一天、一周、一月、一季、一年或几年期限。需求弹性随时间的长短而不同，一般来说，时期越长，需求越有弹性。因为时期越长，消费者和厂商越容易找到替代品。

(5) 替代品。商品可替代程度的大小以及替代品是否容易得到和需求弹性直接相关。例如：香烟对于特定消费群体来说是缺乏弹性的，烟民很少因为香烟涨价而减少消费，但在手机市场，假如某品牌手机降价，则会给该手机的市场需求带来快速增长。

三、需求收入弹性

1. 需求收入弹性(E_I)的概念与计算

前面谈论的价格弹性，是指当收入、偏好和其他商品价格保持不变时，该商品本身的价格变动引起的需求量变动。本节将研究消费者收入所起的作用。收入弹性是由于收入变动带来的需求数量的反应。因为对一个商品的需求有四个决定因素——消费者的偏好、商品本身的价格、消费者收入以及商品的替代品或互补品的价格。其中任何一个变化，都会导致需求的变动。

假设你的收入增长 20%，你会多买 20%的食物吗？几乎肯定是不会的，但你花在你所喜爱的娱乐活动上的钱可能超过 20%。如果你把对某种商品购买数量增加的百分比除以收入增加的百分比，你就能算出自己对于所讨论的商品或劳务的需求的收入弹性。但是当个别消费者的收入变动时，他们的购买能力如何以及为何变动的问题，则属于消费者行为理论部分了。

需求的收入弹性 E_I(Income Elasticity of Demand)是需求量的变动对收入变动反应的敏感程度。通俗地讲，消费者收入水平变动百分之一会使需求量变动百分之几。其计算公式如下：

$$E_I = \frac{需求量变动的比例}{消费者收入变动的比例} = \frac{\Delta Q / Q}{\Delta I / I} \tag{2-3}$$

2. 需求的收入弹性常见类型

在现实生活中，我们计算出来的收入弹性一般为正值。这也是因为当人们的消费收入 I 增加的时候，往往出现需求量 Q 与之按同方向运动。因此，一般而言，当人们收入增加时，需求量也增加；收入减少时，需求量也减少。正常商品 $E_I > 0$，大多数物品是正常物品。但也有少数商品是例外的，收入弹性系数为负值，即 $E_I < 0$。这类商品俗称低劣品，即收入增加的人们所放弃购买的商品，也就是更新换代的过时淘汰品。

四、需求交叉价格弹性

1. 需求交叉价格弹性的概念与计算

现实生活中，我们经常会发现两种商品看上去相关性不大，但一种商品的价格变化会对另外一种商品的需求量产生巨大反映。例如：房租涨价，很多人就去商业贷款按揭买房；汽车降价销售，使得玻璃厂、轮胎厂、标准件厂生意火爆；钢笔受一次性水笔的挤压，导致国内的许多墨水厂岌岌可危……这些现象说明商品间的价格与需求存在着某种关系，这种关系称为需求的交叉价格弹性(Cross Elasticity of Demand)。

需求的交叉价格弹性是指一种商品需求量变动对另一商品价格变动反应的敏感程度。也就是说，如果 A 产品的价格变化百分之一，B 产品的需求量将变化百分之几。设两种相关产品 X 和 Y，计算 Y 产品交叉价格弹性(E_{YX})的一般公式为

$$E_{YX} = \frac{Y商品需求量变动的比例}{X商品价格变动的比例} \tag{2-4}$$

2. 需求的交叉价格弹性与商品间的关系

需求的交叉价格弹性与商品间的关系见表 2-5。

表 2-5　需求交叉价格弹性与商品间的关系

需求交叉价格 弹性系数	X、Y 商品 间的关系	X、Y 商品间的特征	实　例
$E_{YX} > 0$	替代关系	Y 商品的价格 P 上升(下降)引起 X 商品的需求量 Q 上升(下降)	牛肉与羊肉、租房与买房、坐公交车与打的等
$E_{YX} < 0$	互补关系	Y 商品的价格 P 上升(下降)引起 X 商品的需求量 Q 下降(上升)	汽车与汽油、鞋油与鞋刷、三明治与火腿等
$E_{YX} = 0$	互相独立	Y 商品的价格变动不会引起 X 商品的需求量的变化	牛肉与汽车、火柴与鞋子等

表 2-5 所示的三种关系表明：替代品是竞争关系，需要密切关注对手变化，进行制定策略；互补品是战略同盟关系，相关利益群体要统筹定价，追求共赢下的利益最高；而互相独立则基本没有关系，或关系非常微小，企业间可单独订立策略方案。

五、供给弹性

供给弹性与需求弹性一样重要，而且有着同样的含义。供给弹性是供给的价格弹性的简称，它是一种商品的供给量对其价格变化的反应程度。即

$$供给弹性 = \frac{供给量变动的比例}{价格变动的比例}$$

1. 时间与供给弹性

正像区分短期和长期中需求对价格变化的反应一样，经济学家对供给也作了同样的区分。厂商在长期中可以对价格上升作出某些反应，而这些反应是它们在短期中做不到的。这意味着长期供给曲线的弹性大于短期供给曲线。我们把短期供给曲线定义为在机器和建筑当前存量不变条件下的供给；与此不同，在长期中我们假定机器和建筑存量可以调整。供给曲线在短期中是缺乏弹性的，而在长期中则是很有弹性的，如图2-16所示。

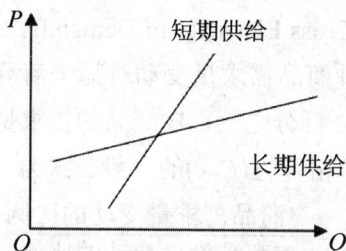

图2-16　随着时间推移而变化的供给弹性

2. 供给弹性的影响因素

(1) 生产的难易程度。生产容易，弹性就大；生产困难，弹性就小。

(2) 生产规模及规模变化的难易程度。资本密集型，规模较难变动，弹性小。

(3) 成本的变化。随着产量的提高，只引起单位成本的轻微提高(规模经济)，则弹性大。

此外，厂商的生产能力、对未来价格的预期也会影响供给弹性。

六、弹性的应用

1. 需求价格弹性与厂商价格决策

不同行业商品的需求价格弹性是不同的。那么到底价格会如何变化？变化多大才是最合理的呢？假如你是一个大型艺术博物馆的馆长。你的财务经理告诉你，博物馆缺乏资金，并建议你改变门票价格以增加总收入。你是要提高门票价格，还是降低门票价格呢？回答取决于需求弹性。运用需求价格弹性我们可以把商品和服务简单地分为两种。

(1) 宜降价促销的商品。这类商品是富于弹性的，宜采用"降价促销"的策略。降价促销也称作"薄利多销"，通过降价实现总收入增加。这是企业合理借用需求价格弹性实现营销战略。其根本的运作原理是：价格下降，虽然单个产品的利润是递减的，但需求量的变化远远大于价格下降的变化幅度，这样产品的总利润是增加的。反之，当价格提高1%，将导致需求量减少超过1%，使销售总收入下降。这类商品企业应该适当降价，扩大销售量来增加总收入。此类产品比较多，如汽车、家电等。

(2) 宜涨价增利的商品。这类商品是缺乏弹性的，宜采用"提价销售"的营销策略。当采用降低价格时，需求量增加而使总收入增加的幅度小于由于价格降低而使总收入减少的幅度。而价格上调时，总收益增加，对生产者有利；价格下调，总收益减少，对生产者不利。此类商品如食品(大米、面包、蔬菜价格上升，还是会有人购买)等。

不同需求价格弹性对企业价格策略的影响如表 2-6 所示。

表 2-6　不同需求价格弹性对企业价格策略的影响

需求价格弹性	$|E_d|>1$	$|E_d|=1$	$|E_d|<1$
降价的影响	增加销售收入	销售收入不变	减少销售收入
涨价的影响	减少销售收入	销售收入不变	增加销售收入
企业价格策略	适当降价	针对不同情况涨价或降价	适当涨价

2. 需求的收入弹性与企业经营

伴随中国的经济实力的快速增长，大部分老百姓手中的可支配资金越来越充足，消费能力越来越强。此时研究需求的收入弹性(E_I)对商品需求的影响变得非常迫切，也是企业在变化的社会宏观经济情况下，如何正确决策顺利地完成组织目标的保证。

人们收入的增加，对不同档次的商品需求量增加的速度是不一样的。在巨大市场机会和经济利益面前，企业家们根据对经济的预期和人们收入的增加，来考虑企业发展的策略，甚至转换行业纷纷进入高收益的产业中，以获得更大的利润。

一般来说，当社会收入增加时，企业就应努力增加需求收入弹性大的商品的生产，以取得更大的销售收入；对于需求收入弹性较小的生活必需品，可大体上维持产量，因为即使收入有较大增长，生活必需品销量也不会增加很多；对于低档需求品需求量会下降，企业则应及时减少产量。当社会收入减少时，高档品需求量会迅速下降，则应及时减产；生活必需品可略微减产；低档品需求量会迅速上升，则应及时增产。

基于现代企业自身的特性，在运用需求的收入弹性时，应切记以下三个原则。

(1) 需求收入弹性大的商品，利润大、风险也大。

(2) 需求收入弹性小的商品，利润小、风险也小。

(3) 不同收入弹性的组合，可降低风险，保证一定的利润。

3. 需求交叉价格弹性与产品差别化策略

企业在经营过程中，如果拥有相当的经营管理能力，丰富的产品组合策略，那么就应该合理利用需求交叉价格弹性，使自己在市场中分得更大一份蛋糕。企业在产品组合中，其中一部分产品之间存在着替代关系或者是互补关系，那么在制定价格时就要充分考虑到在替代品或互补品之间的相互影响。如果就某一种单独产品而论，提高价格可能会对企业有利，但如果把它放在相关产品群中考虑，即考虑企业综合利益时，可能会导致企业总利润的减少。

企业对产品组合中的两种产品，如果其交叉弹性为负值，说明这两种产品互补。互补产品可以通过综合定价策略来实现市场的突破。互补产品可以分为基本产品和配套产品两种，通常的定价策略是对基本产品定低价，让大量的消费者来购买该产品，可对配套产品定高价，这样成功的案例非常多。柯达公司是彩色胶卷专业厂家，面对佳能、尼康等强劲对手的竞争，为了能够进入相机市场并能够扩大胶卷市场的垄断份额，公司上层进行了多次讨论。最后决定推出柯达相机时，顾客只需购买一卷胶卷，就免费赠送相机，并说明柯达相机必须使用柯达胶卷才能达到最佳摄像效果，结果很快达到了集团战略目标。同样吉列手动剃须刀架的免费赠送，也不失为营销策划的经典。

如果两种产品的交叉弹性为正值，说明这两种为替代产品。具体可以分为两种情况：如果两种产品同是本企业生产的，那么企业应该合理按照产品的生命周期、市场饱和程度、产品技术含量等因素进行综合决策，使企业达到最高利益；如果两种产品不在同一个企业生产，那么说明两家企业是竞争关系，我们可以用交叉弹性来分析产品之间的竞争关系。交叉弹性越大，说明两家企业产品之间的竞争越激烈，必须时刻密切注意对方企业采取的策略变化，时刻准备应对措施。这在同一行业不同品牌同一细分市场间的竞争尤其突出。

【知识链接】

商品的需求量一定与商品的价格反方向变化吗？
——需求规律的例外：吉芬商品与凡勃伦商品

爱尔兰经济学家罗伯特·吉芬发现 1845 年爱尔兰大灾荒时，尽管土豆价格上涨，但人们的需求量反而增加。这一特殊效应可用土豆价格变化时所发生的收入效应的程度来解释。土豆不仅仅是劣等品，而且其消费占用了爱尔兰人收入的很大比例。因而土豆价格的上升大大减少了他们的实际收入。爱尔兰人被迫压缩其他奢侈食品的消费，以购买更多的土豆。即便这个历史事件难以置信，商品价格上升导致其需求量增加的可能性仍被称为吉芬之谜。

经过几代经济学家的研究，得出这样的结论：穷人收入低，可供满足生活必需的替代品的购买能力低，就只能买得起土豆这一类最低生活必需品。越吃不起肉，买土豆的数量就越多。而土豆的资源有限，于是靠价格上升来调剂供需。富人有钱，可以多吃肉而少吃土豆。因此，年景好，收入多时，连穷人都可以买点肉吃，因此，土豆的需求少了，价格也下降了。这一点倒有点像我国三年自然灾害时期的山芋粉、胡萝卜，价格越贵，需求量越大。这说明，收入越高，可替代品越多。经济学家们对吉芬之谜的最后解释是吉芬商品就是低劣品。

19 世纪的吉芬商品，在现代社会也会出现，似乎不能再称之为低劣品了。例如，20

世纪五六十年代，我国居民大多穿棉布服装。20 世纪 70 年代，出现了"的确良"布料，它做成的衬衫洁白、挺括。尽管价格很高，大家还是争相购买。随着现代纺织业的发展，"的确良"越来越普及，人们发现了它存在不透气、刺激皮肤等缺点。20 世纪 80 年代开始，又恢复流行全棉服装。全棉衬衫、全棉面料价格上扬，消费量也大幅上升。

再看看眼前：款式、皮质差不多的一双皮鞋，在普通的鞋店卖 80 元，进入大商场的柜台，就要卖到几百元，却总有人愿意买。1.66 万元的眼镜架、6.88 万元的纪念表、168 万元的顶级钢琴，这些近乎"天价"的商品，往往也能在市场上走俏。实际上，消费者购买这类商品的目的并不仅仅是为了获得直接的物质满足和享受，更大程度上是为了获得心理上的满足。这就出现了一种奇特的经济现象，即一些商品价格定得越高，就越能受到消费者的青睐。由于这一现象最早由美国经济学家凡勃伦注意到，因此被命名为凡勃伦效应(有些经济学家称它们为炫耀性商品)。

随着社会经济的发展，人们的消费会随着收入的增加，而逐步由追求数量和质量过渡到追求品位格调。只要消费者有能力进行这种感性的购买，"凡勃伦效应"就会出现。了解了"凡勃伦效应"，可以利用它来探索开展新的经营活动。

(资料来源：吴冰. 经济学基础教程[M]. 北京：北京大学出版社，2005 部分)

【知识链接】

需求收入弹性是如何反映消费结构的

罗伯特·恩格尔(Robert·Engle)(1821—1896)，德国经济学家和统计学家。

恩格尔认为，收入是影响需求结构变化的重要因素。一个家庭(国家)的收入越低，其总支出中用于食物消费的份额越大。随着收入的上升，食品在总支出中所占的比重是下降的——此即著名的恩格尔定律。这是一个经验规律，是以它的发现者——德国统计学家恩格尔命名的。恩格尔还发现，随着收入的提高，衣着、住房在总开支中的比重基本维持不变，而奢侈品、教育、娱乐、储蓄比重是上升的。

从统计结果来看，小至家庭、大至国家，基本上都遵循这一规律。因此，我们常常将恩格尔系数，即食品开支在总开支中的比重作为衡量经济发展水平的一个指标。

根据正常品与低劣品的定义，正常品的收入弹性为正，即其需求随着收入的上升而上升；而低劣品正好相反，收入弹性为负，即需求随着收入的增加而下降。若以收入作为纵坐标，商品需求量作为横坐标，所画出的商品需求量随着收入变化而变化的曲线即为恩格尔曲线。正常品的恩格尔曲线向右上倾斜，低劣品的恩格尔曲线则向右下倾斜。但需注意，在同一条恩格尔曲线上，消费者偏好和商品价格必须保持不变。

此外，需要强调的是：某一商品是正常品还是低劣品，取决于消费者的无差异曲线(对消费者偏好的刻画)的形状。同一商品对一些人来说是正常品，对另一些人来说则是低劣品；

甚至对同一个人来说，某些商品在其收入水平较低时是正常品，而当其收入提高后则成了低劣品。由此可见，一个商品是正常品还是低劣品，主要是受收入水平影响，一种商品的消费占收入的比重随着收入的变化而变化，跟商品本身的好坏或优劣无关，即与商品本身的属性无关。

一般来说，低劣商品都是定义在范围十分狭小的范围内的。因为大类商品细分后的具体商品很容易找到替代品。而大类商品如食品、衣着、娱乐之间很难替代，故不大可能成为替代品。

各种商品的收入弹性是经济决策时要认真考虑的。根据收入弹性可以确定优先发展的行业或部门。因为收入弹性大的行业，其需求量的增长要快于国民收入的增长，应优先发展；而收入弹性小的行业，发展速度应控制得适当慢些。

根据恩格尔系数，饮食费在家庭总支出中所占比重在 60%以上为绝对贫困，50%～60%为温饱，40%～49%为小康，30%～39%为富裕，30%以下为最富裕。因此，许多国家都把恩格尔系数作为衡量一个国家劳动者生活水平的重要指标。

(资料来源：高鸿业. 西方经济学[M]. 北京：中国人民大学出版社，2000.)

◎ 项 目 总 结

微观经济学研究家庭与企业的行为，其核心问题是要说明价格如何配置资源、调节经济。在市场经济中，价格是由供求关系决定的，所以供给与需求就是最重要的概念。本项目介绍了需求、供给、均衡价格的决定以及价格如何调节经济。

供求法则可以预测价格的变化方向，弹性理论则可以预测价格会变动多少(量值)。为了更好地挖掘这些现象的内在奥秘，掌握哪些因素影响某种商品需求量的变化，这些因素对需求变动的反映程度又是如何，经济学家经常用到弹性分析法讨论问题。

◎ 项 目 考 核

一、选择题

1. 需求是指消费者(　　)。

   A. 在每一价格水平上愿意而且能够购买的某种商品量

   B. 在市场上能够购买的商品量

   C. 实现最大限度满足所需要购买的商品量

   D. 在一定价格水平上愿意出售的商品量

2. 经济学上的需求是指人们的(　　)。

　　A. 购买欲望　　　　　　　　　　B. 购买能力

　　C. 购买欲望和购买能力的统一　　D. 根据其购买欲望所决定的购买量

3. 需求曲线是表示(　　)。

　　A. 需求量与供给之间关系的曲线　　B. 需求量与货币之间关系的曲线

　　C. 需求量与价格之间关系的曲线　　D. 需求量与收入之间关系的曲线

4. 在其他条件不变的情况下，当汽油的价格上升时，对汽车的需求将(　　)。

　　A. 减少　　　　　B. 不变　　　　　C. 增加　　　　　D. 难以确定

5. 在其他条件不变的情况下，当咖啡的价格急剧升高时，对茶叶的需求将(　　)。

　　A. 减少　　　　　B. 不变　　　　　C. 增加　　　　　D. 没有影响

6. 消费者预期某种物品的价格将来会上升，则对该物品当前的需求将(　　)。

　　A. 减少　　　　　B. 增加　　　　　C. 不变　　　　　D. 难以确定

7. 需求规律表明(　　)。

　　A. 随着汽油的价格提高，对小汽车的需求量将下降

　　B. 药品的价格上涨会使药品的质量得到提高

　　C. 计算机的价格下降会引起其需求量增加

　　D. 随着乒乓球价格的下降，对球拍的需求量会增加

8. 需求规律意味着，在其他条件不变的情况下(　　)。

　　A. 随着汽车价格上升，汽车需求量将增加

　　B. 随着汽车价格上升，汽车需求量将减少

　　C. 随着汽车价格上升，汽车需求量仍保持不变

　　D. 随着汽车价格上升，汽车的需求量可能增加，可能减少，也可能不变

9. 需求曲线向右下方倾斜，表示当一种商品价格(　　)时，需求量(　　)。

　　A. 上升，增加　　B. 下降，减少　　C. 上升，不变　　D. 上升，减少

10. 由于另一种商品相对价格的变化导致的对该商品需求的变化叫做(　　)。

　　A. 收入效应　　　B. 替代效应　　　C. 溢出效应　　　D. 挤出效应

11. 价格下降的替代效应之所以会引起消费者消费较多的商品是因为(　　)。

　　A. 该商品相对其他商品价格上升

　　B. 该商品相对其他商品价格下降

　　C. 价格下降引起消费者实际收入增加

　　D. 现在消费者可花费的钱多了

12. 需求的价格弹性是指(　　)。

　　A. 一种商品的需求量变动对另一种商品价格变动的反应程度

　　B. 需求量变动对价格变动的反应程度

C. 价格变动对需求变动的反应程度

D. 需求量变动对收入变动的反应程度

13. 计算需求弹性的弹性系数的一般公式是(　　)。

　　A. 需求量与价格之比

　　B. 需求量变动的百分比除以价格变动的百分比

　　C. 需求量变动的绝对值除以价格变动的绝对值

　　D. 价格变动的百分比除以需求量变动的百分比

14. 某种商品的价格变动10%，需求量变动20%，则它的弹性系数为(　　)。

　　A. 10%　　　　　　B. 30%　　　　　　C. 50%　　　　　　D. 2

15. 如果(　　)，我们就说一种商品的需求缺乏弹性。

　　A. 需求量变化百分比大于价格变化百分比

　　B. 需求量变化百分比小于价格变化百分比

　　C. 需求变化大于价格变化

　　D. 价格变化大于需求变化

16. 若某商品的需求量下降的百分比大于该商品价格上升的百分比时，则需求价格弹性(　　)。

　　A. 大于1　　　　　B. 小于1　　　　　C. 等于1　　　　　D. 等于0

17. 需求收入弹性衡量的是(　　)。

　　A. 需求量变动对收入变动的反应程度

　　B. 需求量变动对价格变动的反应程度

　　C. 价格变动对需求量变动的反应程度

　　D. 收入变动对价格变动的反应程度

18. 两种商品X和Y的交叉弹性系数为-2.8，说明这两种商品之间(　　)。

　　A. 存在替代关系　　　　　　　　B. 存在互补关系

　　C. 没有关系　　　　　　　　　　D. 可能存在替代关系，也可能存在互补关系

19. 供给弹性的大小与时间有关，一般来说(　　)。

　　A. 短期高于长期　　　　　　　　B. 长期低于短期

　　C. 长期高于短期　　　　　　　　D. 在长期与短期中一样

20. 如果一种商品的需求富有弹性，(　　)。

　　A. 无论价格如何变动，总收益都增加

　　B. 价格上升时总收益增加

　　C. 价格下降时总收益增加

　　D. 价格下降时总收益减少

二、判断题

1. 需求就是家庭在某一特定时期内，在每一价格水平时愿意购买的商品量。　（　　）

2. 根据调查，青年人中有 80%的人希望自己有一辆车，我国有 3 亿青年人，因此，我国的汽车需求极大。　（　　）

3. 当咖啡的价格上升时，茶叶的需求就会增加。　（　　）

4. 当出租汽车更为方便和便宜时，私人所购买的汽车会减少。　（　　）

5. 世界石油价格下降有助于增加购买汽车的需求。　（　　）

6. 在人们收入增加的情况下，某种商品价格上升，需求量必然减少。　（　　）

7. 重视学习外语引起更多消费者购买随身听和复读机，这种现象称为需求增加。

（　　）

8. 一场台风摧毁了某地区的荔枝树，市场上所供应的荔枝少了，这种现象称为供给量减少。　（　　）

9. 苹果价格下降引起人们购买的橘子减少，在曲线图上表现为需求曲线向左方移动。

（　　）

10. 假定其他条件不变，某种商品价格的变化将导致它的供给量变化，但不会引起供给的变化。　（　　）

11. 需求的价格弹性是指需求的变动对价格变动的反应程度。　（　　）

12. 当某种产品的价格上升 8%，而需求量减少 7%时，该产品需求是富有弹性的。

（　　）

13. 食盐的需求是缺乏弹性的。　（　　）

14. A 物品价格上升 10%引起 B 物品的需求量增加 6%，那么 A 与 B 两种物品之间的交叉弹性为 0.6。　（　　）

15. 农产品的需求一般来说缺乏弹性，这意味着当农产品的价格上升时，农民的总收益将增加。　（　　）

三、问答题

1. 收入增加和价格下降可使笔记本电脑的销量增加。从经济学角度看，这两种造成销售量增加的因素有什么不同？

2. 什么是均衡价格？它是如何形成的？

3. 什么是供求法则？

4. 影响需求弹性的因素有哪些？

5. 根据弹性理论解释"薄利多销"和"谷贱伤农"。

◎ 项 目 拓 展

食品的国际价格和收入弹性

对于生活在相对贫困国家的许多人来说，赚取足够食品维持生计是每天最重要的工作。但是在富裕国家，维持生计绝对不是什么问题。

请注意，食品需求的收入弹性随着收入的提高而下降，从而引出一个直观解释：贫困人口的收入如果提高，他们会比富裕国家的人民更加愿意将增加的那部分收入的较大部分用于购买食品。以印度为例，人均收入增加10%，食品需求就会增加7.6%。在像美国和加拿大这样的富裕国家，如果人均收入增加10%，食品的需求只会增加1%。

在比较富裕的国家，人们在食品方面的花费多半用于享受奢侈品，例如上餐厅吃饭，享用龙虾和牛排。你可能因此觉得价格弹性在富裕国家比在贫困国家要大一些。但是，其中一个重要因素需要考虑，在贫困国家，人们已经将收入的较大部分用于购买食品，如果食品价格上升，他们可能别无选择，只能被迫减少食品消耗量。这样的情况不会发生在富裕国家。在贫困国家，由于食品支出占据了收入的较大部分，食品价格上升对收入效应的影响也比较大。

(资料来源:(美)斯蒂格利茨. 斯蒂格利茨经济学文集[M]. 纪沫，陈工文，李飞跃译. 北京：中国金融出版社，2007.)

问题： 阅读案例，分析比较食品、奢侈品的价格与收入弹性。

项目三　消费者行为理论与应用

【项目引入】

王大明和张小莉结婚 10 年了，张小莉喜欢折腾的习惯依然如旧。每过上一段时间就要指挥王大明把家具重新布置一番。王大明不堪其"扰"，抱怨说，刚熟悉了东西的摆放就变了，又要适应很久。张小莉则教育王大明说，适应了，也就厌烦了，会产生审美疲劳，人都是喜新厌旧的，变，才让人有新鲜感。

思考题：

1. 张小莉的话有无道理？她所讲的实际上是经济学上的什么问题？

2. 过去我国国有企业的产品十几年不变，张小莉的行为是否是一种启示？

3. 每年，我国(以及国外)的各品牌汽车的都会出新款，与老款相比，新款的变动一般很小。尽管变化小，但每年都会有一点变化。这是否与张小莉遵循的是同一原理？

讨论：根据上述故事，我们能在其中发现哪些经济学道理？

(资料来源：http://www.doc88.com/P-689756720135.html)

【技能目标】

能用无差异曲线、边际效用等理论分析和解释如何获得效用最大化。

【知识目标】

● 能够掌握基数效应理论、序数效用论及其相关概念。

● 能够理解消费者均衡模型、边际效用递减律。

【关键概念】

欲望与效用　基数效应　序数效用　边际效用递减律　收入效应与价格效应

【导语】

消费者选择购买商品时，如何让衡量那种产品的满足程度更高？同一种产品购买多少数量的满足程度更高？作为企业的决策者如何来满足作为上帝的顾客呢？学习了本项目之后，就会有答案了。

第一节　欲望与效用

一、欲望

消费者是在经济中能够做出统一的消费决策的单位，可以是个人也可以是若干个人组成的家庭。通常来说，消费的目的是为了获得幸福，那么幸福是什么呢？美国经济学家保罗·萨缪尔森提出了幸福方程式。

$$幸福 = \frac{效用}{欲望}$$

欲望是一种缺乏的感觉与求得满足的愿望。不足之感，求足之愿。它是一种心理感觉，特点是具有无限性和层次性。亚伯拉罕·马斯洛(Abraham Maslow)给出了经济学中最经典的关于欲望的定义。

马斯洛需要层次理论是研究人的需要结构的一种理论，是美国心理学家马斯洛所首创的一种理论。他在 1943 年发表的《人类动机的理论》一书中提出了该理论。

1. 生理需求

生理需求即生存的欲望和需要。该需求级别最低。如食物、水、空气、性欲、健康等。

2. 安全需求

安全需求即希望明天的生活更加美满和有保障。该需求同样属于低级别的需求，如人身安全，生活稳定以及免遭痛苦、威胁或疾病等。

3. 社交需求

社交需求即社会交往中感情上的需要。该需求属于较高层次的需求，如对友谊、爱情以及隶属关系的需求。

4. 尊重需求

尊重需求即要求自尊心得要满足和受人尊重。该需求属于较高层次的需求，如成就、名声、地位和晋升机会等。尊重需求既包括对成就或自我价值的个人感觉，也包括他人对自己的认可与尊重。

5. 自我实现需求

自我实现需求即实现自己的理想和价值，是针对获得真善美至高人生境界的需求，也是最高层次的需求。具体包括认知、审美、创造、发挥潜能的需要等。在前面四项较低层次的需求都能满足的情况下，最高层次的需求方能相继产生，因此，自我实现需求是一种衍生性需求。

二、效用

1. 了解效用

有关消费者行为最基本的假设是消费者追求效用的最大化(或追求最大的满足)。因此，要研究消费者行为理论，就必须研究效用理论。

2. 效用的概念

如果花 100 元可以买一件衬衫，也可以买一盒保健食品，你认为这两种花费哪种更好呢？人们购买不同的产品，应该有一种有效的比较方法。比较不同商品的价格很容易，但如何比较它们带来的收益或是满足程度呢？经济学提供了一个通用的标准来进行比较，这个通用的标准就是效用。

效用是指商品满足人的欲望的能力，或者说，效用是指消费者在消费商品时所感受到的满足程度。效用这一概念与人的欲望是联系在一起的，它是消费者对商品满足自己的欲望的能力的一种主观心理评价。一种商品对消费者是否具有效用，取决于消费者是否有消费这种商品的欲望，以及这种商品是否具有满足消费者的欲望的能力。

(1) 效用是相对概念，因人、因时、因地而不同。

知识链接

一支香烟对吸烟者来说可以有很大的效用，但对于不吸烟者来说则可能毫无效用，甚至有负效用。负效用是产品或劳务给人们带来的不舒适、不愉快或痛苦。

(2)有无效用或效用大小取决于个人主观心理评价。效用实际是个主观判断，同一物品有无效用或效用大小对不同的人来说是不同的。

知识链接

最好吃的东西

兔子和猫争论，世界上什么东西最好吃。兔子说："世界上萝卜最好吃。萝卜又甜又脆又解渴，我一想起萝卜就要流口水。"猫不同意，说："世界上最好吃的东西是老鼠。老鼠的肉非常嫩，嚼起来又酥又松，味道美极了！"兔子和猫争论不休、相持不下，跑去请猴子评理。猴子听了，不由得大笑起来："瞧你们这两个傻瓜蛋，连这点儿常识都不懂！世界上最好吃的东西当然是桃子！桃子不但美味可口，而且长得漂亮。我每天做梦都梦见吃桃子。"兔子和猫听了，全都直摇头。那么，世界上到底什么东西最好吃呢？

这个小故事说明消费者的需要各不相同，消费者对商品满足自己欲望的能力的主观心理评价也是不相同的。

(资料来源：方欣. 西方经济学(第2版)[M]. 北京：科学出版社. 2008.)

第二节　比较产品对消费者效用的大小

一、基数效用论

如何衡量商品效用的大小呢？在西方经济学中有两种理论：一种认为可以用某种效用单位来计量效用的基数效用论；另一种认为效用不能计量，只能从不同效用的大小序列中进行比较分析的序数效用论。在19世纪末和20世纪初，西方经济学中普遍使用基数效用概念。基数效用论是早期研究消费者行为的一种理论。基数效用论者认为，效用如同长度、重量等概念一样，可以具体衡量并加总求和，具体的效用量之间的比较是有意义的。效用的大小可以用基数(1、2、3、……)来表示，计量效用大小的单位被称作效用单位。基数效用论采用的是边际效用分析方法。

【知识链接】

对某一个人来说，吃一盘土豆和一份牛排的效用分别为 5 效用单位和 10 效用单位，则可以说这两种消费的效用之和为 15 效用单位，且后者的效用是前者的效用的 2 倍。根据这种理论，可以用具体的数字来研究消费者效用最大化问题。

二、序数效用论

自 20 世纪 30 年代至今，西方经济学中多使用序数效用概念。序数效用论是为了弥补基数效用论的缺点而提出来的另一种研究消费者行为的理论。序数效用论者认为，效用的大小是无法具体衡量的，效用之间的比较只能通过顺序或等级即用序数(第一、第二、第三……)来表示。仍就上面某人吃土豆和牛排的例子来说，消费者要回答的是偏好哪一种消费，即哪一种消费的效用是第一，哪一种是第二。或者是说，要回答的是吃一盘土豆还是吃一份牛排。进一步地，序数效用论者还认为，就分析消费者行为来说，以序数来度量效用的假定比以基数效用的假定所受到的限制要少，它可以减少一些被认为是值得怀疑的心理假设。基数效用论与序数效用论的比较如表 3-1 所示。

表 3-1　基数效用论与序数效用论的比较

效用理论类型	主要观点	时　间	经济学家	分析工具
基数效用论	效用可计量	19 世纪末 20 世纪初	马歇尔	边际效用
序数效用论	效用可比较	20 世纪 30 年代	希克斯	无差异曲线

第三节　边际效用递减规律

基数效用论除了提出效用可以用基数衡量的假定外，还提出了边际效用递减规律的假定。例如：如果在冰天雪地的森林中，你好几天没吃东西了，吃第一个馒头感觉最强烈，很好吃，从"饥寒交迫"到"有馒头吃"，这是从无到有的过程，有一种"质"的飞跃，当然其边际效用最大，但还没有完全满足。吃第二个馒头感觉还是挺好的，仍然很好吃，但感觉不如第一个，也有点满足感，只是没有那么强烈的反应，总的满足感更高了，这说明第二个边际效用较第一个的边际效用小。吃第三个馒头时，感觉也好吃，但感觉又不如第二个，肚子有点撑了，已完全满足。如果吃第四个馒头，就觉得太饱了，撑得不舒服了，不能再吃了。

经济学家把多吃一个馒头的感觉，称为边际效用；把吃完一定数量的馒头的累计的总感觉，称为总效用。

一、总效用和边际效用

1. 总效用

总效用 TU(total utility)指消费者在一定时间内从一定数量的商品的消费中所得到的效用量的总和。假定消费者对一种商品的消费数量为 Q，则总效用函数为

$$TU = f(Q) \tag{3-1}$$

2. 边际效用

边际效用 MU(marginal utility)就是从商品或劳务每增加的单位中所得到的增加的效用。也就是每种物品的消费量每增加一个单位而增加的效用。用 MU 表示边际效用，则：

$$MU = \frac{\Delta TU}{\Delta X} \tag{3-2}$$

表 3-2 所示为某商品的效用表。

表 3-2 某商品的效用表 (货币的边际效用$\lambda=2$)

商品数量 Q	总效用 TU	边际效用 MU	价格 P
0	0		
1	10	10	5
2	18	8	4
3	24	6	3
4	28	4	2
5	30	2	1
6	30	0	0
7	28	-2	

3. 总效用与边际效用的关系

我们用图 3-1 来解释总效用与边际效用的关系。在图 3-1 中，MU 曲线因边际效用递减规律而成为向右下方倾斜的，相应地，TU 曲线则随着 MU 的变动而呈现先上升后下降的变动特点。总结 MU 与 TU 的关系即为：当 MU>0 时，TU 上升；当 MU<0 时，TU 下降；当 MU=0 是。TU 达极大值。

从数学意义上讲，如果效用曲线是连续的，则每一消费量上的边际效用值就是总效用曲线上相应的点的斜率。

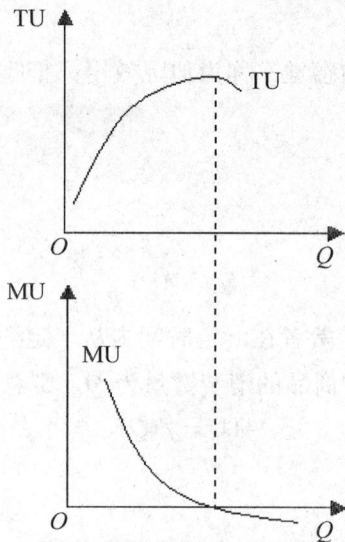

图 3-1　总效用与边际效用

二、边际效用递减规律

知识链接

第三块三明治——经济学中的边际效用

罗斯福曾三次连任美国总统，曾有记者问他有何感想，总统一言不发，只是拿出一块三明治让记者吃，记者吃下去，总统又拿出第二块，记者勉强吃下去，没料到总统又紧接着拿出第三块三明治，记者赶紧婉言谢绝，这时罗斯福笑笑说："现在你知道我连任三届总统的滋味了吧"。

请思考：罗斯福总统为什么会有这种感觉？

答案：因为边际效用递减规律。

很显然，当我们在消费某种物品的时候，随着消费量的增加，等量的消费品，带来的满足感会越来越小——这种情况几乎存在于所有的消费品上，我们称之为边际效用递减规律。边际效用递减规律是指在一定的时间内，在其他商品的消费数量保持不变的条件下，随着消费者对某种商品消费量的增加，消费者从该商品连续增加的每一消费单位中所得到的效用增量即边际效用是递减的。

这个规律不只存在于饮食方面，也适用于其他消费。例如：每个月给你一件新衬衫，你会很高兴。给你第二件、第三件可能也是。但如果不停给你，多到一定数量之后，新衬衫对你就没有什么价值了。就算你每天都想换新衬衫，你的衣柜也装不下，就像你吃东西的时候胃的容量是有限的。再如演唱会，偶尔去听一次，你会觉得很兴奋，很过瘾，但如果让你天天听演唱会，你迟早会厌烦。

边际效用递减与人的生物特性有关。心理学中的韦伯定理表明，神经元对等量外界刺激的条件反射强度，随刺激次数的增加而递减。也就是说，外部给你一个刺激(消费某种物品)，你的神经系统就会产生兴奋(得到效用)。随着同样刺激的反复进行(消费同一种物品的数量增加)，神经的兴奋程度会下降(边际效用递减)。

在理解边际效用递减规律的时候，要注意以下几点。

第一，边际效用和总效用的区别。边际效用是指最后一单位的消费品带来的效用。它的递减并不意味着总效用的减少，只是说后一单位的消费品带来的效用比前一单位的效用要小。在边际效用减少的过程中，总效用依然可能增加，只不过增加的幅度在降低。在边际效用减少到零的时候，总效用停止增长，达到最大。而在边际效用变成负值的时候，继续消费会使总效用减少。

第二，边际效用递减是在一定时间内进行消费产生的现象。它的前提是人的偏好没有改变，且连续消费某种物品。例如：你在吃一顿饭的过程中，边际效用是递减的，但过了半天，你饿了，又去吃饭，你不能把这顿饭的过程跟上一顿饭相比。再如：你本来不会喝酒，觉得酒不好喝，但你后来学会了喝酒，越喝越好喝。这种现象似乎不符合边际效用递减规律。其实不然。这是你的偏好改变了。

第三，在极少数情况下，有的消费是量越大越满足，但始终存在一个限度，超过这个限度以后必然出现边际效用递减。例如：许多人认为，喝一口红葡萄酒，品不出美味，红葡萄酒是越喝越有味。再如：嗑瓜子，本来你不想嗑，但嗑起来就不想停。这两种情况，可以说前一阶段是边际效用递增，但到最后也会出现边际效用递减。因为无论是喝酒还是嗑瓜子，总有满足和厌烦的时候。

更广泛地看，边际效用递减规律存在于人类生活的各个方面。例如：有人说，初恋是最难忘的。其实这是因为从趋势上看，"二恋"、"三恋"带来的效用是递减的；再如：大街上流行染金头发，最先开始染发的人非常引人注目，但如果染的人越来越多，就不觉得新鲜了。如果满大街的人都染金头发，就会让人看着难受。

俗话说，"虱多不痒，债多不愁"，意思是说，身上出现第一只虱子会痒得难受，但如果有101只虱子，就不会比100只虱子时痒多少；人在第一次欠债时会惶惶不安，但债台高筑时再添一笔也无所谓了。同样的道理，作为一个老师，对学生的批评要适可而止，因为批评一次会令人羞愧，要是没完没了地批评，学生就可能"破罐子破摔"；再如，人们常说"久入茅厕不知其臭"、"久病床前无孝子"等，背后都是同样的道理。

可见，因为边际效用递减规律的存在，对于每个人来说，不管做什么事情，时间一长都难以为继。再好吃的东西，吃多了也会腻味；再好玩的游戏，玩久了也会厌烦。哪怕是休息，保持某种姿势时间太长也会觉得不舒服。所以一个人要使自己的生活得到最大的满足，就要在不同的活动中进行变换。不但要睡觉、吃饭，还要看电视、听音乐、旅游等。

总之一个人活在世界上，为了满足自己的欲望，实现自己的幸福，就要对自己的时间进行分配，要在不同的活动中进行。

唯一对边际效用递减规律构成反例的可能是毒品。吸毒总是越吸越上瘾，对别的消费不再感兴趣。所以吸毒的人会卖掉家产，抛妻弃子，宁可吃不饱，穿不暖，却一定要吸毒。而且在吸食的过程中，吸毒者毫无节制，结果往往死于非命。

三、需求规律与边际效用递减规律

商品的需求量与商品自身价格呈反方向变动。即价格上升，需求量减少；价格下降，需求量增加。需求曲线从左上方向右下方倾斜。但并没有说明为什么需求量与价格成反方向变化，即没有说明需求规律存在的原因，关于这个问题，西方经济学家用边际效用递减规律来解释。

任何购买行为都是一种交换行为，消费者以货币交换所需求的商品。在交换过程中，消费者支出的货币有一定的边际效用，所购买的商品也有一定的边际效用，消费者通常用货币的边际效用来计量物品的效用。由于单位货币的边际效用是递减的，因此，消费者愿意付出的货币量就表示买进商品的效用量，而消费者对两种商品所愿付出的价格的比率，是由这两种商品的边际效用所决定的，边际效用越大，所愿支付的价格(需求价格)越高；反之，边际效用越小，需求价格就越低。根据边际效用递减规律，既然边际效用越来越小，那么，消费者对商品购买越多，所愿支付的价格就会越少。这样，消费者买进和消费的某种商品越多，他愿支付的价格即需求价格就越低，反过来说，价格越低，需求量越大。可见，一个消费者的实际需求价格反映了该商品的边际效用，而边际效用是随购买数量的增加而减少的，于是价格也就随着数量的增加而降低，或者需求量随价格的降低而增加。因此，需求曲线也就是边际效用曲线，它是从左上方向右下方倾斜的。

知识链接

水为什么没有钻石那么贵

设想每种物品都有几种用途，且可按重要性分成等级。消费者随着获得该物品数量的增加，会将其逐次用到不重要的用途上去。这本身就说明边际效用是递减的。例如水，按重要程度递减的顺序，分别有饮用、洗浴、洗衣、浇花等多种用途。水很少时，它被用作最重要的用途如饮用，随着得到的水的量的增加，它会被逐次用到洗浴、洗衣、浇花等相对越来越不重要的用途上。

答案：这说明水的边际效用是递减的，价格是由边际效用决定的。

第四节　实现消费者均衡

一、消费者均衡

消费者均衡是研究单个消费者如何把有限的货币收入分配在各种商品的购买中，以获得最大的效用。这里的均衡是指消费者实现最大效用时既不想再增加、也不想再减少任何商品购买数量的一种相对静止的状态。

二、消费者均衡的条件

假定消费者用既定收入 I 购买 n 种商品，P_1、P_2、$\cdots$、P_n 分别为 n 种商品的既定价格，λ 为不变的货币的边际效用。X_1、X_2、$\cdots$、X_n 分别为 n 种商品的数量，MU_1、MU_2、$\cdots$、MU_n 分别为 n 种商品的边际效用，则消费者均衡的条件为

$$P_1 X_1 + P_2 X_2 + \cdots + P_n X_n = I \qquad \text{（限制条件）} \qquad (3\text{-}3)$$

$$\frac{MU_1}{P_1} = \frac{MU_2}{P_2} = \cdots = \frac{MU_n}{P_n} = \lambda \qquad \text{（均衡条件）} \qquad (3\text{-}4)$$

即消费者应该使自己所购买的各种商品的边际效用与价格之比相等，或者使自己花费在各种商品购买上的最后一元钱所带来的边际效用相等。

三、消费两种商品的消费者均衡

某人有 100 元可进行支出，将要购买的只有苹果和梨两种商品，苹果价格为 P_x 为 20 元/kg，梨的价格为 P_y 为 10 元/kg，每千克苹果和每千克梨带来的边际效用如表 3-3 所示。那么，他要购买多少苹果和多少梨才能实现效用最大化呢？

表 3-3　消费不同数量的苹果和梨可以带来的边际效用

数量/kg	1	2	3	4	5	6	7	8	9	10
苹果的边际效用	200	170	140	110	80					
梨的边际效用	100	88	80	70	55	40	30	25	12	5

分析：在上例中，要想实现效用最大化，用于购买苹果与梨的总支出应正好等于可支配的收入 100 元，如果消费组合支出多于 100 元，总效用是增加了，但只有 100 元无法实现购买行为；少于 100 元又不能达到既定收入下的效用最大化。

这个条件用公式可以表示为

$P_x Q_x + P_y Q_y = M$　（M 为可支配收入，Q_x 为苹果的购买量，Q_y 为梨的购买量）。(3-5)

代入实际数值即为：$20 Q_x + 10 Q_y = 100$。

在此例中，购买苹果和梨的总支出等于 100 元的消费组合如表 3-4 所示。

表 3-4　购买苹果和梨的总支出等于 100 元的消费组合

总支出=100 元	Q_x =5 kg Q_y =0 kg	Q_x =4 kg Q_y =2 kg	Q_x =3 kg Q_y =4 kg	Q_x = 2kg Q_y = 6kg	Q_x =1 kg Q_y = 8 kg	Q_x = 0kg Q_y =10kg

再通过 $\dfrac{MU_x}{P_x} = \dfrac{MU_y}{P_y}$ 的关系来分析总效用的大小(见表 3-5)。

表 3-5　通过 $\dfrac{MU_x}{P_x} = \dfrac{MU_y}{P_y}$ 的关系分析总效用的大小

消费组合	$\dfrac{MU_x}{P_x}$ 与 $\dfrac{MU_y}{P_y}$		总效用
Q_x =5 kg, Q_y =0 kg	80/20	> 　0/10	700
Q_x =4 kg, Q_y =2 kg	110/20 =5.5	< 　88/10=8.8	808
Q_x =3 kg, Q_y =4 kg	140/20=7	= 　70/10=7	848
Q_x = 2kg, Q_y =6kg	170/20=8.5	< 　40/10=4	803
Q_x =1 kg, Q_y = 8 kg	200/20=10	> 　25/10=2.5	688
Q_x = 0kg, Q_y =10kg	0/20=0	< 　5/10=0.5	550

从表 3-5 得知，在本例中，购买 3kg 苹果和 4kg 梨可以获得最大的效用。

因为当 $\dfrac{MU_x}{P_x} < \dfrac{MU_y}{P_y}$ 时，说明对于消费者来说，同样的一元钱购买的苹果所得到的边际效用小于购买梨所得到的边际效用。这样，理性的消费者就会调整这两种商品的购买数量：减少对苹果的购买量，增加对梨的购买量。在这样的调整过程中，一方面，在消费者用减少 1 元钱的苹果的购买来相应地增加 1 元钱的梨的购买时，由此带来的苹果的边际效用的减少量是小于梨的边际效用的增加量的，这意味着消费者的总效用是增加的。另一方面，在边际效用递减规律的作用下，苹果的边际效用会随其购买量的不断减少而递增，梨的边际效用会随其购买量的不断增加而递减。消费者一旦将其购买组合调整到同样一元钱购买这两种商品所得到的边际效用相等时，即达到 $\dfrac{MU_x}{P_x} = \dfrac{MU_y}{P_y}$ 时，他便得到了由减少苹果的购买和增加梨的购买所带来的总效用增加的全部好处，即消费者此时获得了最大的效用。

相反，当 $\dfrac{MU_x}{P_x} > \dfrac{MU_y}{P_y}$ 时，这说明对于消费者来说，同样的一元钱购买苹果所得到的边际效用大于购买梨所得到的边际效用。根据同样的道理，理性的消费者会进行与前面相反的调整过程，即增加对苹果的购买量，减少对梨的购买量，直至 $\dfrac{MU_x}{P_x} = \dfrac{MU_y}{P_y}$ ，从而获得最大的效用。

第五节 消费者剩余

一、消费者剩余的含义

消费者剩余是消费者愿意对某商品支付的价格与实际支付的价格之间的差额，或者说，是消费者消费某种一定量商品所获得的总效用与为此花费的货币的总效用的差额。

在消费者购买商品时，一方面，我们已经知道，消费者对每一单位商品所愿支付的价格取决于这一单位商品的边际效用。由于商品的边际效用是递减的，所以，消费者对某种商品所愿支付价格是逐步下降的。另一方面，需要区分的是，消费者对每一单位商品所愿支付的价格并不等于该商品在市场上的实际价格。事实上，消费者在购买商品时是按照实际的市场价格支付的。于是，在消费者愿意支付的价格和实际的市场价格之间就产生了一个差额，这个差额便构成了消费者剩余的基础。

二、消费者剩余的计算公式

消费者剩余的计算公式为

消费者剩余=买者的评价-买者的实际支付　　　　　　　　(3-6)

例如：某种汉堡包的市场价格为 3 元，某消费者在购买第一个汉堡包时，根据这个汉堡包的边际效用，他认为值得付 5 元去购买这个汉堡包，即他愿意支付的价格为 5 元。于是当这个消费者以市场价格 3 元购买这个汉堡包时，就创造了额外的 2 元(5 元-3 元)的剩余。在以后的购买过程中，随着汉堡包的边际效用递减，他为购买第二个、第三个、第四个汉堡包所愿支付的价格分别递减为 4.50 元、4.00 元和 3.50 元。这样，他购买 4 个汉堡包所愿支付的总数量为 5.00+4.50+4.00+3.50=17 元。但他实际按市场价格支付的总数量=3.00×4=12 元，两者的差额为 5 元(17 元-12 元)，这个差额就是消费者剩余。也正是从这种感觉上，他认为购买 4 个汉堡包是值得的，是能使自己的状况得到改善的。

　　　知识链接

他们各自获得了多少消费者剩余

　　虽然都知道幸福牌的笔记本电脑的质量和性能不错，但是，每个人愿意支付的价格是有差异的，甲愿意出 9 000 元的价格买到想要的电脑；乙觉得商家不会骗他，愿意出 8 700

元；丙愿意出 8 300 元；丁只愿意出 8 000 元成交。假如现在威力公司就只有 1 台笔记本电脑可卖，由 4 位买者竞价，最后的胜出者肯定是甲，当他以 8 750 元买到这台电脑的时候，他的额外收益是多少呢？比起其他笔记本厂家愿意出的 9 000 元来，他还得到了 250 元的"消费者剩余"。

假如现在有 4 台联想电脑出售，为了使事情简单化，就统一以 8 000 元的相同价格卖出，结果会是怎样的呢？我们可以发现，除了丁没有得到消费者剩余之外，其他几个人都不同程度地得了消费者剩余。其中最多的当然是甲方，他获得了 1 000 元的消费者剩余，乙方获得了 700 元的消费者剩余，就连丙也获得了 300 元的消费者剩余。这样算来，4 台联想笔记本电脑的消费者剩余之和是 2 000 元。实际上丁方虽然没有获得消费者剩余，也并没有觉得自己吃亏，因为他没有以高于自己愿意的价格去支付购买。

三、如何利用消费者剩余

1. 消费者与消费者剩余

当你在水果摊看到刚上市的荔枝时，新鲜饱满的荔枝激起了你强烈的购买欲望，并且这种欲望溢于言表。卖水果的人看到你看中了他的荔枝，他会考虑以较高的价格卖给你。其实，你对荔枝的较强的购买欲望，表明你愿意支付更高的价格，从而有更多的消费者剩余。所以，当你询问价格的时候，他会故意提高价格，由于你的消费者剩余较多，或许你对这个价格还挺满意，毫不犹豫把荔枝买了下来。结果，你的消费者剩余转化为水果摊主的利润。

再比如说，你去服装店买衣服，看见一件衬衣标价 380 元，但实际上 80 元就能够买下来。为什么标价这么高呢？这是因为商家想把你的消费者剩余都赚去。这些衣服的成本不足 80 元，但是有人特别喜欢这些衣服，他们愿意出高于 80 元甚至远远高于 80 元的价格买下来，这里面就存在着消费者剩余。因此，当你看上某件衣服时，最好不要流露出满意的神色，否则你就要花费较多的钱买下这件衣服。对于那些没有购买经验的顾客来说，当他以较高的价格买下这件衬衣时，或许还以为自己占了个便宜，殊不知在他高高兴兴花费 380 元钱买下这件衣服时，商家也高高兴兴地发了一笔小财。

这两个例子告诉我们在购买商品时应该如何维护自身利益的一些经验。例如：当我们想购买某种商品时，不要眼睛直勾勾地看着这件商品，不妨表现出无所谓的态度，甚至表现出对该商品的"不满"，这样，商家以为你不太想买，就不敢提高价格。

2. 商家与消费者剩余

商家想方设法把消费者剩余转化为利润的例子在日常生活中比比皆是，即使是大公司也不例外。

改革开放以前，奶粉这种产品在我国一直是低价销售，每袋奶粉的价格大约在10元钱上下。改革开放以来，外国生产商大量进入中国，它们也运用消费者剩余的概念寻觅发大财的机会。一些奶粉生产商了解到中国奶粉的价格低，但是有一部分中国母亲生下孩子后，由于缺乏母乳，她们对适合婴儿食用的高质量奶粉的需求十分迫切。于是，这些外国公司研制出添加各种营养成分的较高质量的奶粉，使用更为漂亮、防潮的包装方式，以每桶200元至500元的价格销售。年轻的中国母亲为了婴儿的健康成长，她们愿意花较多的钱去买质量较好的婴儿奶粉。这样，中国母亲在购买婴儿奶粉时的消费者剩余就转移到了外国生产商的口袋里。外国生产商利用消费者剩余的概念确实发了一笔大财。

第六节　无差异曲线与预算线

一、关于消费者偏好的假定

序数效用论认为，商品的效用是无法具体衡量的，只能用顺序或等级来表示。用消费者偏好的概念，取代基数效用论的关于效用的大小可以用"效用单位"表示的说法。消费者对于各种不同的商品组合的偏好(即爱好)程度是有差别的，这种偏好程度的差别决定了不同商品组合的效用的大小顺序。

二、无差异曲线及其特点

1. 无差异曲线

无差异曲线是用来表示消费者偏好相同的两种商品的不同数量的各种组合。或者说，它是表示能给消费者带来同等效用水平或满足程度的两种商品的不同数量的各种组合。在表3-6中，X_1和X_2分别为消费者消费苹果和梨的数量；U是常数，表示某个效用水平。这里的U只表示某一个效用水平，而不在乎其具体数值的大小。表3-6表示消费苹果和梨的四种不同数量的组合A、B、C、D给消费者带来的效用是一样的。通过表3-6绘制出的无差异曲线见图3-2。

表3-6　某消费者的无差异表

商品组合	苹果数量(X_1)	梨数量(X_2)
A	1	10
B	2	6
C	3	4
D	4	2.5

如图 3-2 所示，无差异曲线 U 上的 A、B、C 和 D 点所代表的苹果和梨的不同数量的组合给该消费者带来的效用水平都是相等的。

2. 无差异曲线的特点

(1) 有无数条无差异曲线覆盖整个坐标平面图。

(2) 离原点越远的无差异曲线代表的效用水平越高。

(3) 在同一坐标平面上的任意两条无差异曲线不会相交。

(4) 无差异曲线凸向原点。

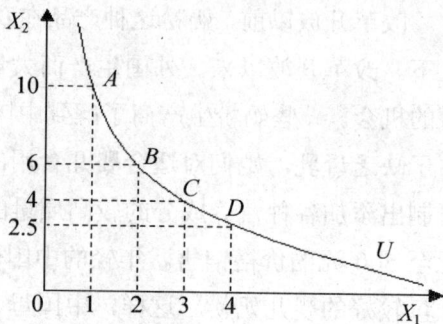

图 3-2　无差异曲线

三、预算线

1. 预算线的概念

预算线又称为预算约束线、消费可能线或价格线(见图 3-3)，它表示在消费者收入和商品价格既定的条件下，消费者的全部收入所能购买到的两种商品的不同数量的各种组合。

在图 3-3 中，I 表示消费者的既定收入，P_1 和 P_2 分别为已知的商品 1 和商品 2 的价格，X_1 和 X_2 分别为商品 1 和商品 2 的数量。消费者的全部收入购买商品 1 的数量为 $\dfrac{I}{P_1}$，是预算线在横轴的截距；消费者的全部收入购买商品 2 的数量为 $\dfrac{I}{P_2}$，是预算线在纵轴的截距；$-\dfrac{P_1}{P_2}$ 为预算线的斜率，即两种商品价格之比的负值。

2. 预算线的变动

消费者的收入 I 或商品价格 P_1 和 P_2 变化时，会引起预算线的变动。

1) 消费者的收入发生变化

两种商品价格不变，消费者的收入变化时，会引起预算线的截距变化，使预算线发生平移。

如图 3-4 所示，消费者的收入增加，则使预算线 AB 向右平移至 $A'B'$；消费者的收入减少，则使预算线 AB 向左平移至 $A''B''$。但当两种商品价格和消费者的收入同比例同方向变化时，预算线不发生变化。

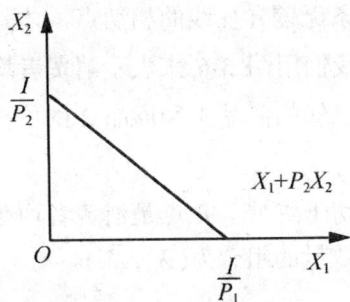

图 3-3 预算线

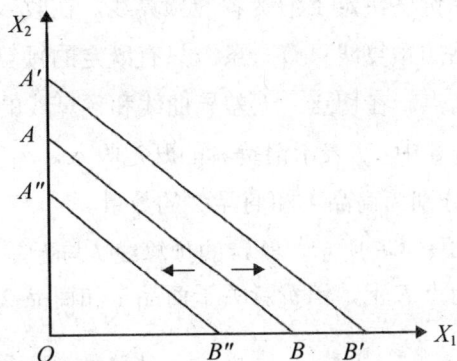

图 3-4 收入发生变化引起的预算线的平移

2) 商品价格发生变化

消费者的收入不变，两种商品价格同比例同方向变化时，会引起预算线的截距变化，使预算线发生移动。

消费者的收入不变，一种商品价格不变而另一种商品价格变化时，会引起预算线的斜率及相应截距变化。

如图 3-5(a)所示，商品 1 的价格 P_1 下降，则使预算线 AB 移至 AB'；商品 1 的价格 P_1 提高，则使预算线 AB 移至 AB''。在右图 3-5(b)中，商品 2 的价格 P_2 下降和提高，分别使预算线 AB 移至 $A'B$ 和 $A''B$。

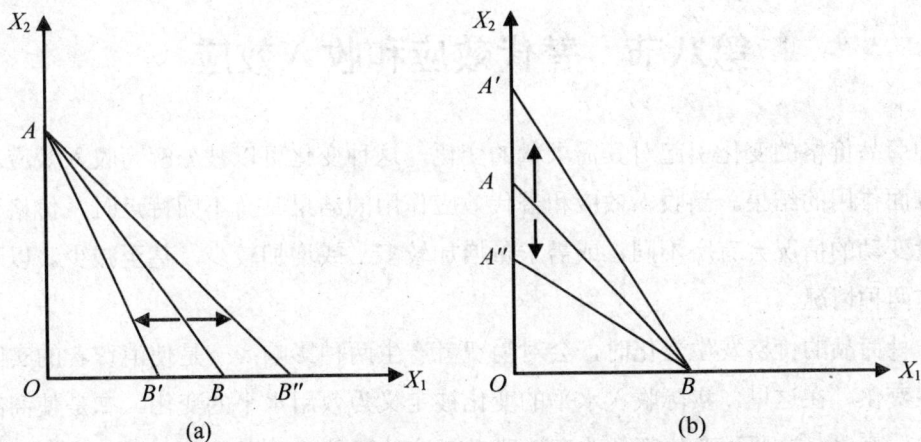

(a)

(b)

图 3-5 商品价格发生变化引起的预算线的移动

第七节　无差异曲线与消费者均衡

序数效用论将无差异曲线和预算线相结合来说明消费者均衡。消费者的偏好决定了消费者的无差异曲线，一个消费者关于任何两种商品的无差异曲线有无数条；消费者的收入和商品价格决定了消费者的预算线，在收入和商品价格既定的条件下，一个消费者关于两种商品的预算线只有一条。只有既定的预算线与其中一条无差异曲线的相切点，才是消费者均衡点。在切点，无差异曲线和预算线的斜率相等。我们用图 3-6 来表示消费者均衡。在图 3-6 中，I 表示消费者的既定收入，P_1 和 P_2 分别为已知的商品 1 和商品 2 的价格，X_1 和 X_2 分别为商品 1 和商品 2 的数量。

如图 3-6 所示，既定的预算线 I 与无差异曲线 U 相切于 E 点，E 点是消费者均衡点。在均衡点 E 上，消费者关于商品 1 和商品 2 的最优购买数量的组合为 $(\overline{X}_1, \overline{X}_2)$。

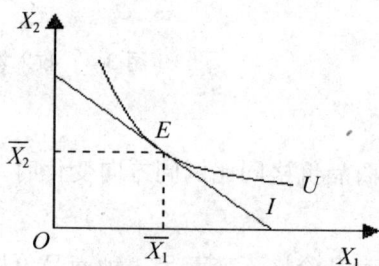

图 3-6　消费者均衡

💡 注意：　虽然序数效用论和基数效用论各自运用不同的方法分析消费者行为，但二者所得出的消费者均衡条件在本质上是相同的。

第八节　替代效应和收入效应

一种商品价格的变化引起对其需求量的变化，这种变化可以被分解为收入效应和替代效应两方面作用的结果。当收入效应和替代效应作用的结果具有不同特点时，价格变动引起需求量变动的情况会有所不同，或需求量增加较多；或增加较少，甚至减少。以下来具体分析这两种情况。

当一种商品的价格发生变化时，会对消费者产生两种影响：一是使消费者的实际收入水平发生变化。在这里，实际收入水平的变化被定义为效用水平的变化。二是使商品的相对价格发生变化。这两种变化都会改变消费者对该种商品的需求量。

一、收入效应的含义

收入效应是因价格变化带来的实际收入的变化而导致需求量的变化，并且引起效用水平变化，我们把这种变化称为收入效应。

知识链接

　　消费者购买棉布，当棉布的价格下降时，其他商品价格不变，这时对于消费者来说，虽然货币收入也不变，但是现有的货币收入的购买力增强了，也就是说实际收入水平提高了。这意味着在不减少其他商品购买量的前提下，可以买进更多的棉布。实际收入水平的提高，会使消费者改变对这两种商品的购买量，从而达到更高的效用水平，这就是收入效应。

二、替代效应的含义

　　替代效应是由商品的价格变动所引起的商品相对价格的变动，进而由商品的相对价格变动所引起的商品需求量的变动，我们把这种变化为替代效应。替代效应不改变消费者的效用水平。

知识链接

　　棉布和化纤布之间存在着可替代关系，假设棉布的价格下降，化纤布的价格不变，使得化纤布相对于棉布来说，较以前昂贵了。商品相对价格的这种变化，会使消费者增加对棉布的购买而减少对化纤布的购买，即用棉布替代化纤布，这样对棉布的需求量会增加，而对化纤布的需求量减少。但替代效应不改变消费者的效用水平。

　　综上所述，一种商品价格变动所引起的该商品需求量变动的总效应可以被分解为替代效应和收入效应两个部分，即

$$总效应＝替代效应＋收入效应$$

◎ 项 目 总 结

　　此项目介绍的是消费者行为。效用是指消费者从消费商品中所获得的满足程度，涉及效用的度量问题，有两种观点——基数效用论与序数效用论。消费者均衡是指在收入一定、商品价格不变的情况下，消费者对各种商品的购买实现了最大效用。序数效用论把无差异曲线和消费可能线结合在一起来说明消费者均衡。基数效用论在对消费者行为的分析中，运用边际效用递减规律和消费者效用最大化的均衡条件，推导出了单个消费者的价格需求曲线。消费者愿意对某物品所支付的价格与他实际支付的价格差额就是消费者剩余，运用消费者剩余可以增加消费者满足程度，追求企业产品与服务的不断创新，为企业获得更多的利润。一种商品价格变动所引起的该商品需求量变动的总效应可以被分解为替代效应和收入效应两个部分，总效应是替代效应与收入效应之和。

◎ 项 目 考 核

一、选择题

1. 当总效用增加时，边际效用应该(　　)。

    A. 为正值，但不断减少   B. 为正值,且不断增加

    C. 为负值，且不断减少   D. 以上都不对

2. 当某消费者对商品X的消费达到饱和点时，则边际效用 MU_x 为(　　)。

    A. 正值   B. 负值   C. 零   D. 不确定

3. 正常物品价格上升导致需求量减少的原因在于(　　)。

    A. 替代效应使需求量增加，收入效应使需求量减少

    B. 替代效应使需求量增加，收入效应使需求量增加

    C. 替代效应使需求量减少，收入效应使需求量减少

    D. 替代效应使需求量减少，收入效应使需求量增加

4. 同一条无差异曲线上的不同点表示(　　)。

    A. 效用水平不同，但所消费的两种商品组合比例相同

    B. 效用水平相同，但所消费的两种商品的组合比例不同

    C. 效用水平不同，两种商品的组合比例也不相同

    D. 效用水平相同，两种商品的组合比例也相同

5. 预算线的位置和斜率取决于(　　)。

    A. 消费者的收入

    B. 消费者的偏好、收入和商品的价格

    C. 消费者的收入和商品的价格

    D. 消费者的偏好

6. 商品X和Y的价格以及消费者的收入都按同一比例同方向变化,预算的线(　　)。

    A. 向左下方平行移动   B. 向右上方平行移动

    C. 不变动   D. 向左下方或右上方平行移动

7. 商品X和Y的价格按相同的比率上升，而收入不变，预算曲线(　　)。

    A. 向左下方平行移动   B. 向右上方平行移动

    C. 不变动   D. 向左下方或右上方平行移动

8. 已知消费者的收入是100元，商品X的价格是10元，商品Y的价格是3元。假定他打算购买7单位X和10单位Y，这时商品X和Y的边际效用分别是50和18。如要获得最大效用，他应该(　　)。

A. 停止购买　　　　　　　　　B. 增购 X，减少 Y 的购买量

C. 减少 X 的购买量，增购 Y　　D. 同时增购 X 和 Y

9. 假设某人只购买两种商品 X 和 Y，X 的价格为 10，Y 的价格为 20。若他买了 7 个单位 X 和 3 个单位 Y，所获得的边际效用值分别为 30 和 20 个单位，则(　　)。

A. 他获得了最大效用

B. 他应当增加 X 的购买，减少 Y 的购买

C. 他应当增加 Y 的购买，减少 X 的购买

D. 他要想获得最大效用，需要借钱

10. 下列(　　)不是消费者的无差异曲线具有的特点。

A. 其斜率递减

B. 任意两条无差异曲线都不相交

C. 具有正斜率

D. 位于右上方的无差异曲线具有较高的效用水平

二、判断题

1. 所谓商品的效用，就是指商品的功能。　　　　　　　　　　　　　(　　)

2. 不同的消费者对同一件商品的效用的大小可以进行比较。　　　　　(　　)

3. 效用的大小即使是对同一件商品来说，也会因人、因时、因地而异。　(　　)

4. 边际效用递减规律是指消费者消费某种消费品时，随着消费量的增加，其最后一单位消费品的效用递减。　　　　　　　　　　　　　　　　　　　　　　(　　)

5. 预算线的移动表示消费者的收入发生变化。　　　　　　　　　　　(　　)

6. 不确定性是指消费者在信息不完全的情况下，无法预知结果。　　　(　　)

三、计算题

假定某人在消费商品 X、Y 时边际效用如表 3-7 所示，$P_x=2$，$P_y=2$，货币收入为 20 元，试求：

(1) 说明消费者均衡时，其 X、Y 商品的购买量各是多少？(2)消费者均衡时的最大总效用是多少？

表 3-7　消费不同数量的 X、Y 时的边际效用(MU_x、MU_y)

数量　　　MU	1	2	3	4	5	6	7	8	9	10	11
MU_x	16	14	11	10	9	8	7	6	5	3	1
MU_y	15	13	12	8	6	5	4	3	2	1	0

四、问答题

1. 我国许多大城市由于水源不足，自来水供应紧张，请根据边际效用递减原理，设

计一种方案供政府来缓解和消除这个问题，并描述这种措施。

(1) 对消费者剩余有何影响？

(2) 对生产资源的配置有何有利或不利的影响？

2. 消费者用自己的收入消费 X、Y 两种商品，$P_x=2$，$P_y=4$，现在的消费状态是 $MU_x/MU_y=1$，该消费者现在是否处于效用最大化的消费？如果不是的话，应该怎样消费才能使之效用最大化？

◎项 目 拓 展

1. 假设你是一个上网迷，只对三件事感兴趣：读书、睡觉和上网，其他的事都不用操心。在这样的情况下，你将如何安排自己的生活。

2. 案例分析。

幸福是什么？

在这个世界上，每个人都在追求自己的幸福。但如果问什么是幸福，不同的人有不同的看法。

有的人可能会说，幸福就是跟自己相爱的人在一起；有的人会说，幸福就是能周游世界；还有的人会说，幸福就是天天睡懒觉；一个乞丐会说，幸福就是能吃到山珍海味；一个赌徒会说，幸福就是整天都打麻将；一个游戏迷会说，幸福是自由自在地玩电子游戏……

从本案例可得出什么结论？

项目四　生产理论与应用

【项目引入】

亚当·斯密在其名著《国民财富的性质和原因的研究》中根据他对一个扣针厂的参观描述了一个例子，斯密所看到的工人之间的专业化和引起的规模经济给他留下了深刻的印象。他写道："一个人抽铁丝，另一个人拉直，第三个人截断，第四个人削尖，第五个人磨光顶端以便安装圆头；做圆头要求有两三道不同的操作；装圆头是一项专门的业务，把针涂白是另一项；甚至将扣针装进纸盒中也是一门职业。"

亚当·斯密说，由于这种专业化，扣针厂每个工人每天生产几千枚针。他得出的结论是，如果工人选择分开工作，而不是作为一个专业工作者团队，"那他们肯定不能每人每天制造出 20 枚扣针，或许连一枚也造不出来"。换句话说，由于专业化，大扣针厂可以比小扣针厂实现更高人均产量和每枚扣针更低的平均成本。

亚当·斯密在扣针厂观察到的专业化在现在经济中普遍存在。例如：如果你想盖一个房子，你可以自己努力去做每一件事。但大多数人找建筑商，建筑商又雇用木匠、瓦匠、电工、油漆工和许多其他类型工人。这些工人专门从事某种工作，而且，这使他们比作为通用型工人时做得更好。实际上，运用专业化实现规模经济是现代社会像现在一样繁荣的一个原因。

分工理论对于生产是非常重要的，毫无疑问，正确的分工会带来生产效率的快速增长。亚当·斯密的《国富论》就是从分工开始论述的。斯密认为，促进国民财富增长的第一个决定因素是分工，他把分工作为提高劳动生产率，从而增加国民财富的一个重要途径。分工之所以能够提高劳动生产率，是因为分工促使劳动专门化，提高工人的熟练程度；分工可以节省因工种转换而损失的时间；分工使专门从事某项作业的劳动者有利于改良工具和发明机械。

讨论：同学们想想在现实生活中我们身边关于专业化分工的例子有哪些？他们又是如何提高了工作的效率？

(资料来源：亚当·斯密. 国民财富的性质和原因的研究[M]. 北京：中国商务出版社，2002.)

【技能目标】

- 能够掌握短期内一种可变生产要素的最适投入。
- 学会利用等产量线与等成本线得出生产者均衡的条件。
- 能够理解生产中扩张线的意义。
- 理解适度规模在现实中的应用。

【知识目标】

- 能够掌握总产量、平均产量、边际产量的概念。
- 能够理解边际产量递减规律。
- 能够掌握规模经济的概念。

【关键概念】

生产　总产量　平均产量　边际产量　边际产量递减规律　等产量线　等成本线　生产扩展线　内在经济　内在不经济　规模收益

【导语】

决定供给的是生产，因此，我们在研究了决定需求的消费者行为理论以后，就研究决定供给的生产者行为理论，即生产理论。物品与劳务是由生产者提供的，生产者称为企业。企业是能够作出统一生产决策的单位。在研究生产者的行为时，我们同样假设生产者是具有完全理性的经济人。他们生产的目的是实现利润最大化。

第一节　企业基本理论

一、企业的类型

在市场经济中，企业一般采取三种类型：单人业主制、合伙制和股份制公司。这三种企业形式各有其优缺点。

1. 单人业主制

单人业主制是由一个人所有并经营的企业。它的特点在于所有者和经营者是同一个人。这种企业形式产权明确，责权利统一在一个人身上，激励和制约都显而易见。从这个角度看，效率是高的。在美国，这种企业有1800多万个，分布在农业、零售商业、服务业，以及为大企业配套服务的行业，但这种企业有两个缺点。一是以一个人的财力和能力难以做大，这就无法实现规模经济，专业化分工等好处。二是在市场竞争中这种企业寿命短，出现的快，消失的也快。在美国，这种企业平均寿命只有一年。在市场上竞争力差，利润低，处于苦苦挣扎之中。在任何一个经济中，这种企业数量最多，但难以成为对经济状况有影响力的实体。

2. 合伙制

合伙制是由若干人共同拥有、共同经营的企业。这种企业可以比单人业主制企业大，但致命的缺点是实行法律上的无限责任制，即作为合伙者，每一个人都要对企业承担全部责任。这种无限责任制使每一个合伙人都面临巨大风险，企业越大，每个合伙人面临的风险越大，这样，合伙制企业实际上也很难做大。此外，合伙制企业内部产权并不明确，责权利不清楚，合伙者易于在利益分配和决策方面产生分歧，从而影响企业的发展。所以，在市场经济中，合伙者企业也并不是企业的主要形式，只存在于一些法律规定必须采用合伙者的企业，如律师事务所，或注册会计师事务所。

3. 股份制公司

现代市场经济中最重要的企业形式是股份制公司。这种公司是现代企业，它的数量并不多，但在经济中起到了至关重要的作用。股份制公司是由投资者(股东)共同所有，并由职业经理人经营的企业，股东是公司的共同所有者。每个人拥有的产权表现为拥有股份的多少。股份的多少决定了每个股东在公司中的责权利。决定公司大事的股东大会上，股东实行一股一票制。股东也按股份多少分红。每个公司内部并不是每个股东股份相同，而是有大股东与小股东之分。一般而言，公司的股份是多元化的，但又相对集中，大股东组成董事会，实际控制公司。大股东用"手"投票，小股东用"脚"投票，即可以转卖股份。

公司的优点是：第一，公司是法人，不同于自然人。公司股份可以转手，股东可以换，但公司可以无限存在。第二，公司实行有限责任制，每个股东仅仅对自己拥有的股份负责，即使公司失败，每个股东的损失也仅仅是自己的股份。这样就减少了投资风险，可以使企业无限作大。第三，实行所有权与经营权分离，由职业经理人实行专业化、科学化管理，提高了公司的管理效率。

公司的一个缺点是双重纳税，即公司利润要用来交纳公司所得税，而分红后股东又要作为个人收入交纳个人所得税，而单人业主与合伙者的利润只作为个人收入交纳个人所得税，但公司最重要的问题在于所有权与经营权分离后，所有者、经营者、职工之间的关系复杂，以及由此可能引起的管理效率下降。这正是现代企业理论所要解决的问题。

三种企业类型的比较如表 4-1 所示。

表 4-1　企业类型比较表

企业类型	优　点	缺　点
单人业主制	容易建立； 决策过程简单； 只交个人所得税	决策不受约束； 所有者承担无限责任； 企业随所有者的死亡而结束
合伙制	容易建立； 决策多样化； 合伙人退出仍可存在； 只交个人所得税	形成统一意见困难； 所有者承担无限责任； 合伙人退出引起资本短缺
公司制	所有者承担有限责任； 筹资容易； 管理不受所有者能力限制； 永远存在	管理体系复杂、决策缓慢； 要交公司所得税和个人所得税

二、企业的目标

在微观经济学中,一般总是假定企业的目标是追求最大的利润。利润等于总成本与总收益的差额。收益是销售产品的收入,成本则是生产过程中投入的各种资源的费用或支出。

但在现实经济生活中,由于各种原因,如信息不完全和信息不对称、所有权和经营权的分离等原因,都会使企业以实现销售收入最大化或市场销售份额最大化为目标,以此取代利润最大化的决策。然而在长期内,实现利润最大化是一个企业竞争生存的基本准则。

第二节　生产要素与生产函数

一、生产要素

"天下没有免费的午餐",企业要进行生产就要投入很多生产要素——人、财、物、资源的投入,概括起来有四种。

1. 劳动

即劳动力所提供的服务,可以分为脑力劳动和体力劳动。在西方经济学中,劳动和劳动力这两个范畴并不需严加区分。

2. 资本

是指除土地以外的生产资料。它采取了两种形态:实物形态和货币形态。前者包括厂房、设备、原材料等;后者包括现金、银行存款等。

3. 土地

是指生产中所使用的自然界所存在的各种自然资源,如土地、矿藏、森林、湖泊、海洋等。

4. 企业家才能

是指企业家组织建立与经营管理企业的才能。把劳动、资本、土地组织起来进行生产的正是企业家才能。随着社会经济的发展,企业家才能这生产要素将发挥越来越重要的作用。

生产是对各种生产要素进行组合以制成产品的行为。在生产中要投入各种生产要素并生产出产品,所以,生产也就是把投入变为产出的过程。

二、生产函数

从物资技术角度分析,生产过程可分为两方面:一是投入,即生产过程中使用的各种要素，包括劳动、土地、资本和企业家才能这四种类型。二是产出，即生产出来的各种产品的数量。生产函数就是用来表示投入和产出或生产要素和产量之间的关系的概念。

生产函数表示在一定时期内，在技术水平不变的情况下，生产中所用的各种生产要素的数量与所能生产的最大产量之间的关系。假定用 Q 表示所能生产的最大可能产量，用 L、K、N、E 分别代表劳动、资本、土地、企业家才能这四种生产要素，若不考虑可变投入与不变投入的区别，则生产函数的一般形式为

$$Q = f(L, K, N, E)$$

该生产函数表示在既定的生产技术条件下，生产要素组合在某一时期所能生产的最大可能产量为 Q。

在经济学中，为了分析方便，常假定只使用劳动和资本两种生产要素，如果用 L 表示劳动投入量，用 K 表示资本投入量，则生产函数可表示为

$$Q = f(L, K)$$

研究生产函数一般都以特定的时期和既定生产技术水平作为前提条件，当这些因素发生变动时，相同的要素投入量可能生产出不同的产量，从而形成新的生产函数。

生产函数所反映的要素投入量与产出量之间的依存关系具有普遍性，但不同厂商的生产函数的具体形式却有很大的不同，估算和研究生产函数对经济理论研究和生产实践都具有重要意义。生产函数应用广泛，不仅存在于企业，也存在于任何营利和非营利的经济组织，如商店、学校等。

与生产函数相关的另一个概念是技术系数。技术系数是指生产一定量的产品所需的各种生产要素的配合比例。技术系数分为可变技术系数和固定技术系数。可变技术系数是指生产一定量的产品所需的各种生产要素的配合比例是可以变动的，表明生产要素之间可以相互替代。例如生产同样的产量，可以采用劳动密集型(即多用劳动少用资本)，也可以采用资本密集型(即多用资本少用劳动)。固定技术系数是指生产一定量的产品只存在唯一一种生产要素的配合比例，即生产要素之间不可替代，如果要增加产出，要素投入必须按照同一比例增加。例如：服装厂生产服装所需要的投入比例是一人一台缝纫机，增加缝纫机的数量就要相应增加缝纫机操作人员的数量。

三、生产理论中的长期和短期

在生产中长期与短期不是就时间的长短，而是就生产要素是否全部可变而言的。

只要有一个生产要素不变就是短期，即短期是企业不能全部调整所有生产要素投入的时期。如果所有的生产要素都变就是长期，即长期是一切生产要素可以调整的时期。不管它们的实际时间有多少。例如：某企业生产的产品供不应求，作为企业老板应该在最短的时间作出反应，购买生产原用材料、燃料，并要求工人延长劳动时间，这就种短期的含义。如果该产品连续几个月始终保持供不应求局面，精明的老板应作出扩大生产规模决策。购

买生产该产品的机器设备，直至建立分厂，同时要增加管理人员。生产规模扩大了还需要增加原用材料、燃料和工人。也就是说在长期中能够调整一切生产要素。

在短期与长期划分的基础上，相应地把投入要素划分为固定投入和可变投入。

不变投入指在所考察的一般时间内，数量不随产量变化而变化的投入。可变投入指在所考察的一段时间内，数量随着产量变化而变化的投入。

第三节　短期内一种可变生产要素的最适投入

一、总产量、平均产量和边际产量的含义及三种产量的关系

总产量是指一定的生产要素投入量所提供的全部产量。平均产量是指单位生产要素提供的产量。边际产量是指增加一个单位可变要素投入量所增加的产量。

以 L 代表劳动力这种生产要素的数量，ΔL 代表劳动力这种生产要素的增加量，TP 代表总产量，AP 代表平均产量，MP 代表边际产量，则这三种产量的关系可以表示为

$$TP = AP \cdot L \tag{4-1}$$

$$AP = \frac{TP}{L} \tag{4-2}$$

$$MP = \frac{\Delta TP}{\Delta L} \tag{4-3}$$

二、边际产量递减规律

举个例子，一个面包坊有两个烤炉为固定不变，作为可变生产要素的工人从 1 个增加到 2 个时，面包的边际产量和总产量都会增加。如果增加到 3 个工人，1 个工人打杂，尽管这个工人增加的产量不如第 2 个工人(边际产量递减)，但总产量仍增加了。如果增加第 4 个工人，面包坊内拥挤，工人之间发生矛盾，总产量反而减少了。产生这种现象的原因就是由于边际产量递减规律。

所谓边际产量递减规律是指在技术水平和其他要素投入量不变的条件下，连续的增加一种可变生产要素的投入量，当这种可变生产要素的投入量小于某一特定数值时，增加该要素的投入量所带来的边际产量是递增的。当这种可变要素投入量连续增加并超过这一特定值时，增加该要素投入所带来的边际产量是递减的。

边际产量递减规律是从社会生产实践和科学实验中总结出来的，在现实生活的绝大多数生产过程中都是适用的。早在 1771 年，英国农学家阿瑟·杨格(Arthur Young)就用在若干相同的地块上施以不同量肥料的实验，证明了肥料施用量与产量增加之间存在着边际产量递减的关系。这不是偶然的现象而是经验性规律。农民在一亩土地上撒一把化肥能增加产量 1 公斤，撒两把化肥增产 3 公斤，但不断增加化肥的增产效果会越来越差，过量的

施肥甚至导致土壤板结，粮食减产。如果是边际产量永远递增，那么全世界有一亩土地就能养活全世界所有的人，这是不可思议的。

边际产量递减规律是短期生产的一条基本规律，是消费者选择理论中边际效用递减规律在生产理论中的应用或转化形态。边际产量递减规律成立的原因在于，在任何产品的生产过程中，可变生产要素与不变生产要素之间在数量上都存在一个最佳配合比例。开始时由于可变生产要素投入量小于最佳配合比例所需要的数量，随着可变生产要素投入量的逐渐增加，可变生产要素和不变生产要素的配合比例越来越接近最佳配合比例，所以，可变生产要素的边际产量是呈递增的趋势。当达到最佳配合比例后，再增加可变要素的投入，可变生产要素的边际产量就是呈递减趋势。

关于边际产量递减规律，有以下几点需要注意：第一，边际产量递减规律是一个经验性的总结，但现实生活中的绝大多数生产函数似乎都符合这个规律。第二，这一规律的前提之一是假定技术水平不变，故它不能预示技术情况发生变化时，增加一单位可变生产要素对产出的影响。第三，这一规律的另一前提是至少有一种生产要素的数量是维持不变的，所以这个规律不适用于所有生产要素同时变动的情况，即不适用于长期生产函数。第四，改变各种生产要素的配合比例是完全可能的，即可变技术系数。

三、总产量、平均产量和边际产量的关系

假定生产某种产品时所用的生产要素是资本与劳动。其中资本是固定的，劳动是可变的。根据上述关系可得出如表 4-2 所示的各变量之间的关系。

表 4-2 劳动投入与总产量、平均产量和边际产量之间的关系

资本量(K)	劳动量(L)	劳动增量(ΔL)	总产量(TP)	平均产量(AP)	边际产量(MP)
100	0	0	0	0	0
100	1	1	8	8	8
100	2	1	20	10	12
100	3	1	36	12	16
100	4	1	48	12	12
100	5	1	55	11	7
100	6	1	60	10	5
100	7	1	60	8.6	0
100	8	1	56	7	-4

根据表 4-2 可作出如图 4-1 所示的曲线图。

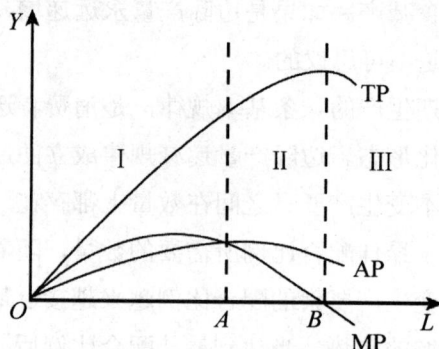

图 4-1　总产量曲线、平均产量曲线和边际产量曲线

横轴 *OL* 代表劳动量，纵轴 *Y* 代表总产量、平均产量与边际产量的量的大小。TP 为总产量曲线，AP 为平均产量曲线，MP 为边际产量曲线，分别表示随劳动量变动总产量、平均产量与边际产量变动的趋势。根据图 4-1，我们可以看出总产量、平均产量和边际产量之间的关系有以下 3 个特点。

第一，在资本量不变的情况下，随着劳动量的增加，最初总产量、平均产量和边际产量都是递增的，但各自增加到一定程度之后就分别递减。所以，总产量曲线、平均产量曲线和边际产量曲线都是先上升而后下降。这反映了边际产量递减规律。

第二，边际产量曲线与平均产量曲线相交于平均产量曲线的最高点。在相交前，平均产量是递增的，边际产量大于平均产量(MP＞AP)；在相交后，平均产量是递减的，边际产量小于平均产量(MP＜AP)；在相交时，平均产量达到最大，边际产量等于平均产量(MP=AP)。

第三，当边际产量为零时，总产量达到最大，以后，当边际产量为负数时，总产量就会绝对减少。

四、劳动力的合理投入区域

根据上表总产量、平均产量和边际产量的关系，把可变生产要素投入区域划分为生产的三个阶段，以说明一种生产要素的合理投入问题。

第一阶段，劳动力的投入为 1～4 人。一开始增加劳动力劳动的总产量递增，边际产量大于平均产量，平均产量是递增的。这表明，在这一阶段，相对于不变的资本量而言，劳动量投入小于 4 人时，平均产量和边际产量最大。继续增加劳动力的投入可以使资本得到充分利用，从而引起总产量、平均产量和边际产量递增。当劳动力的投入等于 4 人时，平均产量最大。

第二阶段，劳动力的投入为 5～7 人。劳动的平均产量开始下降，边际产量递减，由于边际产量仍然大于零，总产量是递增的。在这一阶段的起点，投入劳动力在大于 4 人小于

7 人时，总产量还在增加，但平均产量和边际产量递减，劳动力投入 7 人时总产量最大，边际产量为零。

第三阶段，劳动力的投入为 7 人以后。该阶段劳动的边际产量为负数，总产量绝对减少。当投入劳动力大于 7 人时，相对于不变的资本量而言，劳动量投入过多，出现人浮于事的现象。

把图 4-1 分为三个区域。Ⅰ区域是劳动量从零增加到 A 点这一阶段，这时平均产量一直在增加，边际产量大于平均产量。这说明了在这一阶段，相对于不变的资本量而言，劳动量不足，所以劳动量的增加可以使资本得到充分利用，从而产量递增，由此来看，劳动量最少要增加到 A 点为止，否则资本无法得到充分利用。Ⅱ区域是劳动量从 A 增加到 B 这一阶段，这时平均产量开始下降，边际产量递减，即增加劳动量仍可使边际产量增加，但增加的比率是递减的。由于边际产量仍然大于零，总产量仍在增加。在劳动量增加到 B 点时，总产量可以达到最大。Ⅲ区域是劳动量增加到 B 点以后，这时边际产量为负数，总产量绝对减少。由此看来，劳动量的增加超过 B 点之后是不利的。

从以上的分析可以看出，劳动量的增加应在Ⅱ区域(A 点至 B 点)为宜。但具体应在Ⅱ区域的哪一点上，还要考虑到其他因素。首先要考虑企业的目标，如果企业的目标是使平均产量达到最大，那么，劳动量增加到 A 点就可以了；如果企业的目标是使总产量达到最大，那么，劳动量就可以增加到 B 点。其次，如果企业以利润最大化为目标，那就要考虑成本、产品价格等因素。因为平均产量为最大时，并不一定是利润最大；总产量为最大时，利润也不一定最大。劳动量增加到哪一点所达到的产量能实现利润最大化，还必须结合成本与产品价格来分析。

第四节　长期内两种生产要素的最佳组合

生产要素的最佳组合，与消费者均衡是很相似的，因此也称之为生产者均衡。消费者均衡是研究消费者如何把既定的收入分配于两种产品的购买与消费上，以达到效用最大化。生产要素的最佳组合，是研究生产者如何把既定的成本(即生产资源)分配于两种生产要素的购买与生产上，以达到利润最大化。

生产者均衡的分析方法与消费者均衡的分析方法也很类似，分别是边际分析法和等产量线分析法。

一、边际分析法

生产要素最佳组合的原则是：在成本与生产要素价格既定的条件下，应该使所购买的各种生产要素的边际产量与价格的比例相等，即要使每一单位货币无论购买何种生产要素都能得到相等的边际产量。

假定所购买的生产要素是资本与劳动。我们用 K 代表资本，MP_K 代表资本的边际产量，P_K 代表资本的价格，Q_K 代表购买的资本量；用 L 代表劳动，MP_L 代表劳动的边际产量，P_L 代表劳动的价格，Q_L 代表购买的劳动量；M 代表成本，MP_M 代表货币的边际产量，则生产要素最适组合条件可写为

$$P_K \cdot Q_K + P_L \cdot Q_L = M \tag{4-4}$$

$$\frac{MP_K}{P_K} = \frac{MP_L}{P_L} = MP_M \tag{4-5}$$

上述(4-1)式是限制条件，说明企业所拥有的货币量是既定的，购买资本与劳动的支出不能超过这一货币量，也不能小于这一货币量。超过这一货币量是无法实现的，而小于这一货币量的购买也达不到既定资源时的产量最大化。(4-2)式是生产要素最适组合的条件，即所购买的生产要素的边际产量与其价格之比相等，也就是说，每一单位货币不论用于购买资本还是购买劳动，所得到的边际产量都相等。

二、等产量线

1. 等产量线的含义

等产量线是表示两种生产要素的不同数量的组合可以带来相等产量的一条曲线，等产量线类似于无差异曲线，不过它表示的不是相同的满足程度，而是相同的产量。以表 4-3 为例。

表 4-3　等产量曲线表

组合方式	劳动(L)	资本(K)	产量(Q)
A	1	6	400
B	2	3	400
C	3	2	400
D	6	1	400

现在用资本与劳动两种生产要素，它们有 A、B、C、D 四种组合方式，这四种组合方式都可以达到相同的产量 400。根据表 4-3 的数据，可以画出图 4-2 所示的曲线。

2. 等产量线的特征

等产量线也与无差异曲线相似，具有以下几点特征。

第一，等产量线是一条向右下方倾斜的线，其斜率为负值。这就表明，在生产者的资源与生产要素价格既定的条件下，为了达到相同的产量，在增加一种生产要素时，必须减少另一种生产要素。两种生产要素的同时增加，是资源既定时无法实现的；两种生产要素的同时减少，又不能保持相等的产量水平。

第二，在同一平面图上，可以有无数条等产量线。同一条等产量线代表相同的产量，

不同的等产量线代表不同的产量水平。离原点越远的等产量线所代表的产量水平越高，离原点越近的等产量线所代表的产量水平越低。可用图 4-3 来说明这一点。在图 4-3 中，Q_1, Q_2, Q_3 是三条不同的等产量线，它们分别代表不同的产量水平，其顺序为：$Q_1 < Q_2 < Q_3$。

第三，在同一平面图上，任意两条等产量线不能相交。因为在交点上两条等产量线代表了相同的产量水平，与第二个特征相矛盾。

第四，等产量线是一条凸向原点的线。这是由边际技术替代率递减所决定的。

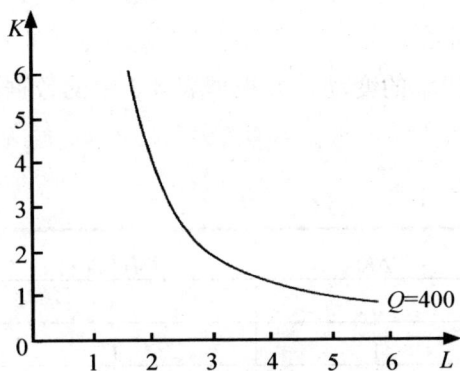

图 4-2　等产量曲线

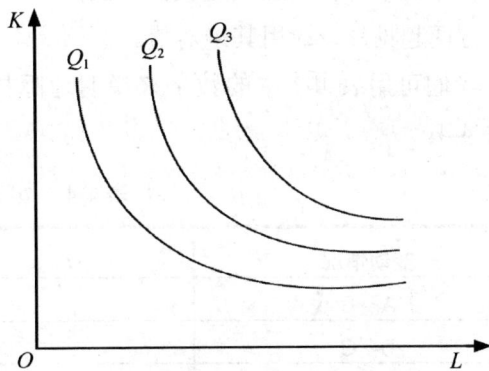

图 4-3　等产量曲线组

等产量线与无差异曲线的几何性质和经济分析十分相似，但是它们仍有一个重要区别：无差异曲线表达的是投入品数量与产出量之间的纯技术关系，它表示要生产出一定数量的产品，等产量线上每一点所代表的两种要素数量组合是有效率的。即：等产量线在脊线范围内斜率为负，它表示两种生产要素之间存在替代关系。

如图 4-4 所示脊线 d，三条等产量线 Q_1, Q_2, Q_3 在 aa、bb、cc 三条线段内的部分，劳动和资本存在替代关系，在这个范围内等产量线的斜率是负的。而当表示投入超出上述线段时，等产量线的斜率变成正值。把图中由负斜率向正斜率变化的点连结起来的线就是"脊线"。此线表明了生产要素替代的有效范围。

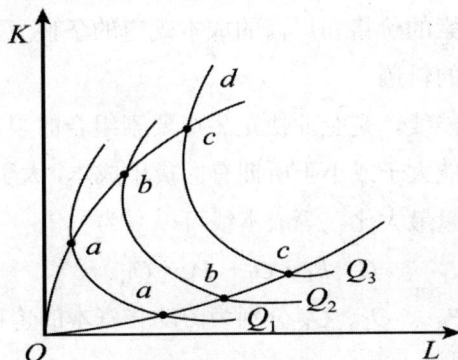

图 4-4　脊线图

3. 边际技术替代率

边际技术替代率是在维持相同的产量水平时，减少一种生产要素的数量，与增加的另一种生产要素的数量之比。以ΔL代表劳动的增加量，ΔK代表资本的减少量，$MRTS_{LK}$代表以劳动代替资本的边际技术替代率，则有

$$MRTS_{LK} = \Delta K/\Delta L \qquad (4\text{-}6)$$

边际技术替代率应该是负值，因为一种生产要素增加，另一种生产要素就要减少。但为了方便起见，一般用其绝对值。

我们可用表 4-3 中的数字来说明边际技术替代率的变动，并根据表 4-3 中的数据作出表 4-4。

表 4-4 边际技术替代率表

变动情况	ΔL	ΔK	$MRTS_{LK}$
A→B	1	3	3
B→C	1	1	1
C→D	3	1	0.33

由表 4-4 可以看出，边际技术替代率是递减的。这是因为，根据边际产量递减规律，随着劳动量的增加，它的边际产量在递减。这样，每增加一定数量的劳动所能代替的资本量越来越少，即ΔL不变时，ΔK越来越小，边际技术替代率递减反映了边际产量递减规律。边际技术替代率也就是等产量线的斜率。等产量线的斜率递减决定了它是一条凸向原点的曲线。

三、等成本线

1. 等成本线的含义

等成本线是指在生产要素的价格和厂商的成本既定的条件下，厂商可以购买的两种生产要素的最大数量组合的点的轨迹。

等成本线类似于消费可能线，是企业决定生产要素组合的限制条件。等成本线表明所购买的生产要素所花的钱不能大于或小于所拥有的货币成本，大于货币成本是无法实现的，小于货币成本又无法实现产量最大化。等成本线可以写为

$$C = P_L \cdot Q_L + P_K \cdot Q_K \qquad (4\text{-}7)$$

其中：C为货币成本，P_L、P_K、Q_L、Q_K分别为劳动与资本的价格与购买量。

2. 等成本线的意义

等成本线如图 4-5 所示，它的意义有以下几点。

(1) 等成本线以内的区域中的任何一点，如 A 点，表示既定的全部成本都用来购买该点的劳动和资本的组合以后还有剩余。

(2) 等成本线以外的区域中的任何一点，如 B 点，表示用既定的全部成本购买该点的劳动和资本的组合是不够的。

(3) 唯有等成本线上的任何一点，才表示用既定的全部成本能刚好购买到的劳动和资本的组合。

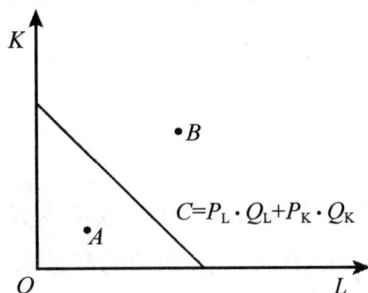

图 4-5　等成本线

3. 等成本线的移动

由于等成本线是由直线方程 $C = P_L \cdot Q_L + P_K \cdot Q_K$ 得来的，因此如果 C、P_L、P_K 发生改变，则等成本线的形状或位置也会随之发生变化。

第一种情况：两种生产要素价格不变，成本发生改变，如图 4-6 所示。

$$\begin{cases} 成本上升，等成本线向右上方平行移动(AB \to A_1B_2) \\ 成本下降，等成本线向左下方平行移动(AB \to A_1B_2) \end{cases}$$

第二种情况：成本不变，生产要素价格发生变动

价格同比例变动 $\begin{cases} 价格同比例下降，等成本线向右上方平行移动 \\ 价格同比例上升，等成本线向左下方平行移动 \end{cases}$

价格不同比例变动 $\begin{cases} PK一定，PL上升，等成本线左转；PL下降，等成本线右转 \\ PL一定，PK上升，等成本线下转；PK下降，等成本线上转 \end{cases}$

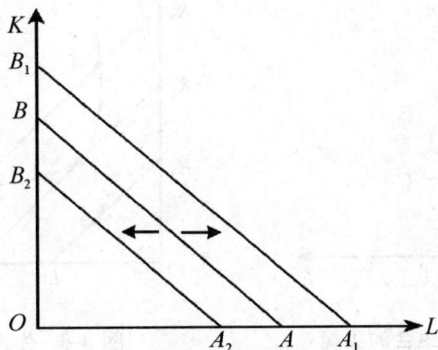

图 4-6　等成本线的移动

四、等产量曲线分析法

在长期生产中，任何一个理性的生产者都会选择最优的生产要素组合进行生产，从而实现利润的最大化。所谓生产要素的最佳组合(即生产者均衡)是指在既定的成本条件下的最大产量或既定产量条件下的最小成本。

前面介绍了使用边际分析法得出生产要素最适组合的条件。下面将结合等产量线和等成本线，用等产量曲线分析法分析生产要素的最适组合。

以下从两方面进行分析。

1. 成本既定，产量最大

如图 4-7 所示，由于成本既定，所以只有一条等成本线 K_1L_1。Q_1、Q_2、Q_3 三条等产量线，其中 Q_3 代表的产量水平最高，Q_2 次之，Q_1 代表的产量水平最低。K_1L_1 与 Q_1 相交，与 Q_2 相切，与 Q_3 既不相交也不相切。这意味着，较低水平的产量 Q_1，可以在既定的成本条件下生产，但不经济；较高水平的产量 Q_3，虽经济，但在既定的成本条件下不可能达到；只有在 K_1L_1 与 Q_2 的切点 E 上才实现了生产要素的最优组合。这就是说，在成本既定的条件下，购买 OM 的劳动，ON 的资本可以获得最大产量。E 点为生产者均衡点。

2. 产量既定，成本最小

如图 4-8 所示，由于产量既定，所以只有一条等产量线 Q，K_1L_1、K_2L_2、K_3L_3 分别表示总成本为 C_1、C_2、C_3 的三条等成本线。其中 K_1L_1 代表的成本最低，K_2L_2 次之，K_3L_3 代表的成本最高。Q 与 K_3L_3 相交，与 K_2L_2 相切，与 K_1L_1 既不相交也不相切。这意味着，用较高的成本 C_3 可以生产产量 Q，但不经济；用较低成本 C_1 虽然经济，但无法生产产量 Q；而用成本 C_2 生产产量 Q，既可能又最经济。我们将既定的等产量线 Q 和等成本线 C_2 的切点 E 称作生产者均衡点，它表示该点的投入组合是既定产量时成本最小的组合。

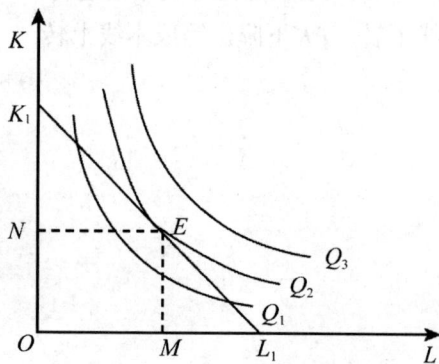

图 4-7　生产要素最适组合的实现

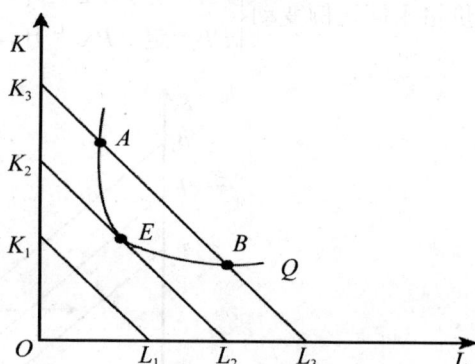

图 4-8　生产要素最适组合的实现

上述两种情况说明，要实现生产要素的最佳组合，必须使一定的成本获得最大的产量，或者使一定的产量水平只需付出最小的成本。即生产要素的最佳组合是指等产量曲线与等成本曲线的相切之点。

五、生产扩展线

如果厂商的经费支出增加，是其想扩大生产要素投入以增加产量，这就是生产扩展的概念。扩展线表示在生产要素价格、生产技术和其他条件不变的情况下企业扩大生产规模所引起的生产要素最优组合点移动的轨迹。

如图 4-9 所示，如果生产要素价格不变，厂商的经费支出增加，等成本线会平行的向上移动(由 $A_1B_1 \to A_2B_2$)；如果厂商改变产量，等产量线也会发生平移($Q_1 \to Q_2$)。这些等产量曲线将与相应的等成本线相切，形成一系列生产者均衡点(如点 E_1、E_2、E_3)，把所有这些连接起来形成的曲线叫做生产扩展线(如图 4-9 中的曲线 C)。

如图 4-9 所示，随着厂商生产规模的扩大，等成本线由 A_1B_1 移动到 A_2B_2，根据上述的生产者均衡的条件，可以分别得出生产要素的最适组合点为 E_1 和 E_2；同理，当厂商生产规模进一步扩大，等成本线由 A_2B_2 移动到 A_3B_3 时，生产要素的最适组合点变为 E_3，把 E_1，E_2，E_3 连结起来的线便是生产扩展线。

当生产者沿着这条线扩大生产时，可以始终实现生产要素的最佳组合，从而使生产规模沿着最有利的方向扩大。

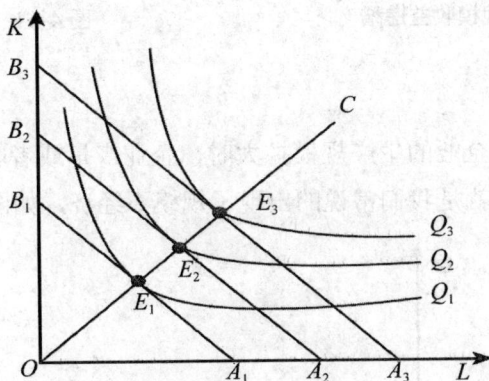

图 4-9　扩展线

六、规模收益分析

长期中，厂商对两种要素同时进行调整，引起规模改变。随着规模的变化，产量也相应发生变化，研究其变化规律，涉及规模收益问题。而规模收益分析是生产理论的实际应用。

所谓规模收益是指在其他条件不变的情况下，各种生产要素按相同比例变动所引起的产量的变动。根据产量变动与投入变动之间的关系可以将规模收益分为三种：规模收益递增、规模收益不变和规模收益递减。

1. 规模收益递增

规模收益递增是指当企业的生产规模扩大时，企业产量或者收益的增加速度快于生产要素投入的增加速度。例如：当企业投入增加一倍时(100%)，即规模扩大一倍，企业的收益增加量大于一倍(超过100%)。这就是我们常说的出现了规模经济，如图4-10所示。

2. 规模收益不变

规模收益不变是指当企业的生产规模扩大时，企业产量或者收益的增加速度等于于生产要素投入的增加速度。如图4-11所示。

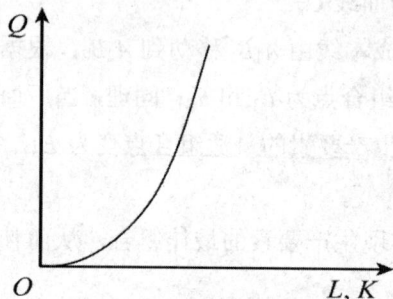

图 4-10　规模收益递增

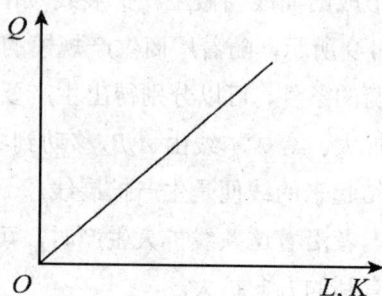

图 4-11　规模收益不变

3. 规模收益递减

规模收益递减是指当企业的生产规模扩大时，企业产量或者收益的增加速度慢于生产要素投入的增加速度。这就是我们常说的出现了规模不经济，如图4-12所示。

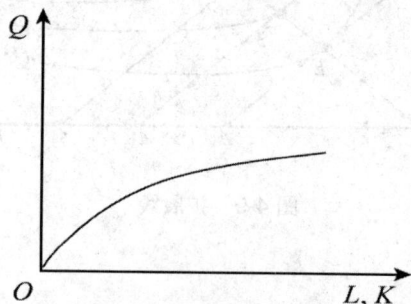

图 4-12　规模收益递减

生产规模的扩大之所以会引起产量的不同变动，可以用内在经济与内在不经济来解释。内在经济是指一个企业在生产规模扩大时由自身内部所引起的产量增加。引起内在经济的原因主要有以下几点。

第一，可以使用更加先进的机器设备。机器设备这类生产要素有其不可分割性。当生产规模小时，无法购置先进的大型设备，即使购买了也无法充分发挥效用。只有在大规模生产中，大型的先进设备才能充分发挥其作用，使产量更大幅度地增加。

第二，可以实行专业化生产。在大规模的生产中，专业可以分得更细，分工也会更细，这样就会提高工人的技术水平，提高生产效率。正如本项目的项目引入中的例子，专业化分工在现代生产中是非常普遍的。

在日常生活中，我们也是不知不觉地进行着分工协作。例如：学校管理中，按照部门职责划分为教务处、德育处、总务处等。在教务处中，又具体按照分工分为学籍管理、教学管理、考务管理等，这样就可对全校学生进行整体全面的管理。试想如果不采用专业化分工，而是不同人针对单一学生的各个方面的全程管理，那么效率将是很低的。

第三，可以提高管理效率。各种规模的生产都需配备必要的管理人员，在生产规模小时，这些管理人员无法得到充分利用，而生产规模扩大，可以在不增加管理人员的情况下增加生产，从而就提高了管理效率。

第四，可以对副产品进行综合利用。在小规模生产中，许多副产品往往被作为废物处理，而在大规模生产中，就可以对这些副产品进行再加工，做到"变废为宝"。

第五，在生产要素的购买与产品的销售方面也会更加有利。大规模生产所需各种生产要素多，产品也多，这样，企业就会在生产要素与产品销售市场上具有垄断地位，从而可以压低生产要素收购价格或提高产品销售价格，从中获得好处。

第六，技术创新能力的提高。大企业有雄厚的人力与财力，也能承担更大的风险，所以，技术创新能力更强。技术创新是提高企业生产率的关键。

大规模生产所带来的这些好处，在经济学上也称为"大规模生产的经济"，或称规模经济，即扩大企业生产规模所带来的好处。但是，生产规模也并不是越大越好。如果一个企业由于本身生产规模过大而引起产量或收益减少，就是内在不经济。引起内在不经济的原因主要有以下几点。

第一，管理效率的降低。生产规模过大会使管理机构由于庞大而不灵活，管理上也会出现各种漏洞，反而使产量和收益减少。

第二，生产要素价格与销售费用增加。生产要素的供给并不是无限的，生产规模过大必然大幅度增加对生产要素的需求，从而使生产要素的价格上升。同时，生产规模过大，产品大量增加，也增加了销售的困难，需要增设更多的销售机构与人员，增加了销售费用。因此，生产规模并不是越大越好。

由以上分析可以看出，企业规模的扩大既会带来好处，也会引起不利的影响。在长期中企业调整各种生产要素时，要实现适度规模。

适度规模就是使两种生产要素的增加，即生产规模的扩大正好使收益递增达到最大。

当收益递增达到最大时就不再增加生产要素，并使这一生产规模维持下去。

对于不同行业的企业来说，适度规模的大小是不同的，并没有一个统一的标准。在确定适度规模时应该考虑到的因素主要为以下两点。

第一，本行业的技术特点。一般来说，需要的投资量大，所用的设备复杂先进的行业，适度规模也就大，例如：冶金、机械、汽车制造、造船、化工等重工业企业，生产规模越大经济效益越高。相反，需要投资少，所用的设备比较简单的行业，适度规模也小。例如：服装、服务这类行业，生产规模小能更灵活地适应市场需求的变动，对生产更有利，所以适度规模也就小。

第二，市场条件。一般来说，生产市场需求量大，而且标准化程度高的产品的企业，适度规模也应该大，这也是重工业行业适度规模大的原因。相反，生产市场需求小，而且标准化程度低的产品的企业，适度规模也应该小。所以，服装行业的企业适度规模就要小一些。

当然，在确定适度规模时要考虑的因素还很多。例如：在确定某一采矿企业的规模时，还要考虑矿藏量的大小。其他诸如交通条件、能源供给、原料供给、政府政策等，都是在确定适度规模时必须考虑到的。

那么现实中如何判断企业自身的适度规模呢？

我们可以根据长期中平均成本变动的规模把不同的行业分为成本递增行业、成本递减行业和成本不变行业。如果一个行业，随着企业产量增加，平均成本先递减而后递增，这种行业就是成本递增行业，因为产量增加到一定程度之后，资源紧张，生产要素价格上升，平均成本必然增加。大多数行业都属于这种情况。如果一个行业，随着企业产量增加，平均成本一直减少，这种行业就是成本递减行业。这种行业的特点是初始投资大，而且，固定设备投资多，一旦建成，规模经济的产量就较大，甚至无限。例如：自来水、有线电视都属于这种行业。也正由于这种特点，一个企业就可以满足全部需求，所以，这种行业的企业往往是自然垄断。如果一个行业，随着企业产量增加，平均成本一直不变，这种行业就是成本不变行业，这种行业一般都是小行业。

不同行业适度规模的标准并不同。对于成本递减行业，当然是规模越大越好，规模的大小取决于需求。对于成本不变行业，规模大小无所谓，规模的大小也取决于需求。对于最常见的成本递增行业，适度规模是产量增加到平均成本最低。只要实现了平均成本最低，就达到了适度规模。

在决定投资建立一个工厂时，确定规模的标准不是市场需求，而是适度规模要求的平均成本最低。这就是说，如果市场需求达不到适度规模的产量，或者无法开拓潜在需求，或从其他企业那里夺取市场份额，这样的企业就不应投资。如果投资的企业实现不了规模经济，最终会由于成本高而被淘汰。

按平均成本最低的产量来确定规模是一个普遍规律。20 世纪 60 年代韩国汽车工业起步时，国内基本没有汽车需求，但它们的汽车厂一投资建设就是大规模的。这正是韩国汽车工业成功的经验。相反，我国汽车工业起步时，就"以销定产"，按市场需求来确定汽车工业的规模。20世纪80年代初时，我国汽车需求很低，以此确定的产量本来就不高，还分别建了几个厂。没有实现规模经济一直是我国汽车工业的严重内伤，如果不在兼并中实现规模经济，汽车工业的前景让人担忧。

◎ 项 目 总 结

本项目先从企业基本理论入手，介绍企业的类型及企业的目标。研究生产要素和生产函数的构成，并提出生产理论中长期与短期的定义。在短期中，研究一种可变生产要素的最适投入，边际产量递减规律。掌握总产量、平均产量、边际产量三者的关系，从而得出劳动力的合理投入区间。长期研究生产者均衡的条件，并从边际分析法和等产量线分析法两个途径得出生产要素的最佳组合。最后，通过规模收益分析，结合不同行业的特点，提出适度规模在生产领域的实际应用。

◎ 项 目 考 核

一、选择题

1. 现代市场经济中最重要的企业形式是(　　)。

    A. 单人业主制　　　　　　　　　　B. 多人业主制

    C. 合伙制　　　　　　　　　　　　D. 股份制公司

2. 股份制公司的一个缺点是(　　)。

    A. 公司实行有限责任制，每个股东仅对自己的股份负责

    B. 实行所有权与经营权分离

    C. 公司股份可以转手，股东可以换

    D. 双重纳税

3. 当总产量下降时，(　　)。

    A. 平均产量为零　　　　　　　　　B. 边际产量为负数

    C. 边际产量为零　　　　　　　　　D. 边际产量最大

4. 如果连续增加某种生产要素，在总产量达到最大时，边际产量(　　)。

    A. 大于零　　　　B. 等于零　　　　C. 小于零　　　　D. 递增

5. 当生产过程处于生产第一阶段时，关于平均产量和边际产量的说法中，正确的是(　　)。

A. 平均产量递增，边际产量递减

B. 平均产量递减，边际产量递增

C. 平均产量递增，边际产量先递增然后递减到与平均产量相等

D. 平均产量始终大于边际产量

6. 理性的厂商将让生产过程在(　　)进行。

A. 第一阶段
B. 第二阶段

C. 第三阶段
D. 第一阶段或第三阶段

7. 下列说法中，正确的是(　　)。

A. 只要边际产量减少，总产量就减少

B. 只要平均产量减少，总产量就减少

C. 只要总产量减少，边际产量就一定为负

D. 只要边际产量减少，平均产量就减少

8. 在总产量、平均产量和边际产量的变化过程中，下列情况中首先发生的是(　　)。

A. 边际产量下降
B. 平均产量下降

C. 总产量下降
D. 以上都有可能。

9. 等成本线平行向内移动，表明(　　)。

A. 产量减少了

B. 成本减少了

C. 两种生产要素价格按相同比例减少了

D. 两种生产要素的价格按不同比例提高了

10. 在生产均衡点上，下列说法中错误的是(　　)。

A. $MRTS_{KL}=P_K/P_L$

B. $MP_L/MP_K=P_L/P_K$

C. 等产量线与等成本线相切

D. 等产量线与等成本线不相切

11. 等成本曲线向右上方平移表明(　　)。

A. 产量提高了

B. 生产要素的价格按照相同的比例提高了

C. 成本减少了

D. 生产要素的价格按照相同的比例下降了

12. 等成本线围绕着它与纵轴的交点逆时针运动表明(　　)。

A. 生产要素 Y 的价格上升了
B. 生产要素 X 的价格上升了

C. 生产要素 Y 的价格下降了
D. 生产要素 X 的价格下降了

13. 在生产的有效区域中，等产量曲线(　　)。

    A. 凸向原点　　　B. 斜率为负　　　C. 不能相交　　　D. 上述都正确

14. 如果某厂商增加一单位劳动使用量能够减少三单位资本，而仍生产同样的产出量，则 $MRTS_{LK}$ 为(　　)。

    A. 1/3　　　　　B. 3　　　　　　C. 1　　　　　　　D. 6

15. 如果生产过程中存在规模收益递减，这意味着企业生产规模扩大时，(　　)。

    A. 产量将保持不变

    B. 产量增加的比率大于生产规模扩大的比率

    C. 产量增加的比率小于生产规模扩大的比率

    D. 产量增加的比率等于生产规模扩大的比率

16. 生产规模的扩大正好使收益递增达到最大叫作(　　)。

    A. 规模经济　　　B. 内在经济　　　C. 内在不经济　　D. 适度规模

二、判断题

1. 边际产量达到最大时，平均产量也达到最大。　　　　　　　　　　　　(　　)

2. 边际产量为零时，总产量达到最大值。　　　　　　　　　　　　　　　(　　)

3. 生产理论中的长期和短期是指生产要素是全部可调整还是部分可调整而言的。

    (　　)

4. 既定成本条件下，厂商实现最优要素组合的条件是使得最后一单位的货币成本，无论用于购买何种生产要素所得的边际产量相等。　　　　　　　　　　(　　)

5. 扩展线上的每一点，都是生产均衡点。　　　　　　　　　　　　　　　(　　)

6. 如果连续地增加某种生产要素的投入量，总产出将不断递增，边际产量在开始时递增然后趋于递减。　　　　　　　　　　　　　　　　　　　　　　　(　　)

7. 只要总产量减少，边际产量一定是负数。　　　　　　　　　　　　　　(　　)

8. 边际产量曲线一定在平均产量曲线的最高点与它相交。　　　　　　　　(　　)

9. 利用两条等产量线的交点所表示的生产要素组合，可以生产出数量不同的产量。　　　　　　　　　　　　　　　　　　　　　　　　　　　　　　　(　　)

三、问答题

1. 生产的三阶段是如何划分的？为什么厂商只会在第 Ⅱ 阶段生产？

2. 用图形说明总产量、平均产量和边际产量三者之间的关系。

3. 什么是等产量线？等产量线与无差异曲线在性质上有何区别？

4. 简述边际产量递减规律的内容及成因。

5. 简述规模收益的三种情况及其原因。

6. 运用生产的三阶段理论，作图说明我国实行减人增效改革的意义。

7. 利用规模经济和范围经济理论，论述我国目前企业资产重组的意义。

8. 我国加入 WTO，试运用微观经济学的原理和方法论述我国汽车行业或企业将遇到的问题和对策。

◎ 项 目 拓 展

全球每四个微波炉就有一台格兰仕

面临着越来越广阔的市场，每个企业都有两种战略选择：一是多产业，小规模，低市场占有率；二是少产业，大规模，高市场占有率。格兰仕选择的是后者。格兰仕的微波炉，在国内已达到 70%的市场占有率；在国外已达到 35%的市场占有率。

格兰仕的成功就运用规模经济的理论，即某种产品的生产，只有达到一定的规模时，才能取得较好的效益。微波炉生产的最小经济规模为 100 万台。早在 1996—1997 年期间，格兰仕就达到了这一规模。随后，规模每上一个台阶，生产成本就下降一个台阶。这就为企业的产品降价提供了条件。格兰仕的做法是，当生产规模达到 100 万台时，将出厂价定在规模 80 万台企业的成本价以下；当生产规模达到 400 万台时，将出厂价又调到规模为 200 万台的企业的成本价以下；而现在规模达到 1000 万台以上时，又把出厂价降到规模为 500 万台企业的成本价以下。这种在成本下降的基础上所进行的降价，是一种合理的降价。降价的结果是将价格平衡点以下的企业一次又一次大规模淘汰，使行业的集中度不断提高，使行业的规模经济水平不断提高，由此带动整个行业社会必要劳动时间不断下降，进而带来整个行业的成本不断下降。

成本低价格必然就低，降价最大的受益者是广大消费者。从 1993 年格兰仕进入微波炉行业到 2003 年的 10 年之内，微波炉的价格由每台 3000 元以上降到每台 300 元左右，价格下降了 90%以上，这不能不说是格兰仕的功劳，不能不说是格兰仕对中国广大消费者的巨大贡献。

(资料来源：http://www.guandang.com/pdf/2294952.html)

通过以上案例，结合本项目的理论，分析是什么造就了格兰仕的成功？

项目五 成本理论与应用

【项目引入】

上大学的代价是什么？

上大学是要花钱的，这就是上大学的成本。从目前来看，假设一个大专学生在三年期间，学费、书费等各项支出约为 3 万元，这种钱要实实在在地支出，称为会计成本。但上大学的代价决不仅是这种会计成本。为了上大学，要放弃工作的机会，放弃工作所不得不放弃的工资收入就是上大学的机会成本。例如：如果一个人不上大学而去工作，每年可以挣到 1 万元，这 3 年的机会成本就是 3 万元。上大学的代价应该是会计成本 3 万元与机会成本 3 万元，共计 6 万元。

对一般人来说，上大学会提高工作能力，有更好的机会，以后会收入更多。例如：如果一个没上过大学的人，一生中每年收入 1 万元，从 18 岁开始工作到 60 岁退休，42 年共计收入 42 万元。一个上过大学的人，一生中每年收入为 1.5 万元，从 22 岁开始工作，到 60 岁退休，38 年共计收入 57 万元。上大学的人一生总收入比没上大学的高出 15 万元。上大学的会计成本与机会成本之和为 6 万元。15 万元减去 6 万元为 9 万元。这就是上大学的经济利润。所以，上大学是合适的。这就是每个人都想上大学的原因。

但对一些特殊的人，情况就不是这样了。例如，一个有篮球天赋的美国青年，如果在高中毕业后去打篮球，每年可收入 200 万美元。这样，他上大学的机会成本就是 800 万美元。这远远高于一个大学生一生的收入。因此，有这种天才的青年，即使学校提供全额奖学金也不去上大学。这就是把机会成本作为上大学的代价。不上大学的决策就是正确的。同样，有些具备当模特气质与条件的姑娘，放弃上大学也是因为当模特时收入高，上大学机会成本太大。当你了解机会成本后就知道为什么有些年轻人不上大学的原因了。可见机会成本这个概念在我们日常生活的决策中也是十分重要的。

思考题：

请阅读案例，计算你上大学的机会成本是多少？通过总收益、会计成本和机会成本，计算一下你上大学的经济利润。

（资料来源：http://www.360doc.com/content/07/1014/07/43414_809258.shtml）

【技能目标】

- 掌握短期和长期成本曲线的形状及其特征。
- 能够进行短期成本曲线的实际应用。
- 能够分析利润最大化问题。

【知识目标】

● 了解会计成本、机会成本和经济成本的定义及其联系和区别。
● 掌握短期成本的概念与分类和利润最大化原则。
● 掌握长期成本概念。
● 了解机会成本在企业决策中的作用。

【关键概念】

机会成本　短期成本　长期成本　显性成本　隐形成本　边际成本　停止营业点

【导语】

厂商对投入组合的选择，一方面取决于各种投入与产出之间的物质技术关系；另一方面也依赖于成本和各种投入的价格水平。成本是一个非常重要又较为复杂的概念，通常是指以货币支出来衡量的从事某项经济活动所必须支付的代价。

第一节　成本的概念

企业的生产成本通常被看成是企业对所购买的生产要素的货币支出。然而，西方经济学家指出，在经济学的分析中，仅从这样的角度来理解成本概念是不够的。为此，他们提出了机会成本的概念以及显性成本和隐性成本的概念。

一、机会成本

西方经济学家认为，经济学是要研究一个经济社会如何对稀缺的经济资源进行合理配置的问题。从经济资源的稀缺性这一前提出发，当一个社会或一个企业用一定的经济资源生产一定数量的一种或者几种产品时，这些经济资源就不能同时被使用在其他的生产用途方面。这就是说，这个社会或这个企业所获得的一定数量的产品收入，是以放弃用同样的经济资源来生产其他产品时所能获得的收入作为代价的。由此，便产生了机会成本的概念。

例如：当一个厂商决定利用自己所拥有的经济资源生产一辆汽车时，这就意味着该厂商不可能再利用相同的经济资源来生产 200 辆自行车。于是，可以说，生产一辆汽车的机会成本是所放弃生产的 200 辆自行车。如果用货币数量来代替对实物商品数量的表述，且假定 200 辆自行车的价值为 10 万元，则可以说，一辆汽车的机会成本是价值为 10 万元的其他商品。一般地，生产一单位的某种商品的机会成本是指生产者所放弃的使用相同的生产要素在其他生产用途中所能得到的最高收入。在西方经济学中，企业的生产成本应该从机会成本的角度来理解。

二、显性成本和隐性成本

企业的生产成本可以分为显性成本和隐性成本两个部分。

企业生产的显性成本是指厂商在生产要素市场上购买或租用他人所拥有的生产要素的实际支出。例如：某厂商雇用了一定数量的工人，从银行取得了一定数量的贷款，并租用了一定数量的土地，为此，这个厂商就需要向工人支付工资，向银行支付利息，向土地出租者支付地租，这些支出便构成了该厂商的生产的显性成本。从机会成本的角度讲，这笔支出的总价格必须等于这些生产要素的所有者将相同的生产要素使用在其他用途时所能得到的最高收入。否则，这个企业就不能购买或租用到这些生产要素，并保持对它们的使用权。

企业生产的隐性成本是指厂商本身自己所拥有的且被用于该企业生产过程的那些生产要素的总价格。例如：为了进行生产，一个厂商除了雇用一定数量的工人、从银行取得一定数量的贷款和租用一定数量的土地之外(这些均属于显性成本支出)，还动用了自己的资金和土地，并亲自管理企业。西方经济学家指出，既然借用了他人的资本需付利息，租用了他人的土地需付地租，聘用他人来管理企业需付薪金，那么，同样道理，在这个例子中，当厂商使用了自有生产要素时，也应该得到报酬。所不同的是，现在厂商是自己向自己支付利息、地租和薪金。所以，这笔价值就应该计入成本之中。由于这笔成本支出不如显性成本那么明显，故被称为隐性成本。隐性成本也必须从机会成本的角度按照企业自有生产要素在其他用途中所能得到的最高收入来支付，否则，厂商会把自有生产要素转移出本企业，以获得更高的报酬。

三、利润

企业的所有显性成本和隐性成本之和构成总成本。企业的经济利润指企业的总收益和总成本之间的差额，简称企业的利润。企业所追求的最大利润，指的就是最大的经济利润。经济利润也被称为超额利润。

在西方经济学中，还需区别经济利润和正常利润。正常利润通常指厂商对自己所提供的企业家才能的报酬支付。需要强调的是，正常利润是厂商生产成本的一部分，它是以隐性成本计入成本的。为了理解正常利润是成本的一部分这一说法，我们需要运用前面讲到的机会成本的概念。从机会成本的角度看，当一个企业所有者同时又拥有管理企业的才能时，他可以面临两种选择机会，一种选择是在自己的企业当经理：另一种选择是到别人所拥有的企业当经理。如果他到别人所拥有的企业当经理，他可以获得收入报酬。如果他在自己的企业当经理，他就失去了到别的企业当经理所能得到的收入报酬，而他所失去的这份报酬就是他在自己所拥有的企业当经理的机会成本。或者说，如果他在自己的企业当经理的话，他应当自己向自己支付报酬，而且这份报酬数额应该等于他在别的企业当经理时所可以得到的最高报酬。所以，从机会成本的角度看，正常利润属于成本，并且属于隐性成本。

由于正常利润属于成本，因此，经济利润中不包含正常利润。又由于厂商的经济利润等于总收益减去总成本，所以，当厂商的经济利润为零时，厂商仍然得到了全部的正常利润。

成本理论是建立在生产理论的基础之上的。我们已经知道，生产理论分为短期生产理论和长期生产理论，则相应地，成本理论也分为短期成本理论和长期成本理论。由于在短期内企业根据其所要达到的产量，只能调整部分生产要素的数量而不能调整全部生产要素的数量，所以，短期成本有不变成本和可变成本之分。由于在长期内企业根据其所要达到的产量，可以调整全部生产要素的数量，所以，长期内所有的要素成本都是可变的，长期成本没有不变成本和可变成本之分。

第二节 短期成本分析

一、短期成本的概念

1. 短期总成本(STC)

短期总成本(STC)是指短期内生产一定量产品所需要的成本总和。

$$短期总成本(STC)=短期固定成本(SFC)+短期可变成本(SVC) \qquad (5-1)$$

(1) 短期固定成本(SFC)是指厂商在短期内必须支付的不能调整的生产要素的费用。主要包括：厂房和设备的折旧、银行贷款的利息以及管理人员的工资。

(2) 短期可变成本(SVC)是指厂商在短期内为生产一定量的产量必须支付的可以调整的生产要素的费用。主要包括：原材料、燃料、辅助材料的支出以及生产工人的工资。

2. 短期平均成本(SAC)

短期平均成本(SAC)是指厂商在短期内平均每生产一单位产量所消耗的全部成本。

$$短期平均成本(SAC)=\frac{短期总成本(STC)}{产量(Q)}=\frac{SFC+SVC}{Q}$$

$$=平均固定成本(AFC)+平均可变成本(AVC) \qquad (5-2)$$

(1) 平均固定成本(AFC)是指平均每单位产品所消耗的固定成本。

(2) 平均可变成本(AVC)是指平均每单位产品所消耗的可变成本。

3. 短期边际成本(SMC)

短期边际成本是指在短期内厂商每增加一单位产量所增加的总成本。

$$SMC=\frac{\Delta STC}{\Delta Q} \tag{5-3}$$

二、短期成本曲线

表 5-1 是一张某厂商的短期成本表。表中的平均成本和边际成本的各栏均可以分别由相应的总成本的各栏推算出来。该表体现了各类短期成本之间的关系。

表 5-1　各类短期成本表

产量(Q)	总成本			平均成本			短期边际成本 (SMC)
	固定成本 (FC)	可变成本 (VC)	短期总成本 (STC)	平均固定成本 (AFC)	平均可变成本 (AVC)	短期平均总成本 (SAC)	
0	1200	0	1200				
1	1200	600	1800	1200.0	600.0	1800.0	600
2	1200	800	2000	600.0	400.0	1000.0	200
3	1200	900	2100	400.0	300.0	700.0	100
4	1200	1050	2250	300.0	262.5	562.5	150
5	1200	1400	2600	240.0	280.0	520.0	350
6	1200	2100	33000	200.0	350.0	550.0	700

1. 短期总成本(STC)、固定成本(SFC)、可变成本(SVC)的关系及其变动规律

(1) 从表 5-1 分析可得出以下结论：

① SFC 不随 Q 的变动而变动，即使 $Q=0$ 时仍需支付，固定不变。

② SVC 随 Q 的变动而变动，并且与产量呈同方向变动。

③ AFC 随 Q 的不断增大逐渐变小，并逐渐趋近 0。

④ AVC 随 Q 的变动增加，先下降后上升。

⑤ SMC 随 Q 的变动增加，先下降后上升。

⑥ SAC 随 Q 的变动增加，先下降后上升。

(2) 短期成本变动规律

① 短期可变成本(SVC)：随产量的变动而变动。其变动规律是：

最初在产量开始增加时由于固定生产要素与可变生产要素的效率未得到充分发挥，因此，可变成本的增长率要大于产量的增长率。以后随着产量的增加，固定生产要素与可变生产要素的效率得到充分发挥，可变成本的增长率小于产量的增长率。最后，由于边际收益递减规律，可变成本的增长率又大于产量增长率。

② 短期总固定成本(SFC)：由于不随 Q 变动而固定不变。

③ 短期总成本(STC)：由于 STF 为 SFC 与 SVC 之和，并随 Q 的变动增大而不断增大，总成本的变动规律与可变成本相同。

三者的相互关系以及变动规律如图 5-1 所示。

2. 短期平均总成本(SAC)、平均固定成本(AFC)、平均可变成本(AVC)的关系及其变动规律

(1) 平均固定成本(AFC)的变动规律：由于 SFC 总量不变，随产量增加，分摊到每一单位上的 AFC 就逐渐减少，并逐渐趋近于 0。

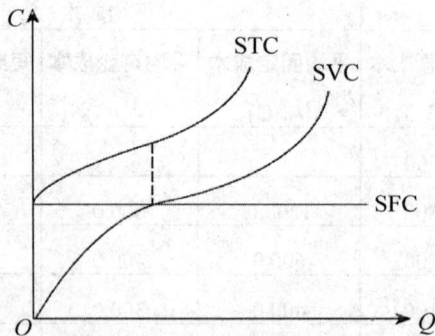

图 5-1　短期总成本(STC)曲线、短期可变成本(SVC)曲线、短期固定成本(SFC)曲线

(2) 平均可变成本(AVC)变动的规律是：起初随着产量的增加，生产要素的效率逐渐得到发挥，因此 AVC 递减；但产量增加到一定程度后，SAVC 受边际产量递减规律的作用而递增。

(3) 短期平均成本(SAC)的变动规律：当产量增加时，AFC 成本迅速下降，加之 AVC 也在下降，因此 SAC 迅速下降。以后，随着 AFC 越来越小，它在 SAC 中也越来越不重要，这时 SAC 随 AVC 的变动而变动，即随产量的增加而下降，产量增加到一定程度之后，又随着产量的增加而增加。

(4) 当产量趋于无限大时，AFC 趋近于 0，AVC≈ SAC。所以，在短期经济分析中，AVC 与 SAC 的变动规律是一致的。

三者的相互关系与变动规律见图 5-2。

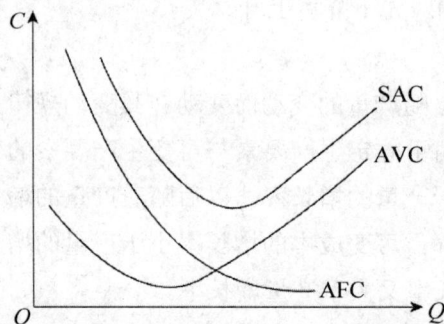

图 5-2　平均固定成本(AFC)曲线、平均可变成本(AVC)曲线与短期平均总成本(SAC)曲线

3. 短期边际成本(SMC)与短期平均总成本(SAC)、短期平均可变成本(SAVC)的相互关系及其规律

在短期分析中,短期边际成本(SMC)的变动规律是:

开始时,SMC 随产量的增加而减少,当产量增加到一定程度时,就开始上升。因此 SMC 是一条先下降而上升的 U 形曲线,并且受边际收益递减规律的作用,一定过短期平均成本(SAC)的最低点(N)和短期平均可变成本(SAVC)的最低点(M),与 N、M 相交。如图 5-3 所示。

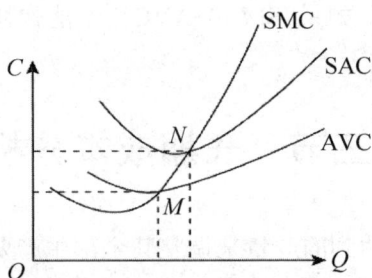

图 5-3　短期边际成本(SMC)曲线与短期平均总成本(SAC)曲线、短期平均可变成本(SAVC)曲线的相互关系

N 点称为收支相抵点。因为,这时的价格为平均成本,SAC=SMC=P,故生产者的成本与收益相等,即盈亏收支相抵。

在 N 点的左方,每增加一单位产量所增加的成本小于平均成本,即 SMC<SAC 并且随产量的增加,平均成本在下降。在 N 点的右方,每增加一单位产量所增加的成本大于平均成本,即 SMC>SAC,并且随产量的增加,平均成本在上升。所以 SMC 与 SAC 的最低点相交。

知识链接

SMC 过 SAC 曲线最低点的数学证明如下:

SAC 曲线最低点的必要条件为

$$\frac{d(SAC)}{dQ} = \frac{1}{Q^2}\left[Q\frac{d(STC)}{dQ} - STC\frac{dQ}{dQ}\right] = 0$$

由于 $Q^2 \neq 0$,所以

$$Q\frac{d(STC)}{dQ} - STC\frac{dQ}{dQ} = 0$$

即

$$Q\frac{d(STC)}{dQ} - STC\frac{dQ}{dQ}$$

SAC 曲线最低点的充分条件为

当 Q 小于对应的 SAC 曲线最低点的 Q 时，$\dfrac{d(SAC)}{d(Q)}<0$

所以， SMC−SAC<0，即 SMC<SAC

当 Q 大于对应的 SAC 曲线最低点的 Q 时，$\dfrac{d(SAC)}{d(Q)}>0$

所以， SMC−SAC>0，即 SMC>SAC 所以 SMC 相交于 SAC 的最低点。

M 点称为停止营业点，即在这一点上，价格只能弥补平均可变成本，这时的损失是不生产时也要支付的平均固定成本。如果 SMC>AVC，不能弥补可变成本，则生产者就不可能生产，只能关门停止营业。

第三节　长期成本分析

长期是指厂商能根据所要达到的产量来调整其全部生产要素的时期。因此，在长期中也就没有固定成本与可变成本之分，一切生产要素都是可调整的，一切成本也都是可变的。

一、长期总成本(LTC)

长期总成本是指长期中生产一定量产品所花费的成本总和。

长期总成本随产量的变动而变动。没有产量时总成本为零。随着产量的增加，总成本增加。在开始生产时，要投入大量生产要素，而产量少时，这些生产要素无法得到充分利用，因此，成本增加的比率大于产量增加的比率，LTC 曲线比较陡峭。当产量增加到一定程度后，生产要素开始得到充分利用，这时成本增加的比率小于产量增加的比率，LTC 曲线比较平坦，这也是规模经济的效益。最后，由于规模收益递减，成本的增加比率又大于产量增加的比率，LTC 又比较陡峭。如图 5-4 所示。

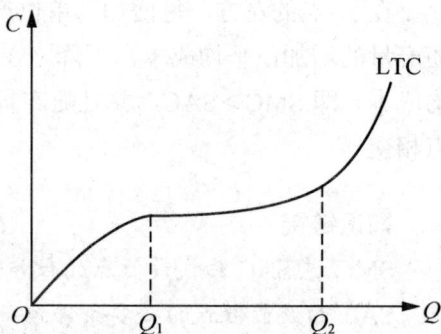

图 5-4　长期总成本(LTC)曲线

二、长期平均成本(LAC)

1. 长期平均成本曲线的推导

我们就可以从短期平均成本曲线来推导出长期平均成本曲线。如图 5-5 所示。

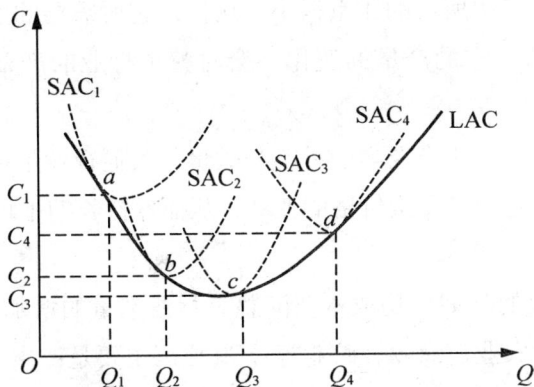

图 5-5　长期平均成本(LAC)曲线

假设某生产者在短期内有四种不同的生产规模可供选择。这四种规模的短期平均成本曲线是图 5-5 中的 SAC_1，SAC_2，SAC_3，SAC_4。

长期平均成本(LAC)曲线把各条短期平均成本曲线包在其中，因此，长期平均成本曲线又称包络曲线。各条短期平均成本曲线分别与长期平均成本曲线都有一个切点，在长期平均成本曲线最低点(C_3)时，短期平均成本曲线(SAC_3)的最低点与这一点相切(C)。在此之左，SAC_1，SAC_2 最低点左边的一点(a,b)与长期平均成本曲线相切，在此之右，SAC_4 最低点右边一点(d)与长期平均成本曲线相切。在长期中，生产者按这条曲线作出生产计划，确定生产规模，因此，这条长期平均成本曲线又称为计划曲线。

2. 长期平均成本(LAC)曲线的特征

从图形上看，长期平均成本与短期平均成本曲线的变动趋势是一样的，也是一条先下降而后上升的 U 形曲线，但有两点不同。

(1) 长期平均成本成 U 形的原因是受"规模收益变动规律"的影响；而短期平均成本曲线成 U 形的原因是受"边际产量递减规律"的影响。

(2) 长期平均成本曲线无论是下降、还是上升的变动幅度，与短期平均成本曲线相比表现得都比较平坦。即在长期成本曲线变动的过程中，从规模收益递增阶段到规模收益递减阶段，要经历一个较长的规模收益不变阶段。而在短期中，则不存在这一问题。

3. 不同行业的长期平均成本

受行业性质不同和生产要素价格变动的影响，各行业长期平均成本变动也不相同。一般可以根据长期平均成本变动的情况把不同的行业分为以下三种。

(1) 成本不变的行业

这种行业中各厂商的长期平均成本不受整个行业产量变化的影响，无论产量如何变化，长期平均成本是基本不变的(如小商品行业)。其原因主要有两个：

第一，这一行业在经济中所占的比重很小。这样，它所需要的生产要素在全部生产要素中所占比例也很小，从而它的产量的变化不会对整个行业的产量、生产要素价格发生影响。

第二，这一行业所使用的生产要素的种类与数量与其他行业呈反方向变动。这样，它的产量的变动也就不会引起生产要素价格的变动，从而保持长期平均成本不变。

(2) 成本递增的行业

这种行业中各个厂商的长期平均成本要随整个行业产量的增加而增加(如以自然资源为主要生产要素的行业：农业、渔业、矿业等)。其原因主要是：由于生产要素是有限的，所以整个行业产量的增加就会使生产要素价格上升，从而引起各厂商的长期平均成本增加。也就生产理论与应用项目中所说的由于外部因素，一个行业扩大给一个厂商所带来的"外在不经济"。这种情况多存在于以自然资源为主要生产要素的行业。

(3) 成本递减的行业

这种行业中各厂商的长期平均成本要随整个行业产量的增加而减少。这种就是生产理论与应用项目中所说过的规模经济中的外在经济(如复杂工业品汽车等行业)。

三、长期边际成本(LMC)

长期边际成本是长期中增加一单位产品所增加的成本。

长期边际成本也是随着产量的增加先减少而后增加的，因此，长期边际成本曲线是一条先下降而后上升的 U 形曲线，比短期边际成本曲线要平坦。

LMC 与 LAC 的关系：同 SMC 与 SAC 的关系一样，即 LMC 过 LAC 的最低点，如图 5-6 所示。

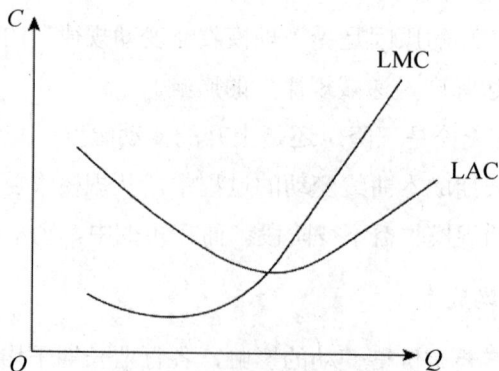

图5-6　LMC 与 LAC 的关系

第四节　收益与利润最大化

一、总收益、平均收益与边际收益

收益是指厂商出卖产品得到的全部收入，即价格与销售量的乘积。

$$R=P\times Q \tag{5-4}$$

收益中既包括了成本，又包括了利润。

1. 总收益(TR)、平均收益(AR)、边际收益(MR)

总收益(TR)是厂商销售一定量产品所得到的全部销售收入。平均收益(AR)是厂商销售每一单位产品平均所得到的收入。边际收益(MR)是指厂商每增加销售一单位产品所增加的收入。

(1) 三者的关系为

$$TR=P\times Q=AR\times Q \tag{5-5}$$

$$AR=\frac{TR}{Q}=\frac{F\times Q}{Q}=P \tag{5-6}$$

$$MP=\frac{\Delta TR}{\Delta Q} \tag{5-7}$$

(2) 如果价格已知，或不考虑价格变动的影响，收益就是产量。于是总收益(TR)、平均收益(AR)、边际收益(MR)变动规律和曲线形状与生产理论和应用项目中总产量(TP)、平均产量(AP)、边际产量(MP)的变动规律和曲线形状是相同的。

(3) 在不同的市场结构中，收益变动的规律并不完全相同，边际收益曲线与平均收益曲线的形状也并不相同，具体内容在市场均衡章节中介绍。

二、盈亏收支平衡的原则

在现实经济活动中，厂商生产经营的最低目标是保证不亏损，即满足于收支平衡这一基本原则：TR=TC。如果收不抵支，厂商就会退出生产经营。所以，在不考虑价格因素变动影响的情况下，确定厂商的盈亏产量，具有十分重要的意义。

依据：　TR=TC，即有

$$P\times Q=TFC+TVC$$

$$P\times Q=TFC+Q\times AVC$$

移项整理可得盈亏产量分界点：$Q=\dfrac{FTC}{P-AVC}$

如果把厂商的利润目标产量(Q_X)考虑在内，则有

$$Q = \frac{\text{FTC} + Q_x}{P - \text{AVC}}$$

三、收益最大化原则

在实际经济活动过程中，处于竞争的考虑，厂商为了最大限度获取市场份额，通常会采取收益最大化的生产经营原则，即 MR=0。依据边际收益与总收益的关系，就可确定其收益最大化条件下的产量。

四、利润最大化原则

在现实经济活动过程中，在完全理性和完全竞争条件下，厂商通常遵循"利润最大化原则"，即边际收益(MR)=边际成本(MC)。其原因在于：

(1) 如果 MR＞MC，表明厂商每多生产一单位产品所增加的收益大于生产这一单位产品所增加的成本。这时，对该厂商来说，还有潜在的利润没有得到，厂商增加生产是有利的，即没有达到利润最大化。

(2) 如果 MR＜MC，表明厂商每多生产一单位产品所增加的收益小于生产这一单位产品所增加的成本。这对该厂商来说就会造成亏损，更谈不上利润最大化了，因此厂商必然要减少产量。

无论是哪种上述情况，都没有实现利润最大化。只有当 MR=MC 时，厂商才不会调整产量，表明已把该赚的利润都赚到了，即实现了利润最大化。

◎ 项 目 总 结

此项目介绍了显性成本和隐性成本以及机会成本的定义，分析了短期中平均成本与边际成本之间的关系，以及短期中企业的停止营业点。还分析了长期成本，在长期中一切成本都是可变的，长期平均成本先随产量增加而递减，达到最低后又随产量增加而递增。最后介绍了收益和利润最大化的相关知识，以及利润最大化的原则。

◎ 项 目 考 核

一、选择题

1. 假定某机器设备原来生产产品 X，利润收入为 200 元，现在改变生产产品 Y，所花费的人工、材料费为 1000 元，则生产产品 Y 的机会成本是(   )。

    A. 1200 元   B. 200 元   C. 1000 元   D. 800 元

2. 经济利润等于总收益减去(   )。

A. 隐性成本　　　　　　　　B. 显性成本

C. 隐性成本与显性成本之和　　　D. 边际成本

3. 当 LAC 大于 LMC 时，一定有(　　)。

A. SAC 与 LAC 曲线相切于两者的最低点

B. SAC 与 LAC 曲线相切于 SAC 曲线最低点的左侧

C. SAC 与 LAC 曲线相切于 SAC 曲线最低点的右侧

D. SAC 与 LAC 曲线无任何接触

4. 下列说法不正确的是(　　)。

A. 长期总成本曲线是短期总成本曲线的包络线

B. 长期平均成本曲线是短期平均成本曲线的包络线

C. 长期边际成本曲线是短期边际成本曲线的包络线

D. 长期边际成本曲线是长期总成本曲线的包络线

5. 边际成本和边际产量两者的变动方向是相反的，这是因为(　　)。

A. 边际技术替代率递减规律的作用

B. 边际报酬递减规律的作用

C. 规模经济的作用

D. 范围经济的作用

6. 随着产量的增加，平均固定成本(　　)。

A. 在开始时下降，然后趋于上升　　B. 一直趋于上升

C. 在开始时上升，然后趋于下降　　D. 一直趋于下降

二、问答题

1. 经济学中所讲的短期和长期的区别是什么？请举例说明。

2. 厂商利润最大化的条件是什么？为什么？

3. 比较显性成本与隐性成本，说明二者的区别。

◎ 项 目 拓 展

案例分析。

(1) 会议的机会成本

企业经常忽略考虑它们的一个最重要的机会成本，这就是它们的高级雇员的时间。根据一家私营机构对美国最大的 1000 家企业的 200 名老总所做的调查，老总们估计在他们每天的工作时间中，平均 15 分钟用于打电话，32 分钟用于阅读或抄写不必要的备忘录，72 分钟用于不必要的会议。假设这些老总们每年平均工作时间就是 48 周(休假 4 周)，每周工

作 5 天，那么他们用于打电话的时间就是 60 小时，读写备忘录用 128 小时，而不必要的会议就占 288 小时。

也许读者会觉得，这些数字顶多算是某种有趣的描述，并不是精确的估算。试问有谁能预言即将召开的会议纯粹是浪费时间？无可否认，每个会议都具有一定目的，通常我们只能在会后对会议的必要性下结论。要命的是，企业在安排会议的时候，常常因为不必为参加会议的人额外付钱，便相信会议的成本为零。他们忘了，如果不开会，这些薪水很高的老总们会去做别的有用的事情。

如何纠正人们对会议成本的认识，加强与会者的紧迫感，进而提高会议的效率呢？有人提出了一种简便易行的方法，就是在会议室显眼处设置一块计时牌，预先录入每个与会者每小时的薪金数额，从他们到会议室的时刻开始计时，累计并显示全体与会者的薪金消耗数额，直到会议结束。例如：20 个 1 小时薪金平均为 45 美元的行政人员参加的会议，每小时的成本就是 900 美元。此外，我们还可以加上诸如会议室的使用成本和传达开会通知的费用等项目。有了这块分秒必争的计时牌，"时间就是金钱"便真正成为一种压力。试想，当薪金数字跳到四位数时，还有那个大老板愿意继续付钱让一群员工毫无成效地空坐下去？还是长话短说为妙，趁早结束会议，把职员送回各自岗位上为公司多干活吧！

（资料来源：佚名，《经理人》杂志，1999 年 08 期）

(2) 排队等待加油的机会成本

由于 1980 年春汽油价格管制的原因，契夫隆加油站被要求将汽油价格降低至低于其他主要加油站的水平。从而使得一项实验得以进行，在这项实验中，消费者们揭示了有关他们的时间的机会成本的信息。

在这项实验中，有 109 位在契夫隆加油站的消费者和 61 位在其他附近竞争对手加油站的消费者接受了调查。消费者可以在无须等候或稍等片刻购买高价汽油和在契夫隆加油站等待 15 分钟左右购买廉价汽油之间作出选择。

许多被调查者选择排队等待购买契夫隆加油站的汽油，可能是因为他们认为其等待的时间价值低于购买廉价汽油所节省的钱。假定某人在契夫隆加油站需等待 20 分钟，购买 10 加仑汽油，每加仑汽油节省 0.25 美元，则共计可以节省 2.5 美元，其时间成本是每 20 分钟 2.5 美元，或者是每小时 7.5 美元。假设另外一个人选择了在其他加油站购买汽油，而无须等待，可见他的时间的机会成本必定高于每小时 7.5 美元。我们可以预计，个人的收入越高，他排队购买汽油的时间机会成本就越高。

这个例子表明消费者或者厂商的决策是典型的基于经济成本或者机会成本的，而并非是基于会计成本的。每个人都可以在契夫隆加油站节约钱，从而产生会计利润，但许多人并不这样做，因为机会成本太高。

（资料来源：http://www.360doc.com/content/11/0116/23/5422147-87022846.shtml）

问题： 比较两个案例中提到的机会成本，分小组讨论你生活中的机会成本有哪些？并说明如何看待它们。

项目六　市场理论与应用

【项目引入】

大亚湾炼油厂建成，中海油、中石油和中石化将三分天下

2004年12月2日，中海油投资160亿元人民币的中国南海炼油项目日前正式破土动工，并将于2008年建成投产。大亚湾炼油厂的建成将打破目前的垄断局面，与中石油、中石化市场竞争格局形成。就广东而言，就是与茂名、广州石化的竞争，茂名石化是1800万吨的年加工能力，广州石化不到700万吨，大亚湾炼油厂加工出来的原油60%～70%供制造乙烯用，另一部分从成本最低原则出发，有30%～40%的产品就地消费于广东、香港。大亚湾炼油厂建在珠三角的口上，对于中石油、中石化是一个更大的威胁，因为中石油原油从北方运来，成本相对较高。

中石化发布中期业绩报告，显示其2004年上半年净利润高达150.39亿元，同比增长了54%。此前，国内石油业另外两名巨头中石油和中海油也先后公布了业绩报告，上半年净利润分别达到了452.9亿元和70亿元。这样算来，国内三大石油商上半年一共狂赚了670亿元左右。对于利润飙升的原因，三大石油商都在各自的业绩报告中分析说，主要原因来自国际油价高位震荡，炼油毛利增加，以及石油销售需求的大幅上升。

最近一段时期，国际原油价格像一匹脱缰野马一路上扬，最高曾达每桶49.40美元。但正常说来，原油价格上升，应该造成石油商的采购成本上升，怎么会成为其盈利的原因呢？国家发改委能源研究所姜克隽博士道破玄机，他解释说，我国目前每年原油用量在2.6亿吨左右，其中1亿吨左右靠进口，其余部分靠国内生产。而国内产油的成本虽然不与国际市场挂钩，但最后的成品油价格却参照国际油价来制定，这样就使国内的石油企业出现了巨大的差价利润。因此，与国外石油商相反，我国的石油商恰恰是国际原油价格越高，利润越大。

讨论：通过以上资料，请同学们分析一下我国石油市场的特征。

(资料来源：http://news.sohu.com/20040927/n222259401.shtml)

【技能目标】

- 学会分析并掌握不同市场条件下厂商短期均衡和长期均衡的条件以及决策规律。
- 了解不同市场条件下经济效率的差异。
- 学会在不同的竞争条件下采用怎样的厂商定价方法。

【知识目标】

- 能够掌握完全竞争、完全垄断、垄断竞争、寡头垄断等概念。

- 能够熟悉对完全竞争、完全垄断、垄断竞争和寡头垄断的评价。
- 掌握垄断的三种价格歧视。
- 了解寡头的特征。

【关键概念】

市场　行业　市场结构　完全竞争　垄断竞争　寡头垄断　完全垄断　短期均衡长期均衡

【导语】

每个企业都面临着不同的市场。不同市场上的企业都要决定自己应该如何确定自己的产量与价格，以便实现利润最大化，这就是企业的竞争策略。市场理论就是要解决这一问题。本项目介绍了市场及市场划分的标准，以及完全竞争、完全垄断、垄断竞争和寡头垄断这四种市场类型的各自特征和实现长短期均衡的条件，并对不同市场结构下的经济效率进行了比较。

第一节　认 识 市 场

一、市场与行业

市场是一种商品的买者和卖者相互影响以决定其价格和数量所利用的一种机制。市场可以是一个有形的买卖商品的场所，也可以是一个利用现代化通信工具进行商品交易的接触点。任何一种商品都有一个市场。

与市场这一概念紧密联系的另一个概念是行业。行业是指为同一个商品市场生产和提供产品的所有厂商的总体。

二、市场结构

市场结构是指一个行业内部买方和卖方的数量及其规模分布、产品差别的程度和新企业进入该行业的难易程度的综合状态。也可以说，市场结构就是指某种产品或服务的竞争状态和竞争程度。在分析市场结构时，市场就是指行业，一个行业就是一个市场。例如：汽车行业就是汽车市场，餐饮行业就是餐饮市场。不同的企业处于不同的市场，其竞争目标与手段都不同。所以，市场结构对企业竞争战略影响重大。要了解市场结构，首先应该了解划分市场结构的标准。

1. 市场结构的划分标准

(1) 以本行业的市场集中度来划分。市场集中程度指大企业在市场上的控制程度，用市场占有额来表示。一个行业中的企业规模越大，企业的数量越少，大企业的市场占有份额越大，这些企业对市场控制程度越高，即市场集中程度越高，这个市场的垄断程度就越高。反之，一个行业中的企业规模越小，企业的数量越多，即使找出几个较大的企业，市场占有份额也不大，这些企业对市场控制程度低，即市场集中程度低，这个市场的竞争程度就高。

(2) 以本行业内各企业生产的产品的差别程度来划分。产品差别是同一种产品在质量、牌号、形式、包装等方面的差别。一种产品不仅要满足人们的实际需要，还要满足人们的心理需求。消费者由于收入水平、社会地位、文化教育、宗教信仰不同，偏好也不同。他们对同一种产品的细微差别都有一定要求。例如拿皮包来说，收入高的人要求背名牌的，以显示自己的社会身份，他们愿意为此付出较高的价格。产品差别正是为了满足消费者的不同偏好，每种有差别的产品都以自己的某些特色吸引消费者。这样，有特色的产品就在喜爱这一特色的消费者中形成了自己的垄断地位。正在这种意义上，经济学家认为，产品差别引起垄断，产品差别越大，垄断程度越高。

因为产品差别引起垄断，所以产品差别越高的市场，垄断越高；产品差别越低的市场，竞争程度越高。这正是产品差别对划分市场结构的意义。

(3) 以本行业的进入障碍大小来划分。一个行业的进入门槛越低，即进入限制越低，企业越容易进入，从而竞争程度越高；反之，一个行业进入门槛越高，即进入限制越高，企业进入越困难，从而垄断程度高。

进入限制来自自然原因和立法原因。自然原因指资源控制与规模经济。如果某个企业控制了某个行业的关键资源，其他企业得不到这种资源，就无法进入该行业。例如：南非德比尔斯公司控制了全世界钻石资源的80%，其他企业就很难进入钻石行业。在一些行业中，规模经济特别重要，只有产量极大，平均成本才能最低。这些行业企业规模很大，只要有几个这样的企业就可以满足整个市场的需求。其他企业要进入这个行业也不容易，从而进入限制高。例如：自来水行业只有一家企业时，平均成本才能最低，其他企业就无法进入。再如汽车行业，只要有几家大企业就可以满足市场需求，其他企业难以进入与之竞争。立法原因是指法律限制进入某些行业。这种立法限制主要采取三种形式。一是特许经营，政府通过立法把某个行业的经营权交给某个企业，其他企业不得从事这个行业。例如：许多国家的邮政由国家邮政局独家特许经营，20世纪80年代前AT&T公司独家经营美国电信业。二是许可证制度。有一些行业由政府发放许可证，没有许可证不得进入，这就增加了进入的难度。例如：在一些城市，从事出租车要有许可证，在许多国家当开业医生要有行医执照，这些都使这些行业进入不易。三是专利制。专利是给予某种产品在一定时期内的排他性垄断权，其他企业不得从事这种产品的生产，就无法进入该行业。

2. 市场结构类型

根据上述标准，可以把市场结构分为四种类型。如表6-1所示概括了市场结构的类型。

表 6-1　市场结构类型表

市场类型	市场集中程度	进入限制	产品差别	举例
完全竞争	零	无	完全无差别	农产品
垄断竞争	零	无	有一些差别	香烟
寡头垄断	高	高	有差别	汽车
			无差别	钢铁
完全垄断	最高	不可能进入	唯一的产品，无相近替代品	自来水

(1) 完全竞争是一种竞争不受任何阻碍和干扰的市场结构，这种市场没有垄断。形成这种市场的条件是企业数量多，而且每家企业规模都小，从而市场集中率低，没有什么大企业能控制市场。价格由整个市场的供求决定，每家企业不能通过改变自己的产量而影响市场价格。进入无限制和产品无差别使这种市场上不会出现垄断，因为进入有限制，原有企业就可以形成垄断，产品差别是产生垄断的重要条件之一。在现实中，农产品市场与这些条件相近，是完全竞争市场的代表。

(2) 垄断竞争是既有垄断又有竞争，垄断与竞争相结合的市场。这种市场与完全竞争的相同之处是市场集中率低，而且无进入限制。但关键差别是完全竞争产品无差别，而垄断竞争产品有差别。产品有差别就会引起垄断，即有差别的产品会在喜爱这种差别的消费者中形成自己的垄断地位。但各种有差别的产品又是同一种产品，相互之间有相当强的替代性，从而仍存在竞争。企业规模小和进入无限制也保证了这个市场上竞争的存在。现实中垄断竞争这种市场结构广泛存在，餐饮业、香烟行业、服装行业、家电行业等属于垄断竞争市场。

(3) 寡头垄断是只有几家大企业的市场。这种市场的行业特点是规模大才能实现最低成本。换言之，形成这种市场的关键是规模经济。由于要实现规模经济，每家企业的规模都很大，大企业在市场上集中程度高，对市场控制力强，可以通过变动产量影响价格。而且，由于这种市场上每家企业规模大，其他企业就难以进入。已进入这个市场的几家企业形成几个寡头。这种市场上垄断程度高，但由于不是一家垄断，所以，在几家寡头之间仍存在激烈竞争。产品差别这一特征对形成寡头并不重要。有些寡头市场，如汽车、彩色电视机等行业，产品是有差别的。有些寡头市场，如钢铁、石油等行业，产品是无差别的。无论产品是否有差别，只要规模经济重要，就会形成寡头市场。

(4) 完全垄断是只有一家企业控制整个市场的供给。完全垄断市场的形成，有以下几方面的原因：首先，规模经济的需要。有些产品的生产需要大量固定设备投资，规模经济效益十分显著，大规模生产可使成本大大降低。在这种场合，效率高的工厂规模相对于市场需求来说非常之大，以致只需要一家厂商即可满足需要，两家工厂很难获得利润。许多公用事业，如交通、供水、发电、电话等，通常由一家厂商独家经营。由于规模经济的需要而形成的垄断，称为自然垄断。其次，专利与专营权的控制。对于厂商的专项发明创造，政府有专门的法律加以保护，禁止其他厂商擅自使用其专利技术，在这种情况下会形成独家生产和经营的垄断。有时，政府由于公众利益或其他方面的原因，对一些特定产品的生产经营做出限制，只许某家厂商生产经营，如军工生产和烟酒经营，在这种情况下也会形成垄断。第三，独家厂商控制了生产某种商品的全部资源或基本资源的供给。这种对生产资源的独占，排除了经济中的其他厂商生产同种产品的可能性，因而也会形成垄断。

完全垄断市场主要具有以下几方面的特点：第一，完全垄断市场只有一家厂商控制整个行业的商品供给，因此，厂商即行业，行业即厂商。第二，该厂商生产和销售的商品没有任何相近的替代品，需求的交叉弹性为零，因此，它不受竞争的威胁。第三，新的厂商不可能进入该行业参与竞争。完全垄断厂商通过价格和原材料的有效控制，任何新厂商都不能进入这个行业。第四，独自定价并实行差别价格。完全垄断厂商不但控制商品供给量，而且还控制商品价格，是价格制定者，可使用各种手段定价，保持垄断地位。完全垄断厂商还可以依据不同的销售条件，实行差别价格来获取更多的利润。

如同完全竞争市场一样，完全垄断市场的假设条件也很严格，在现实的经济生活中，完全垄断市场也是几乎不存在的。

这四种市场结构类型是基本类型，还有些市场介于两种市场结构类型之间。因此，我们要根据划分市场结构的三条标准和具体情况来确定不同企业所处的市场类型。

第二节　完全竞争市场

一、完全竞争市场上的需求曲线

如图 6-1 所示，在完全竞争市场，整个市场所面临的需求曲线即是前面所学过的需求曲线的形状，是一条向右下方倾斜的曲线，表明在该行业的商品需求量与价格呈反方向变动。

图 6-2 中所示的是在完全竞争市场上，单个厂商所面临的需求曲线，其形状是从市场均衡价格出发的一条与横轴平行的直线。属于需求无限弹性。

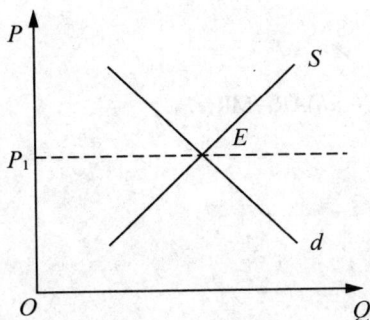

图 6-1　完全竞争市场的需求曲线

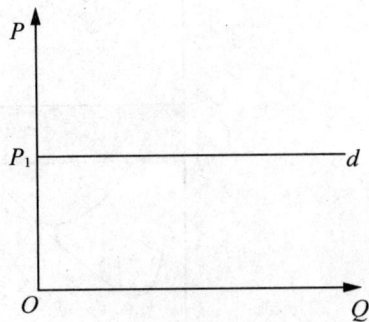

图 6-2　完全竞争厂商的需求曲线

在完全竞争市场上，单个厂商是市场价格的接受者，而不是价格的设定者。假设某家厂商把价格定得略高于市场价格，由于产品具有同质性，且消费者有完备信息并可以自由流动，那么将没有人购买该厂商的产品。也就是说，厂商一旦涨价，它所面临的需求会下降为零。如果厂商的价格等于市场价格，则由于厂商数目众多的条件，一个厂商的供应是无足轻重的，无论厂商供应多少，价格都维持不变，或者说在既定的市场价格下，厂商可能销售掉任意数量的商品。厂商会不会把价格降到市场价格以下呢？降价原本是为了刺激需求，既然每个厂商在市场价格下可以供应任意数量，那又何必降价呢？因此，在完全竞争市场上，厂商既不能提高价格，又不愿降低价格，只能是市场价格接受者。

值得注意的是，由于厂商按同一价格出售所有的产品，所以 $P=AR=MR$。而且，需求曲线、平均收益曲线、边际收益曲线三线是重叠的。

二、完全竞争市场的短期均衡

在短期内，厂商不能根据市场需求来调整其全部生产要素，因此，从整个行业来看，有可能出现供给小于需求或供给大于需求的情况。如果供给小于需求，则价格上升；如果供给大于需求，则价格下降。由于市场供求的不断变化，单个企业面临的市场价格就决定了它在短期均衡时的盈亏状况。以下分五种情况来介绍：

第一种情况：价格或平均收益大于平均总成本，即 $P=AR>SAC$，此时厂商处于盈利状态。

短期内，当市场供给小于需求时，市场形成的均衡价格较高。如图 6-3 所示，当市场价格为 P_1 时，厂商面临的需求曲线为 d_1，为获取最大利润，厂商根据 MR=SMC 的利润最大化原则，把产量确定在 Q_1 上，SMC 曲线与 MR_1 曲线的交点 E_1 即为厂商的短期均衡点。这时平均收益为 OP_1，平均总成本为 Q_1F，单位产品获得的利润为 E_1F，总收益为 $OQ_1 \times OP_1$，总成本为 $OQ_1 \times Q_1F$，利润总量为 $OQ_1 \times E_1F$，图 6-3 中矩形 HP_1E_1F 的面积。如果产量超过 OQ_1，则 $MC>P_1$，增加产量会降低总利润，若产量小于 OQ_1，增加产量都能增加总利润，只有将产量确定在 OQ_1，使 MR=P=SMC，总利润才能达到最大。

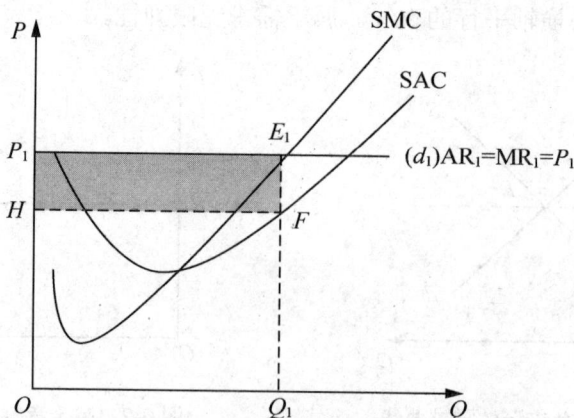

图 6-3　完全竞争厂商短期均衡

第二种情况：价格或平均收益等于平均总成本，即 $P=AR=SAC$，厂商的经济利润恰好为零，处于盈亏平衡状态。

短期内，当市场供给等于需求时，如图 6-4 所示，当市场价格为 P_2 时，厂商面临的需求曲线为 d_2，这条需求曲线刚好切于短期平均总成本曲线 SAC 的最低点，同时短期边际成本 SMC 曲线也通过此点，SMC 曲线与 MR_2 曲线的交点 E_2 就是均衡点，相应的均衡产量确定在 Q_2。在 Q_2 产量上，平均收益等于平均成本，总收益也等于总成本，如图 6-4 中矩形 $OP_2E_2Q_2$ 面积，此时厂商的经济利润为零，但实现了全部的正常利润。由于在该点(E_2)上，厂商既无经济利润，又无亏损，所以也把 SMC 与 SAC 的交点称为"盈亏平衡点"或"收支相抵点"。

第三种情况：价格或平均收益小于平均总成本，但仍大于平均可变成本，即 AVC $<$AR$<$SAC，厂商亏损，在存在沉没成本时，厂商还应继续生产。

短期内，当市场供给大于需求时，市场形成的均衡价格较低。如图 6-5 所示，当市场价格为 P_3 时，厂商的平均总成本已经高于产品的市场价格，整个平均总成本曲线 SAC 处于价格 P_3 线之上，出现了亏损。为使亏损达到最小，产量由 SMC 曲线和 MR_3 曲线的相交的均衡点 E_3 决定，在 Q_3 的均衡产量上，平均收益为 OP_3，平均总成本为 OG，总成本与总收益的差额构成厂商的总亏损量，如图中矩形 P_3GIE_3 面积。不过平均可变成本小于平均收益。厂商在这种情况下，应立即停止生产，还是应继续进行生产？这取决于是否存在沉没成本。沉没成本是指一旦停止生产，已投入的不能再收回的成本。这里假定厂商的某些不变成本或许全部不变成本是沉没成本，则当价格或平均收益介于平均总成本和平均可变成本之间时，虽然出现亏损，厂商仍会继续生产，因为此时厂商获得的全部收益，不仅能够弥补全部的可变成本，还能够收回一部分固定成本，即厂商继续生产所获得的收益超过继续生产所增加的成本。当然，如果某厂商一旦停止生产，成本就会变为零，并且所有的不变成本都可以收回，也就是说厂商没有沉没成本，那么只要价格降到平均总成本水平以下，厂商就会停止生产。

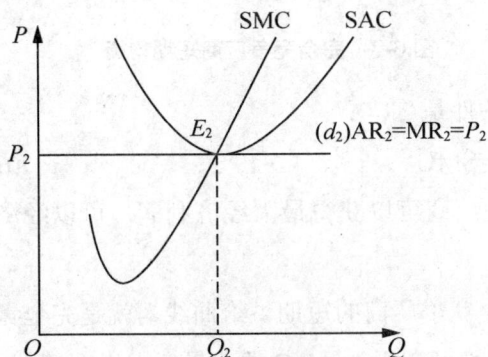

图 6-4 完全竞争厂商短期均衡　　图 6-5 完全竞争厂商短期均衡

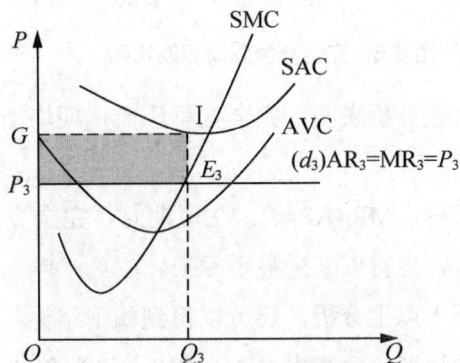

第四种情况：价格或平均收益等于平均可变成本，即 $P=AR=AVC$，厂商处于亏损状态，且处于生产与停产的临界点。

当市场供给远大于需求时，均衡价格很低，且低于平均可变成本。如图 6-6 所示，当价格为 P_4 时，厂商面临的需求曲线为 d_4，此线恰好切于平均可变成本 AVC 曲线的最低点，SMC 曲线也交于该点。根据 $MR_4=SMC$ 的利润最大化原则，这个点就是厂商短期均衡点 E_4，决定的均衡产量为 Q_4。在 Q_4 产量上，平均收益小于平均总成本，必然是亏损的。同时平均收益仅等于平均可变成本，这意味着厂商进行生产所获得的收益，只能弥补可变成本，而不能收回任何的不变成本，生产与不生产对厂商来说，结果是一样的。所以，SMC 曲线与 SVC 曲线的交点是厂商生产与不生产的临界点，也称为"停止营业点"或"关闭点"。

第五种情况：价格或平均收益小于平均可变成本，即 $AR<AVC$，厂商处于亏损状态，且停止生产。

如图 6-7 所示，当价格进一步下降至 P_5 时，厂商面临的需求曲线为 d_5，MR_5 曲线与 SMC 曲线相交之点为短期均衡点 E_5，相对应的产量为 Q_5。在这一产量上，平均收益已小于平均可变成本，意味着厂商若继续生产的话，所获得的收益连可变成本都收不回来，更谈不上收回固定成本了，所以厂商停止生产。

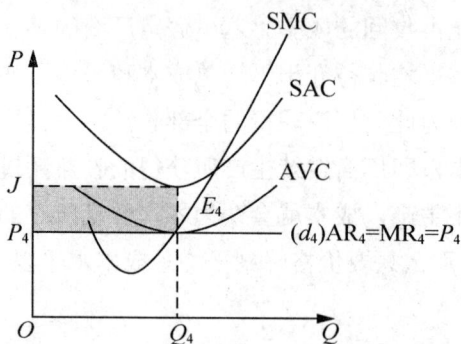

图 6-6　完全竞争厂商短期均衡　　　图 6-7　完全竞争厂商短期均衡

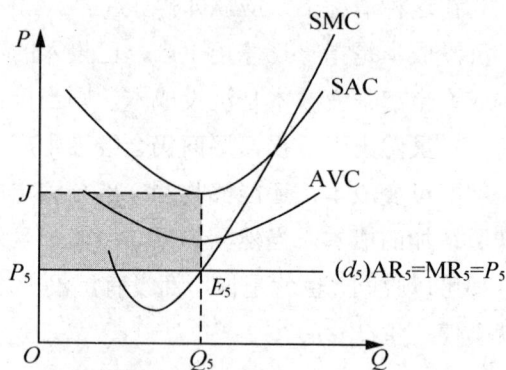

上述分析表明，完全竞争厂商短期均衡的条件是

$$MR=SMC \tag{6-1}$$

其中，$MR=AR=P$。在短期内，完全竞争的厂商可以获得最大经济利润，可以经济利润为零，也可以蒙受最小亏损。

基于以上分析，还可以得到如下结论：完全竞争厂商的短期供给曲线，就是完全竞争厂商的短期边际成本 SMC 曲线上等于和高于平均可变成本 AVC 曲线最低点(停止营业点)的部分。毫无疑问，完全竞争厂商的短期供给曲线是向右上方倾斜的。

三、完全竞争市场的长期均衡

在长期里，完全竞争厂商的所有要素都是可变的，厂商通过对全部生产要素的调整，来实现最大利润的原则。完全竞争厂商在长期中对生产要素的调整表现为两方面，一是厂商自身对最优生产规模的调整；二是厂商进入或退出一个行业即厂商数目的调整。具体来说，当供给小于需求，价格高时，各企业会扩大生产，其他企业也会涌入该行业，从而使整个行业供给增加，价格水平下降。当供给大于需求，价格低时，各企业会减少生产，有些企业会退出该行业，从而整个行业供给减少，价格水平上升。最终价格水平会达到使各个企业既无超额利润又无亏损的状态。这时，整个行业的供求均衡，各个企业的产量也不再调整，于是就实现了长期均衡。如图 6-8 所示。

图 6-8 中，LMC 为长期边际成本曲线，LAC 为长期平均成本曲线。虚线 dd_1 为整个行业供给小于需求时个别企业的需求曲线，虚线 dd_2 为整个行业供给大于需求时个别企业的需求曲线。如上所述，当整个行业供给小于需求时由于价格高会引起整个行业供给增加，从而价格下降，个别企业的需求曲线 dd_1 向下移动。当整个行业供给大于需求时由于价格低会引起整个行业供给减少，从而价格上升，个别企业的需求曲线 dd_2 向上移动。这种调整的结果使需求曲线最终移动到 dd。这时，边际成本曲线(LMC)与边际收益曲线(MR，即 dd)相交于 E，决定了产量为 OM。这时总收益为平均收益乘以产量，即矩形的 $OMEN$ 的面积，总成本为平均成本乘以产量，也是矩形 $OMEN$ 的面积。这样，总收益等于总成本，企业既无超额利润又无亏损，因此，也就不再调整产量，即实现了长期均衡。

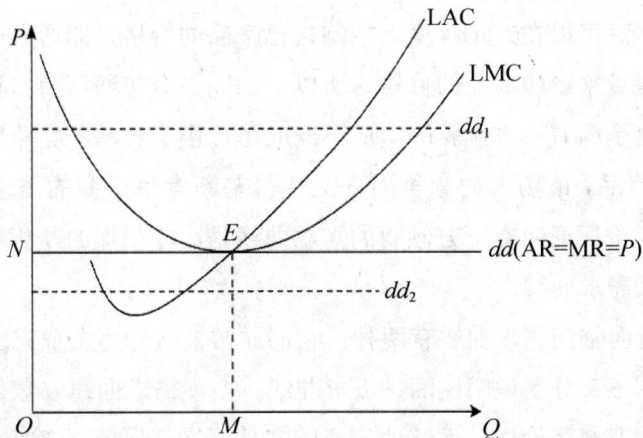

图 6-8 完全竞争厂商的长期均衡

从图 6-8 中还可以看出，当实现了长期均衡时，长期边际成本曲线(LMC)、长期平均成本曲线(LAC)都相交于 E 点。这就表明，长期均衡的条件是

$$MR=AR=LMC=LAC \tag{6-2}$$

四、对完全竞争市场的评析

通过以上对完全竞争市场的分析，完全竞争市场的优势主要表现为：首先，完全竞争市场上，价格可充分发挥其"看不见的手"的作用，调节整个经济的运行。社会的供给与需求相等，资源得到最优配置，生产不会有不足或过剩，需求也得到了满足。其次，在长期均衡时达到的平均成本最低点，使生产要素的效率得到了最有效的发挥。再次，平均成本最低决定了产品的价格最低，对消费者是有利的。这也是经济学家对完全竞争市场着重分析的原因。

完全竞争市场的缺点表现为：第一，各厂商的平均成本最低并不一定是社会成本最低。第二，产品无差别，消费者的多种需求无法得到满足。这一点也是完全竞争市场在现实中很难存在的主要原因，有差别就必然形成垄断。第三，生产者的规模都很小，就没有能力去实现重大的科学技术突破，不利于技术发展。

第三节　垄断竞争市场

一、垄断竞争厂商的需求曲线

由于垄断竞争厂商可以在一定程度上控制自己产品的价格，即通过改变自己所生产的有差别的产品的销售量来影响商品的价格，所以，如同完全垄断厂商一样，垄断竞争厂商所面临的需求曲线也是向右下方倾斜的。所不同的是，由于各垄断竞争厂商的产品相互之间都是很接近的替代品，市场中的竞争因素又使得垄断竞争厂商的需求曲线具有较大的弹性。因此，垄断竞争厂商向右下方倾斜的需求曲线是比较平坦的，相对地比较接近完全竞争厂商的水平形状需求曲线。

垄断竞争厂商所面临的需求曲线有两种，它们通常被区分为主观需求曲线 d 和实际需求曲线 D。下面用图 6-9 分别说明这两种需求曲线。主观需求曲线 d 表示在垄断竞争生产集团中的某个厂商改变产品价格，而其他厂商的产品价格都保持不变时，该厂商的产品价格和销售量之间的关系。在图 6-9 中，假定某垄断竞争厂商开始时处于价格为 P_1 和产量为 Q_1 的 A 点上，它想通过降价来增加自己的产品销售量。因为，该厂商认为，它降价以后不仅能增加自己产品的原有买者的销售量，而且还能把买者从生产集团内的其他厂商那里吸

引过来。该垄断竞争厂商相信其他厂商不会对它的降价行为作出反应。随着它的商品价格由 P_1 下降为 P_2，它的销售量会沿着 d 需求曲线由 Q_1 增加为 Q_2；反之，若它的商品价格由 P_1 上升为 P_3，它的销售量会沿着 d 需求曲线由 Q_1 减少为 Q_4。

实际需求曲线 D 表示：在垄断竞争生产集团的某个厂商改变产品价格，而且集团内的其他所有厂商也使产品价格发生相同的变化时，该厂商的产品价格和销售量之间的关系。在图 6-9 中，如果某垄断竞争厂商将价格由 P_1 下降到 P_2 时，集团内其他所有厂商也都将价格由 P_1 下降到 P_2，于是，该垄断竞争厂商的实际销售量是 D 需求曲线上的 Q_3，Q_3 小于它的预期销售量即 d_1 需求曲线上的 Q_2。这是因为集团内其他厂商的买者没有被该厂商吸引过来，每个厂商的销售量增加仅来自于整个市场的价格水平的下降。反之，如果某垄断竞争厂商将价格由 P_1 增加到 P_3 时，集团内其他所有厂商也都将价格由 P_1 增加到 P_3，于是，该垄断竞争厂商的实际销售量是 D 需求曲线上的 Q_5，Q_5 大于它的预期销售量即 d_1 需求曲线上的 Q_4。

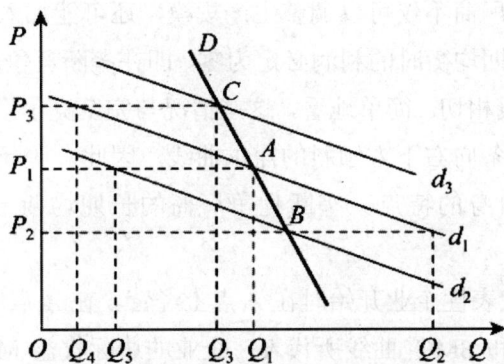

图 6-9　垄断竞争厂商所面临的需求曲线

二、垄断竞争厂商的短期均衡

西方经济学家通常以垄断竞争生产集团内的代表性企业来分析垄断竞争厂商的短期均衡和长期均衡。以下分析中的垄断竞争厂商指的都是代表性企业。

在短期内，垄断竞争厂商是在现有的生产规模下通过对产量和价格的同时调整，来实现 MR=SMC 的均衡条件。

垄断竞争短期均衡的条件是两条需求曲线的交点和 MR=SMC 交点决定的是同一产量。同完全竞争和完全垄断一样，垄断竞争的短期均衡也可能有三种情况：可能有超额利润，可能有正常利润，也可能存在亏损。这取决于两条曲线交点的位置，只要在平均成本曲线之上，生产就会继续进行，如图 6-10 所示。

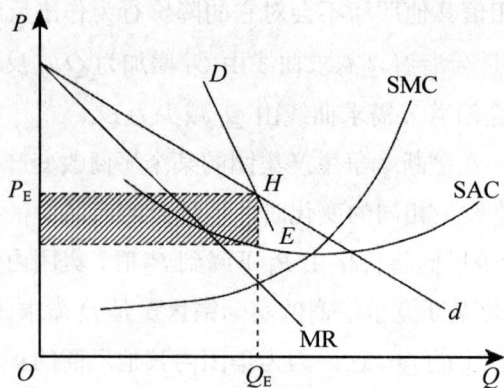

图 6-10　垄断竞争厂商的短期均衡

三、垄断竞争厂商的长期均衡

在长期内，垄断竞争厂商不仅可以调整生产规模，还可能加入或退出生产集团。这就意味着垄断竞争厂商在长期均衡时的利润必定为零，即在垄断竞争厂商的长期均衡点上，d 需求曲线必定与 LAC 曲线相切。简单地看，这些情况与完全竞争厂商是相似的，但由于垄断竞争厂商所面临的是两条向右下方倾斜的需求曲线，因此，垄断竞争厂商的长期均衡的实现过程及其状态具有自身的特点。垄断竞争厂商的长期均衡形成过程可以用图 6-11 和图 6-12 来说明。

在图 6-11 中，假定代表性企业开始时在 A 点上经营。在 A 点所对应的产量 Q_1 上，最优生产规模由 SAC_1 曲线和 SMC_1 曲线所代表；企业的边际收益 MR 曲线、长期边际成本(LMC)曲线和短期边际成本(SMC)曲线相交于 E_1 点，即存在均衡点 E_1；d 曲线和 D 曲线相交于 A 点，即市场供求相等；企业获得利润，其利润量相当于图中阴影部分的面积。

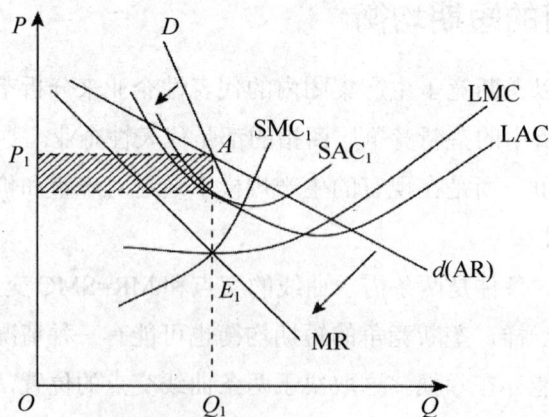

图 6-11　垄断竞争市场代表性企业从长期非均衡到均衡的过程

由于生产集团内存在着利润，新的厂商就会被吸引进来。随着生产集团内企业数量的增加，在市场需求规模不变的条件下，每个企业所面临的市场销售份额就会减少。相应地，代表性企业的 D 曲线便向左下方平移(如图 6-11 中左上方的箭头所示)，从而使企业原有的均衡点 E_1 的位置受到扰动。当企业为建立新的均衡而降低价格时，d 曲线便沿着 D 曲线也向左下方平移(如图 6-11 中右下方箭头所示)。这种 D 曲线和 d 曲线不断地向左下方的移动过程，一直要持续到不再有新厂商加入为止。也就是说，一直要持续到生产集团内的每个厂商的利润为零为止。最后，厂商在图 6-12 中的 E_2 点实现长期均衡。

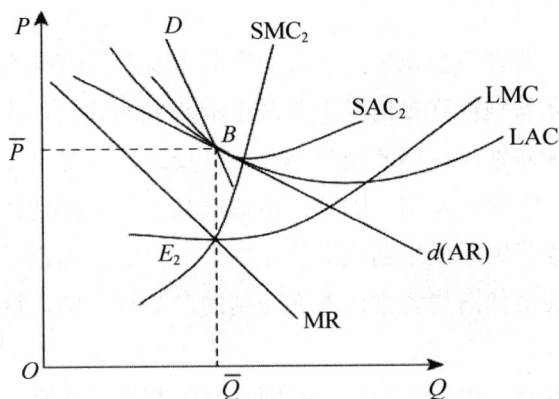

图 6-12　垄断竞争市场代表性企业的长期均衡

在代表性企业的长期均衡产量 $\overline{Q}$ 上，SAC_2 曲线和 SMC_2 曲线表示生产 $\overline{Q}$ 产量的最优生产规模；MR 曲线、LMC 曲线和 SMC_2 曲线相交于同一均衡点 E_2，即有 $MR=LMC=SMC$；d 曲线与 LAC 曲线相切于 LAC 曲线与 SAC_2 曲线的切点 B，即有 $AR=LAC=SAC$，厂商的超额利润为零；D 曲线与 d 曲线也相交于 B 点，即意味着市场上的供求相等。

以上分析了代表性企业由盈利到利润为零的长期均衡的实现过程，至于代表性企业由亏损到利润为零的长期均衡的实现过程，其道理是一样的，只是表现为生产集团内一部分原来厂商退出的一个相反的过程而已，对这一过程的分析，在此从略。

总而言之，垄断竞争厂商的长期均衡条件为

$$MR=LMC=SMC \tag{6-3}$$

$$AR=LAC=SAC \tag{6-4}$$

在长期的均衡产量上，垄断竞争厂商的利润为零，且存在一个 d 需求曲线和 D 需求曲线的交点。

四、垄断竞争条件下的产品差别竞争

从以上的分析我们看出，在垄断竞争市场上，长期竞争的结果是经济利润为零，但短期中可以凭借产品特色形成的垄断地位获得经济利润。因此，想实现利润最大化的企业就应该把长期变成一个个短期。这样做的关键则是创造产品差别，以不断变化的产品特色保持自己的垄断地位。这样，垄断竞争市场上企业成功取决于产品差别竞争。

有些产品差别是实际产品差别，消费者可以轻而易举地认知，例如：产品质量、外形、包装等。企业创造产品差别就要使自己的质量、外形、包装不同于同类其他产品。同样的自行车，有的企业生产的质量差，有的企业生产的质量高，这就形成了产品差别。同样的衣服，有的企业生产的与其他企业的样式不同，这也形成产品差别。在这方面的创新可以是无穷的。这些不同差别的产品满足消费者的不同偏好，就可以在一部分消费者中形成垄断地位。

另一些产品差别是消费者不易识别的，甚至产品本身并没有什么实际差别，仅仅是消费者认为它有差别。产品差别在许多情况下取决于消费者的认知，无论产品有多大差别，但如果消费者不承认这种差别，这些差别就不存在；反之，尽管产品本身并无差别，但只要消费者认为它有差别，它就有差别。因此，创造产品差别还要使消费者承认这种差别。这就要靠企业通过广告等营销手段来创造产品差别。广告的作用正是要使消费者认识那些不易辨认的产品差别，甚至使消费者承认本无差别的产品有差别。这正是垄断竞争企业花巨资做广告的重要原因。

在产品差别中，品牌是一种重要的产品差别，它既有实际差别，又有消费者对它的认知。这就是说，名牌首先是做出来的，没有高质量、受消费者欢迎的产品，就没有名牌。但名牌还要靠广告宣传，让消费者认知。据美国的调查，70%以上的消费者有品牌忠诚的习惯，即购物时习惯于购买自己熟悉并一向购买的品牌产品。也许这些产品本身并没有什么差别，但仅仅是一个品牌就使消费者认为它有差别。例如：在美国阿司匹林这种药品的市场上，各种阿司匹林在质量、外形、包装等方面毫无差别，但由于拜耳是这种药的名牌，许多消费者宁愿多花钱也要购买拜耳牌阿司匹林。这就是品牌引起的产品差别。所以，在垄断竞争行业中，企业创造名牌是十分重要的。产品差别是人为地创造出来的，企业只要努力就可以创造产品差别，获得成功。

第四节　寡头垄断市场

一、认识寡头垄断市场

1. 寡头垄断市场的含义

寡头垄断又称寡头，意指为数不多的销售者。在寡头垄断市场上，只有少数几家厂商供给该行业全部或大部分产品，每个厂家的产量占市场总量的相当份额，对市场价格和产量有举足轻重的影响。

2. 寡头垄断市场的特征

相互依存是寡头垄断市场的基本特征。由于厂商数目少而且占据市场份额大，不管怎样，一个厂商的行为都会影响对手的行为，影响整个市场。所以，每个寡头在决定自己的策略和政策时，都非常重视对手对自己这一策略和政策的态度和反应。作为厂商的寡头垄断者是独立自主的经营单位，具有独立的特点，但是他们的行为又互相影响、互相依存。这样，寡头厂商可以通过各种方式达成共谋或协作，形式多种多样，可以签订协议，可以暗中默契。

寡头之间的这种相互依存性对寡头市场的均衡有至关重要的影响。首先，在寡头市场上，很难在产量与价格问题之间得出像前三种市场那样确切而肯定的答案。这是因为，各个寡头在作出价格和产量决策时，都要考虑到竞争对手的反应，而竞争对手的反应可能是多种多样的。在各寡头都保守自己的"商业秘密"的情况下，这种反应很难捉摸。这就使价格与产量问题难以确定。其次，价格和产量一旦确定之后，就有其相对稳定性。这也就是说，各个寡头由于难以捉摸对手的行为，一般不会轻易变动已确定的价格与产量水平。最后，各寡头之间的相互依存性，使它们之间更容易形成某种形式的勾结。但各寡头之间的利益又是矛盾的，这就决定了勾结并不能代替或取消竞争，寡头之间的竞争往往会更加激烈。这种竞争有价格竞争，也有非价格竞争(如通过广告进行竞争等)。

下面介绍古诺模型和斯威齐模型，这两个模型均假定各家寡头不相互勾结。

二、古诺模型

古诺模型是早期的寡头垄断模型。它是法国经济学家安东尼·奥古斯丁·古诺(Antoine Augustin Cournot)于 1838 年提出的。古诺模型通常被作为寡头理论分析的出发点。古诺模型是一个只有两个寡头厂商的简单模型，该模型也被称为"古诺双寡头模型"(Cournot duopoly model)。古诺模型的结论可以很容易地推广到在三个或三个以上的寡头垄断厂商的情况中去。

古诺模型分析的是两个出售矿泉水的生产成本为零的寡头垄断厂商的情况。古诺模型的假定是：市场上有 A、B 两个厂商生产和销售相同的产品，它们的生产成本为零；它们共同面临的市场的需求曲线是线性的，A、B 两个厂商都准确地了解市场的需求曲线；A、B 两个厂商都是在已知对方产量的情况下，各自确定能够给自己带来最大利润的产量，即每一个厂商都是消极地以自己的产量去适应对方已确定的产量。

三、斯威齐模型

斯威齐模型(Sweezy Model)是美国经济学家保罗·斯威齐(Paul Sweezy)于 1939 年提出的、用以说明寡头垄断市场价格刚性现象的寡头垄断模型。它又被称作弯折的需求曲线模型。

斯威齐认为，寡头垄断厂商推测其他厂商对自己价格变动的态度是：跟跌不跟涨。这就是说，如果一个寡头垄断厂商提高价格，行业中的其他寡头厂商都不会跟着改变自己的价格，因而提价的寡头厂商的销售量的减少是很多的。但如果一个寡头厂商降低价格，行业中的其他寡头厂商会将价格下降到相同的水平，以避免销售份额的减少，因而该寡头厂商的销售量的增加是很有限的。在上述情况下，寡头垄断厂商的需求曲线就是弯折的。

第五节　完全垄断市场

一、认识完全垄断市场

1. 完全垄断市场的含义

完全垄断，又称垄断或独占，是指整个行业中只有唯一的一个厂商的市场类型。

垄断厂商之所以能够成为某种产品的唯一供给者，是由于该厂商控制了这种产品的供给，使其他厂商不能进入该市场并生产同种产品。导致垄断的原因一般有以下几方面。

第一，对资源的独家控制。如果一家厂商控制了用于生产某种产品的全部资源或基本资源的供给，其他厂商就不能生产这种产品，从而该厂商就可能成为一个垄断者。典型例子是南非德比尔公司。它控制了世界钻石产量的约 80%，几乎垄断了南非的钻石业。

第二，规模经济的要求。如果某种商品的生产具有十分明显的规模经济性，需要大量固定资产投资，规模报酬递增阶段要持续到一个很高的产量水平，此时，大规模生产可以使成本大大降低。那么由一个大厂商供给全部市场需求的平均成本最低，两个或两个以上的厂商供给该产品就难以获得利润。这种情况下，该厂商就形成自然垄断。许多公用行业，如自来水供应、电力供应、煤气供应、地铁等是典型的自然垄断行业。如一个小县城由一家自来水公司供应，建一套水管网就可以了。如这个小县城建设多家自来水厂，每一个自来水厂分别建设自己的供水管网，则从整个社会看平均供水成本将大大增加。

第三，专利制度的推进。专利权是政府和法律允许的一种垄断形式。专利权是为促进发明创造，发展新产品和新技术，而以法律的形式赋予发明人的一种权利。专利权禁止其他人生产某种产品或使用某项技术，除非得到发明人的许可。一家厂商可能因为拥有专利权而成为某种商品的垄断者。不过专利权带来的垄断地位是暂时的，因为专利权有法律时效。在我国专利权的法律时效为 15 年，美国为 17 年。例如，一个作者写一部小说，他可以申请版权，在申请获得批准后，没有作者的同意，其他人是不能印刷和销售该作者的小说的。

第四，政府特许权。某些情况下，政府通过颁发执照的方式限制进入某一行业的人数，如大城市出租车驾驶执照等。很多情况下，一家厂商可能获得政府的特权，而成为某种产品的唯一供给者，如邮政、公用事业等。执照特权使某行业内现有厂商免受竞争，从而具有垄断的特点。作为政府给予企业特许权的前提，企业同意政府对其经营活动进行管理和控制。

2. 完全垄断市场的特点

完全垄断市场主要具有以下几方面的特点：第一，完全垄断市场只有一家厂商，控制整个行业的商品供给，因此，厂商即行业，行业即厂商。第二，该厂商生产和销售的商品没有任何相近的替代品，需求的交叉弹性为零，因此，它不受竞争的威胁。第三，新的厂商不可能进入该行业参与竞争。完全垄断厂商通过价格和原材料的有效控制，任何新厂商都不能进入这个行业。第四，独自定价并实行差别价格。完全垄断厂商不但控制商品供给量，而且还控制商品价格，是价格制定者，可使用各种手段定价，保持垄断地位。完全垄断厂商还可以依据不同的销售条件，实行差别价格来获取更多的利润。

二、完全垄断市场下厂商的需求曲线和收益曲线

完全垄断条件下，市场上只有一家企业，企业和行业合二为一，企业就是行业。因此垄断厂商所面临的需求曲线就是整个市场的需求曲线。完全垄断厂商是价格的制定者，它可以制定高价，也可以制定低价，但它也要受市场需求规律的限制。因为如果它制定高价，销售量就必然下降，要扩大销售量，就必须降低价格，这意味着完全垄断市场上需求量与价格呈反方向变动，垄断厂商所面临的需求曲线是一条向右下方倾斜的曲线。

由于完全垄断市场上厂商是价格的制定者，厂商每出售一单位商品所获得的收益等于商品的价格，即平均收益等于商品的价格，平均收益曲线与需求曲线重叠。厂商的平均收益随着产品销售量的增加而减少。

在完全垄断市场上，当销售量增加时，产品的价格会下降，从而边际收益减少，这样，平均收益就不会等于边际收益，而是平均收益大于边际收益。如前所述，收益变动规律与产量变动规律相同。根据平均产量与边际产量的关系，当平均产量或平均收益下降时，边际产量或边际收益小于平均产量或平均收益。厂商的总收益则是先增加后减少。表 6-2 和图 6-13 可以说明这一情况。

表 6-2　垄断厂商的收益表

销售量(Q)	价格(P)	总收益(TR)	平均收益(AR)	边际收益(MR)
1	8	8	8	8
2	7	14	7	6
3	6	18	6	4
4	5	20	5	2
5	4	20	4	0
6	3	18	3	-2
7	2	14	2	-4

价格随销售量增加而下降，价格与平均收益相等，但平均收益并不等于边际收益。平均收益是下降的，因此，边际收益小于平均收益。由上表还可以看出，需求曲线与平均收益曲线仍然是重合的，是一条向右下方倾斜的线，而边际收益曲线则是平均收益曲线之下一条向右下方倾斜线，如图 6-13(a)所示。即 MR＜AR。其原因在于：如前面所述边际量和平均量之间的关系，只要平均量下降，边际量就总是小于平均量。所以，在商品价格即平均收益 AR 不断下降的同时，必有 MR＜AR。由于在每一个销售量上的 MR 都是相应的 TR 曲线的斜率，所以，当 MR＞0 时，TR 曲线是上升的；当 MR＜0 时，TR 曲线是下降的；当 MR＝0 时，TR 曲线达极值点，如图 6-13(b)所示。

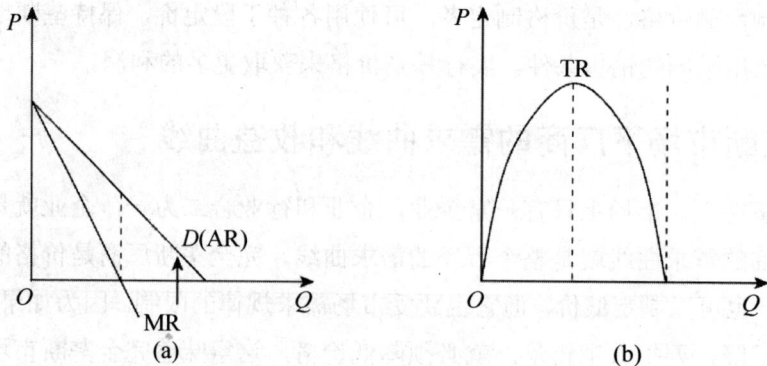

图 6-13　完全竞争厂商的收益曲线

三、完全垄断厂商的短期均衡

在完全垄断市场上，企业可以通过对产量和价格的控制来实现利润最大化。由于受市场需求状况的限制，居于完全垄断地位的企业也并不能为所欲为，如果价格太高，消费者会减少其需求，或购买其他替代商品。在短期内，企业对产量的调整也要受到限制，因为在短期内，产量的调整同样要受到固定生产要素(厂房、设备等)无法调整的限制。在完全垄断市场上，完全垄断厂商为了获得最大的利润，也必须遵循 MR=MC 的原则来决定产量，这种产量决定后，短期内难以完全适应市场需求进行调整。这样，也可能出现供大于求或供小于求的状况，当然也可能是供求相等。在供大于求的情况下，会有亏损；在供小于求的情况下，会有超额利润；供求相等时，则只有正常利润。

1. 存在超额利润的短期均衡

如图 6-14 所示，d 为厂商需求曲线，MR 为边际收益曲线，SAC、SMC 为短期平均成本曲线、短期边际成本曲线。当 d 位于 SAC 之上或与 SAC 相交时，垄断厂商根据 MR=SMC 的利润最大化均衡条件，将产量和价格分别调整到 Q_1 和 P_1 的水平。在短期均衡点 E 上，垄断厂商的平均收益为 AQ_1，平均成本为 BQ_1，平均收益大于平均成本，垄断厂商获得利润。单位产品的平均利润为 AB，总利润为 $CP_1 \times OQ_1$，相当于图中的阴影部分 $ABCP_1$ 的矩形面积。

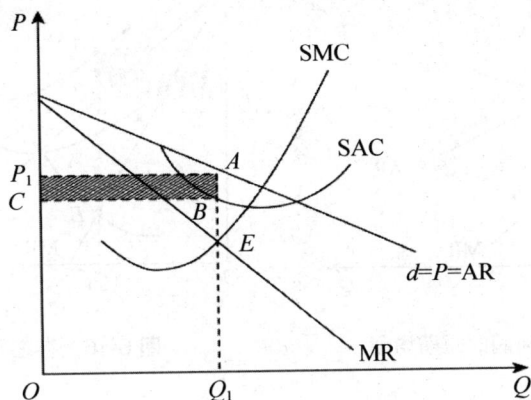

图 6-14 存在超额利润的短期均衡

2. 得到正常利润的短期均衡

假定垄断厂商的成本曲线保持不变，而其需求曲线向左下方移动，在不断移动的过程中，一定会出现需求曲线 d 与短期平均成本曲线 SAC 相切的状况，如图 6-15 中 A 点。垄断厂商根据 MR=SMC 的利润最大化均衡条件，将产量和价格分别调整到 Q_1 和 P_1 的水平。在短期均衡点 E 上，垄断厂商的平均收益为 AQ_1，平均成本也为 AQ_1，平均收益等于平均成本，垄断厂商获得正常利润。

3. 存在亏损的短期均衡

当垄断厂商的需求曲线低于短期平均成本曲线时，在 MR=SMC 的短期均衡点上厂商也是亏损的(尽管亏损额是最小的)。造成垄断厂商短期需求曲线低于短期平均成本曲线的原因，可能是既定的生产规模的成本过高(表现为相应的成本曲线的位置过高)，也可能是垄断厂商所面临的市场需求过小(表现为相应的需求曲线的位置过低)。

在图 6-16 中，厂商需求曲线 d 在短期平均成本曲线(SAC)之下。垄断厂商遵循 MR=SMC 的原则，将产量和价格分别调整到 Q_1 和 P_1 的水平。在短期均衡点 E，垄断厂商是亏损的，这时，垄断厂商的平均收益为 BQ_1，平均成本为 AQ_1，平均收益小于平均成本，单位产品的平均亏损额为 AB，总亏损额为 $CP_1 \times OQ_1$，相当于图中矩形 ABP_1C 的面积。

综上所述，在完全垄断市场上，厂商达到短期均衡的条件是 MR=SMC。完全垄断厂商在短期均衡点上可能获得超额利润，可能只获得正常利润，还可能蒙受亏损。

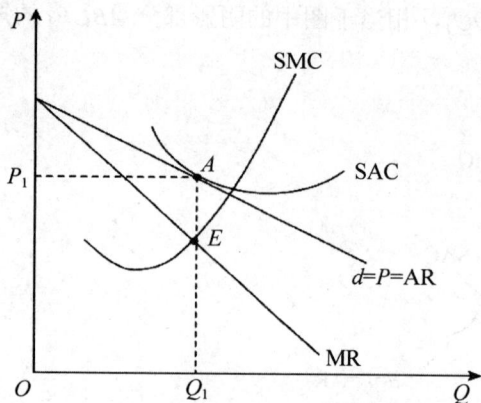

图 6-15　得到正常利润的短期均衡

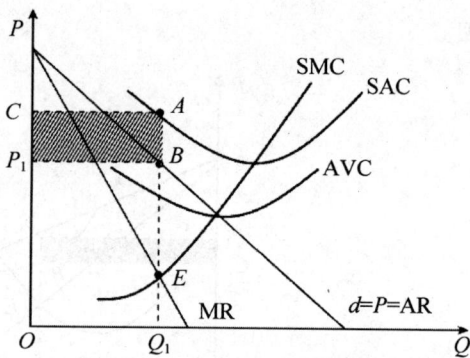

图 6-16　存在亏损的短期均衡

四、完全垄断厂商的长期均衡

　　垄断厂商在长期内可以调整全部生产要素的投入量即生产规模，从而实现最大的利润。垄断行业排除了其他厂商加入的可能性，因此，与完全竞争厂商不同，如果垄断厂商在短期内获得利润，那么，它的利润在长期内不会因为新厂商的加入而消失，垄断厂商在长期内是可以保持利润的。如果垄断厂商在长期内只能获得正常利润或存在亏损，在长期内厂商可以通过调整规模来获得超额利润或者消除亏损。假如无论怎样调整都有亏损，垄断厂商会离开该部门转移到有利的部门。下面用图 6-17 来分析上述的第一种情况。

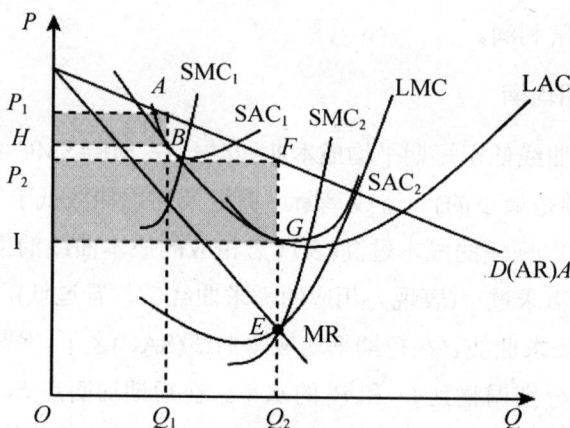

图 6-17　完全垄断厂商的长期均衡

　　假定垄断厂商目前的生产规模用 SAC_1、SMC_1 曲线表示，在 $SMC_1=MR$ 所确定的产量水平 Q_1 上，垄断厂商实现了短期的利润最大化。其利润为矩形 HP_1AB 所表示的面积。

　　但是从长期看，这并不是最优的生产规模。由于长期中其他厂商不能进入，垄断厂商可以通过规模调整实现更大的利润。垄断厂商将会把产量调整到 $MR=LMC=SMC$ 所确定的产量 Q_2 水平上，此时对应的生产规模为 SAC_2 和 SMC_2 所表示的生产规模，对应的总利润

为矩形 IP_2FG 所表示的面积，此时的总利润大于短期内所获得的总利润。

从图 6-17 中可以看出在 Q_2 产量水平上，MR 曲线、LMC 曲线、SMC 曲线交于一点(E)，这表明厂商利润最大化的条件 MR=MC，不仅在短期得到满足，而且在长期也得到满足，所以垄断厂商的长期均衡条件是

$$MR=LMC=SMC$$
$$TR＞TC \ 或 \ AR＞AC$$

当这一条件满足时，SAC=LAC，即图形中 SMC_2 和 LMC 的交点对应的 LAC 上的点，也就是相应的 SAC 与 LAC 的切点。

请注意垄断厂商的短期均衡条件 AR≥AVC；SMC=MR 与长期均衡条件 LAR=LAC；MR=LMC=SMC 的比较。

五、垄断厂商的价格歧视

在上面讨论垄断厂商的均衡问题时，垄断企业对卖给不同消费者的同样产品确定了相同的价格，即卖出的每一单位产品价格都是相同的，这种定价策略称为单一定价。但作为价格制定者的垄断厂商，还可以向不同的购买者索取不同的价格，如果这些不同价格并非因为成本不同造成，就叫价格歧视或者差别定价。例如：如果电力部门(自然垄断者)向所有用电户收取相同的价格就是单一定价。如果电力部门向工业用户收取高价，向居民用户收取低价，同样的一度电就有两种不同的价格，这就是歧视定价。

歧视定价可以实现更大的利润，其基本原则是对需求富有弹性的消费者收取低价，而对需求缺乏弹性的消费者收取高价。这样，需求富有弹性的消费者在低价时会增加需求量，总收益增加，需求缺乏弹性的消费者在高价时不会减少需求量，总收益也增加。例如：在电力的例子中，工业用户对电的需求极为缺乏弹性，价格高也无法减少用电量，但居民用户对电的需求富有弹性(可以用煤气等替代品)，价格低可以增加用电量。这样，利润就更多了。

垄断厂商实行价格歧视，必须具备以下的基本条件：第一，市场的消费者具有不同的偏好，且这些不同的偏好可以被区分开。这样，厂商才有可能对不同的消费者或消费群体收取不同的价格。第二，不同的消费者群体或不同的销售市场是相互隔离的。第三，在相互隔离的市场上，商品的需求价格弹性是不同的。这样就排除了中间商由低价处买进商品，转手又在高价处出售商品而从中获利的情况。

价格歧视可以分为一级、二级和三级价格歧视，下面分别予以介绍。

1. 一级价格歧视

一级价格歧视是指垄断厂商在出卖商品时，每个商品都以不同价格卖出。它假设厂商确切地知道每个消费者购买单位商品所愿付出的最高价格，并据此确定销售价格。在价格歧视下没有消费者剩余。如图 6-18 所示。

图 6-18 中，d 为需求曲线，如对一定量商品索取相同价格时，消费者按 OP_m 价格购买

OQ_m 数量的商品，这时消费者剩余为 P_mAE。若实行一级价格歧视时，厂商对 Q_1 取价 P_1，对 Q_2 取价 P_2，……最后对 Q_m 取价 P_m。这样，需求曲线 d 成为垄断厂商的边际收益曲线。在同一价格下的消费者剩余由于实行一级价格歧视而全部转为垄断厂商增加的收益。体现这种情况的典型事例是西方社会的个体自由职业者，如律师、医生、会计师等，一般根据当事人的经济状况收取劳务费。

2. 二级价格歧视

二级价格歧视是指垄断厂商将产品按消费者购买量分成两个以上的组别，按组分别定价。

日常生活中，二级价格歧视较为普遍，典型例子是电力公司实行的分段定价。如图 6-19 所示，假定当消费者的耗电量在 Q_1 以下时，他需按价格 P_1 付电费；当耗电量达到 Q_2 时，其超过 Q_1 部分的电费按价格 P_2 支付；当耗电量达到 Q_3 时，价格可进一步降低，按 P_3 付费。从图 6-19 中可见，与一级价格歧视不同的是，二级价格歧视厂商不是对每一不同单位制定不同价格，而是对不同的数量制定不同的价格。那么，二级价格歧视的垄断利润如何计算呢？假定厂商的平均成本等于 P_3，当消费者的耗电量在 Q_1 以下时，利润应为矩形面积 P_3P_1AB，由此类推，厂商的垄断利润应该是三角形面积 P_3DC 中的阴影部分，而其余部分别是消费者剩余。因此，在二级价格歧视下，厂商只是把部分消费者剩余转化成了垄断利润。

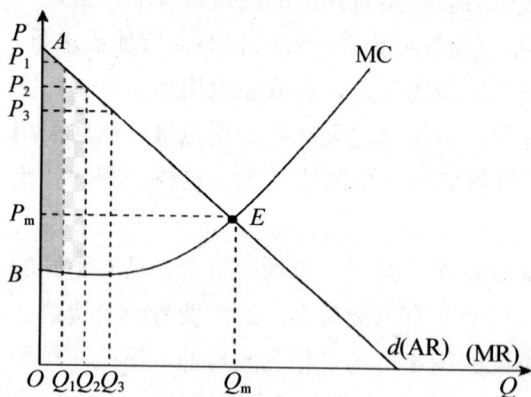

图 6-18　一级价格歧视

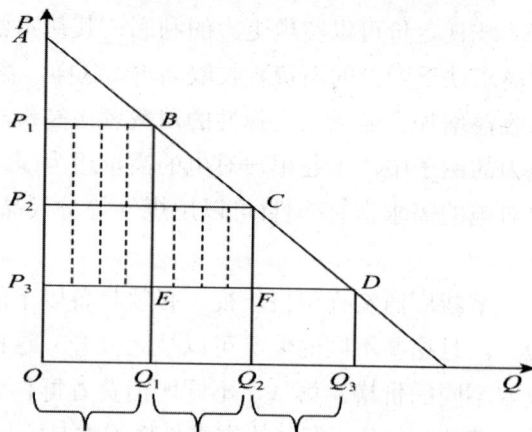

图 6-19　二级价格歧视

3. 三级价格歧视

垄断厂商对同一种产品在不同的市场上(或对不同的消费群)收取不同的价格，这就是三级价格歧视。例如：对同种产品，国内市场和国外市场的价格不一样；城市市场和乡村市场的价格不一样；"黄金时间"和非"黄金时间"的价格不一样等。

价格歧视可以增大经济总福利——通过增大生产者的剩余而不是增大消费者的剩余来实现总剩余最大化。

第六节　市场效率

经济效率是指利用经济资源的有效性。高的经济效率表示对资源的充分利用或能以最有效的生产方式进行生产；低的经济效率表示对资源的利用不充分或没有以最有效的方式进行生产。

不同市场结构下的经济效率是不相同的。西方经济学家通过对不同市场条件下厂商的长期均衡状态的分析得出结论：完全竞争市场的经济效率最高；垄断竞争市场较高；寡头垄断市场较低；完全垄断市场最低。可见，市场的竞争程度越高，则经济效率越高；反之，市场的垄断程度越高，则经济效率越低。其具体分析如下。

在完全竞争市场条件下，厂商的需求曲线是一条水平线，而且，厂商的长期利润为零，所以，在完全竞争厂商的长期均衡时，水平的需求曲线相切于 LAC 曲线的最低点；产品的均衡价格最低，它等于最低的生产的平均成本；产品的均衡产量最高。在不完全竞争市场条件下，厂商的需求曲线是向右下方倾斜的，厂商的垄断程度越高，需求曲线越陡峭；垄断程度越低，需求曲线越平坦。在垄断竞争市场上，厂商的长期利润为零，所以，在垄断竞争厂商的长期均衡时，向右下方倾斜的、相对比较平坦的需求曲线相切于 LAC 曲线的最低点的左边；产品的均衡价格比较低，它等于生产的平均成本；产品的均衡产量比较高；企业存在着多余的生产能力。在完全垄断市场上，厂商在长期内获得利润，所以，在完全垄断厂商的长期均衡时，向右下方倾斜的、相对比较陡峭的需求曲线与 LAC 曲线相交；产品的均衡价格最高，且大于生产平均成本；产品均衡数量最低。设想若完全垄断厂商若肯放弃一些利润，价格就可以下降一些，产量就可以增加一些。显然，完全垄断市场多余的生产能力是最高的。

以上是西方经济学家在不同市场结构的经济效率比较问题上的基本观点。也有一些西方经济学家从技术进步状态、规模经济和产品差别程度等方面对四种市场的优劣进行了分析，如果从这几个方面看，三种不完全竞争市场未必是低效率的。

一是关于技术进步。有不少西方经济学家认为，虽然垄断厂商有凭借垄断地位阻碍技术进步的一面，但垄断又有有利于技术进步的一面。因为，一方面垄断厂商利用高额利润所形成的雄厚经济实力，有条件进行各种科学研究和重大的技术创新。另一方面，垄断厂商可以利用自己的垄断地位，在长期内保持由于技术进步而带来的更高的利润。这恰恰是完全竞争市场上原子式的厂商所不具备的。

二是关于规模经济。寡头垄断市场和完全垄断市场比完全竞争市场和垄断竞争市场有利的另一个方面是，它能够取得规模经济效应。很难设想，无数个如同完全竞争行业或垄断竞争生产集团内的企业，可以将钢铁生产和铁路运输经营在有效率的水平上。

三是关于产品差别。在完全竞争的市场条件下，所有厂商的产品是完全相同的，它无法满足消费者的各种偏好。在垄断竞争市场条件下，众多厂商之间的产品有差别的，多样化的产品使消费者有更多的选择自由，可以满足不同的需要。在产品差别这一问题上，产品差别寡头垄断行业也存在与垄断竞争生产集团相类似的情况。当然，也要认识到，垄断竞争市场和产品差别寡头垄断市场的产品也有一些是非真实性的虚假的差别，也会给消费者带来损失。与此同时，垄断竞争市场和产品差别寡头垄断市场往往伴随过于庞大的广告支出，会造成资源的浪费和抬高销售价格，再加上某些广告内容过于夸张和诱导，这些都是于消费者不利的。

知识链接

现代寡头理论：博弈论的运用

博弈论是数学的一个分支，研究多个行为主体在各自作出决策而且行为的结果直接相互作用时的决策与结果。20世纪40年代美国数学家维纳和经济学家摩根斯坦合作写了一本《博弈论与经济行为》，开创了把博弈论运用于分析经济问题的新时代，现在博弈论在经济分析中已得到广泛应用。

如前所述，寡头市场的特点是各个寡头之间的相互依存性。这就是，每个寡头各自独立决策，相互之间并不了解对方的决策，但一个寡头的决策要影响其他寡头。每个寡头都要根据对方可能的决策来作出自己的决策，各个寡头的决策相互作用，最后形成市场均衡。因此，现代寡头理论就运用博弈论来研究寡头行为。

我们先通过一个经典例子来说明博弈论的基本思想。完整的博弈过程包括参与者、规则、各自的决策(称为策略)以及最后结果。我们用"囚犯困境"这个经典例子来说明这一点。

囚徒困境是说A、B两人由于合伙偷一辆汽车而被捕。警方怀疑他们还抢劫过银行，于是将他们分别关押，并告诉每一个人：如果他们两人都坦白抢劫银行之事，各判3年；如果一方交代另一方不交代，交代者判1年，不交代者判10年；当然，他们都知道，如果谁都不交代，就会由于偷车而判2年。他们每个人可以选择的行为有两种：交代或不交代。他们无法勾结(不能合作)，各自选择的结果要取决于对方的选择。他们两人共有4种可能的决策，也有4种可能的结果。最后哪一种结果可能最大呢？博弈论正是要分析各方决策与结果的。

我们可以用表6-3来说明4种可能的战略与四种结果。

表6-3 博弈论的可能的战略与结果

B \ A	交代		不交代	
交代		3		10
	3		1	
不交代		2		1
	2		10	

从表1看，4种可能的战略与结果是：

① A、B都交代，各判3年。

② A、B都不交代，各判2年。

③ A不交代，B交代，A判10年，B判1年。

④ A交代，B不交代，A判1年，B判10年。

最后的结果会是什么呢？各方都从个人利益最大化出发，选择自己的优势战略(即对自己最有利的决策)。这样，A的选择就是：

如果B不交代，A有两种选择和两种结果：A选择不交代，判3年；A选择交代，判1年。两者相比，在B选择不交代时，A选择交代有利。

如果B交代，A也有两种选择和两种结果：A选择不交代，判10年；A选择交代，判3年。两者相比，在B选择交代时，A选择交代有利。

结论是无论B选择交代还是不交代，A选择交代都是对自己最有利的优势战略。

B的推理过程与此相同，结论也是无论A选择交代还是不交代，B选择交代都是对自己最有利的优势战略。

这样结果，A、B两人都选择了交代，各判3年。这就说明，即使两人合作均不交代是最有利的(各判2年)，但这种合作却是困难的。

我们可以运用这种博弈论的方法分析寡头市场上的价格勾结行为。我们从最简单的寡头市场——双头进行分析。

假设石油市场上只有两个寡头A和B。它们的产量最高可达各生产3000万桶，共生产6000万桶。这时，生产成本每桶6美元，市场价格也为6美元，没有利润。

如果它们勾结起来，把产量限定为各生产2000万桶，共生产4000万桶。这时，生产成本每桶8美元，市场价格每桶9美元，各得利润2000万美元。

如果一方违约生产3000万桶，另一方守约生产2000万桶，共生产5000万桶，市场价格为每桶7.5美元。违约一方生产成本为6美元，共获利4500万美元(3000万桶×1.5美元)，守约的一方生产成本为8美元，亏损1000万美元(2000万桶×(-0.5美元))。

它们各有两种策略：违约与守约，共有4种可能的结果，如表6-4所示。

表6-4 4种可能的结果

B \ A	守约	违约
守约	2000万 / 2000万	4500万 / -1000万
违约	1000万 / 4500万	0 / 0

双头共有4种策略，4种结果：

① A、B都守约，各获2000万美元利润。

② A、B都不守约，各方利润为零。

③ A守约，亏损1000万美元，B违约获利4500万美元。

④ A违约，获利4500万美元，B守约，亏损1000万美元。

A的选择是：

如果B守约，A选择守约，利润为2000万美元；选择违约，获利4500万美元。两者相比，在B守约时，A选择违约是优势战略。

如果B违约，A选择守约，亏损1000万美元；如果选择违约，没有亏损也没有利润。两者相比，在B违约时，A选择违约也是优势战略。

结论是无论B选择守约还是违约，A选择违约都是优势战略。

B的推理过程与此相同，结论也是无论A选择守约还是违约，B选择违约都是优势战略。

这样，A、B两人都选择了违约，两方都无利润。这也说明，即使两个寡头合作(勾结)是有利的，但这种合作却是困难的。

这里分析的是最简单的寡头市场情况。在这种情况下，如果博弈是多次进行，各方采取"一报还一报的策略"，即如果一方这次合作，另一方下次也合作，如果一方这次不合作，另一方下次也不合作，最终仍可实现合作。但如果博弈者不是双头而是多头，后者合作者不能多次进行，不可能对违约者有效的惩罚，合作仍然是困难的。在现实的寡头市场上，寡头是多个，而且每次博弈并不相同，要对违约者进行惩罚不容易，所以，寡头市场上就存在激烈的价格竞争。

(资料来源：方欣. 西方经济学. 北京：科学出版社. 2007.)

◎ 项 目 总 结

在本项目中，我们从市场结构的划分入手，得出市场结构主要有完全竞争、垄断竞争、寡头垄断和完全垄断四种类型。先后对四种市场结构的产量和价格决定理论进行了介绍，分别得出不同市场上厂商短期均衡和长期均衡的条件。介绍了在完全垄断市场上，厂商可以实现三级价格歧视。并结合完全竞争市场，对不同市场结构下的经济效率进行了比较。在四种市场结构中，完全竞争市场的经济效率最高。垄断竞争市场较高，寡头垄断市场较低，完全垄断市场最低。

◎ 项 目 考 核

一、选择题

1. 完全竞争市场上如果在厂商的短期均衡产量上，AR 小于 SAC，但大于 AVC，则厂商（   ）。

    A. 亏损，立即停产   B. 亏损，但继续生产

    C. 亏损，生产或不生产都可以   D. 获得正常利润，继续生产

2. 在完全竞争的条件下，如果某行业的厂商的商品价格等于平均成本的最低点，那么（   ）。

    A. 新的厂商要进入这个行业

    B. 原有厂商退出这个行业

    C. 既没有厂商进入也没有厂商退出这个行业

    D. 既有厂商进入也有厂商退出这个行业

3. 下列哪个市场接近完全竞争市场（   ）。

    A. 糖果   B. 证券市场   C. 邮电   D. 汽车

4. 某完全竞争厂商的销售量 $Q=10$，单价 $P=8$，其总变动成本为 60，则生产者剩余为（   ）。

    A. 80   B. 20   C. 60   D. 140

5. 在垄断竞争市场上，厂商长期均衡的条件是（   ）。

    A. MR=MC   B. MR=MC,AR=AC

    C. AR=AC   D. MR=AR

6. 一个垄断竞争企业面对的需求曲线是（   ）。

    A. 水平的   B. 垂直的   C. 向上倾斜的   D. 向下倾斜的。

7. 垄断企业面对的需求曲线是（   ）。

    A. 向右上倾斜   B. 向右下倾斜   C. 水平的   D. 垂直的

8. 完全竞争与垄断竞争的区别是（   ）。

    A. 完全竞争行业中的厂商数量比垄断竞争行业的厂商数量多

    B. 完全竞争厂商的需求曲线是水平的，而垄断竞争的需求曲线是向右下倾斜的

    C. 如果某一行业中有不止一家企业且生产同质的商品，则该市场就是完全竞争的

    D. 上述说法都不正确

9. 垄断竞争企业实现最大利润的途径有(　　)。

　　A. 调整价格从而确定相应产量　　　B. 质量竞争

　　C. 广告竞争　　　　　　　　　　　D. 以上途径都可以

10. 下列各种情况,属于一级价格歧视的是(　　)。

　　A. 厂商的每单位产品都按消费者所原付出的最高价出售

　　B. 厂商生产的产品在不同的市场售价不同

　　C. 厂商针对不同的消费段制定不同的价格

　　D. 厂商给生产成本不同的产品制定不同的价格

11. 对同一种产品向不同的消费者索取不同的价格,这种做法称为(　　)。

　　A. 价格差异　　　B. 价格分割　　　C. 价格歧视　　　D. 敲竹杠

12. 在下列市场结构中,经济效率最低的是(　　)。

　　A. 垄断　　　　　B. 垄断竞争　　　C. 完全竞争　　　D. 寡头

13. 对完全垄断厂商来说,(　　)。

　　A. 提高价格一定能增加收益

　　B. 降低价格一定会减少收益

　　C. 提高价格未必能增加收益,降低价格未必能减少收益

　　D. 以上都不正确

14. 完全竞争市场与垄断竞争市场不同的特点之一是(　　)。

　　A. 市场上有大量的买者　　　　　　B. 各企业生产的产品是同质的

　　C. 企业进入这一市场是自由的　　　D. 当 MC=MR 时利润达到最大

15. 下列选项中,不属于垄断竞争的是(　　)。

　　A. 理发店　　　　B. 汽车加油站　　C. 快餐店　　　　D. 水泥厂

二、问答题

1. 为什么完全竞争厂商的短期供给曲线是 SMC 曲线上等于以及高于 AVC 曲线最低点部分?

2. 为什么厂商在短期亏损时仍然生产? 在什么情况下不再生产?

3. 在短期内,当一家完全竞争性厂商的最优产量为零时,需要满足什么条件?

4. 一家垄断竞争企业决定通过做广告来增加利润,如果这家企业在短期中获得了利润,那么在长期中会有什么结果?

5. 为什么垄断竞争企业在长期均衡时,总处于生产能力过剩的状态?

6. "垄断厂商可以任意定价"这种说法对吗? 试述理由。

7. 为什么说完全垄断厂商不能独立地选择价格和产量?

8. 垄断竞争市场与寡头市场的相同点与不同点分别是什么?

◎ 项 目 拓 展

1. 某一彩色电视机制造商认为它所在的行业是完全竞争行业。它觉得同其他彩电制造商之间存在激烈的竞争，其他彩电制造商一旦大做广告，采取降价格或提高服务质量时，它也及时做出反应。请你根据所学的知识分析该行业是否是完全竞争行业？

2. 案例分析。

1991 年 12 月 4 日，世界著名的泛美国国际航空公司关门倒闭。这家公司自 1927 年投入飞行以来，曾经创造了辉煌的历史，其公司的白底蓝字标志是世界上最广为人知的企业标志之一。然而，对于熟悉内情的人来说，这家公司的倒闭是意料之中的事情，令人奇怪的是什么支撑了这个航空业巨子这么多年？因为整个 20 世纪 80 年代中，除了一年以外，这个公司年年都在亏损，亏损总额将近 20 亿美元。1991 年 1 月，该公司正式宣布破产，然而这个日子距离公司关闭的日子又将近一年。究竟是什么力量支持垂死的巨人又多活了一段时间？而且，在 1980 年出现首次亏损后，为什么不会马上停止该公司的业务？又是什么因素使得这家公司得以连续亏损经营 12 年之久？请运用完全竞争理论加以分析。

(资料来源：http://doc.mbalib.com/view/82cb5f2570263f2df88c381ef70af35.html)

项目七　分配理论与应用

【项目引入】

要素市场已成为我国经济发展"短腿"

改革开放三十多年来，我国经济体制改革取得了举世瞩目的成就，经济发展取得了年均近10%的增长速度，一举成为推动世界经济增长的"领头羊"。但是，我们也应该看到市场经济体制的不平衡发展，特别是商品市场和要素市场发展的不均衡，已经成为阻碍经济发展的重要障碍。

一方面，商品市场发展迅速，基本发育成熟。目前我国农产品生产的指令性计划已全部取消，工业品生产的指令性计划只限于少数几种。市场调节价在社会商品零售总额、农副产品收购总额和生产资料销售总额中所占的比例均已超过90%。

另一方面，要素市场发展却要相对缓慢，并已成为经济发展的一条"短腿"。要素市场主要包括劳动力市场、资本市场和土地市场，这是市场经济正常运行的基本条件，也是保证经济增长的物质基础。不仅如此，要素市场的发育程度还决定了分配状况。在要素市场发育不健全的情况下，收入分配同样会受到负面影响，这也是导致贫富悬殊的重要原因。

具体来说，我国要素市场发展的滞后主要表现在以下几个方面。

首先，劳动力市场发育不健全。从形式上看，我国的劳动力市场建设取得了很大的发展。如劳动力从过去的不能流动到现在基本实现了自由流动。目前，我国的流动劳动力已经超过了2亿，主要以农村剩余为主体。近十年来，随着大学毕业生规模的不断扩大，相当一部分大学毕业生也加入了流动人口就业的大军中。毫无疑问，劳动力的自由流动大大提高了劳动力的配置效率，不仅提高了劳动生产率，也使流动群体得到了更高的收入。

但是，中国的劳动力市场依然是一个典型的"二元"劳动力市场，由于不完善的户籍制度、人事制度、经济体制等制度层面上的原因，劳动力市场被分割成高级劳动力市场(如大城市、经济发达地区等)和低级劳动力市场(如农村、经济欠发达地区等)。一般来说，在高级劳动力市场中，劳动者工资较高，福利待遇较好，升迁机会较多；在低级劳动力市场中，劳动者的工资较低，福利待遇较差，升迁的机会也较少。在分割的劳动力市场中，劳动力在两类市场之间难以流动，即使流动成本也十分高昂。更为重要的是，劳动力市场的价格决定也由于制度性障碍而出现了扭曲，就业歧视和分配不公现象严重。就业歧视有多种表现形式，如性别歧视、身份歧视、身体歧视、地域歧视等。其中又以户籍制度造成的身份歧视尤为严重，其受害者主要包括农民工和没有本地户口的"蚁族"。

(资料来源：李长安. 上海证券报，2010.12.30)

其次，资本市场功能不完善。资本市场既是筹集资金的重要渠道，又是资源合理配置的有效场所。从理论上来说，利率作为资本市场的价格"信号灯"，应该由资本市场的供给和需求所决定。如果利率这个价格"信号灯"失灵，那么不仅会导致资本市场资源配置的不合理，还会导致宏观调控决策的失误。

长期以来，我国的利率水平低于正常的市场利率水平，导致对资本的过度需求。一般认为，民间借贷利率由于市场化程度比较高，因而更能反映资本的实际价格。按照规定，民间贷款利率最高不超过基准利率的 4 倍，但在实际中利率水平往往要超过这个限度。

利率水平偏低带来了一系列问题。由于利率水平远远低于房地产和实物投资的预期回报率，这种差异是造成过度投资和房地产投机的根本动力。此外，利率偏低还导致了资本使用效率的下降，各种各样的重复建设现象十分严重。

最后，土地市场仍不规范。中国的土地市场是一个典型的卖方垄断市场，离真正的市场化目标相距甚远。表面上看，自 2004 年开始实行土地"招拍挂"制度后，土地的价格是由自由竞拍而得，其实不然。由于土地的国有制，其供给量往往取决于政府的偏好。更为严重的是，现行的地方财政体制严重依赖于土地的出让金，即是一种典型的"土地财政"。土地出让金本来属于政府的预算外收入，也被称作"第二财政"。在不少地方，"第二财政"早已取代"第一财政"而成为地方政府的主要收入来源。据国务院发展研究中心的一份调研报告显示，在一些地方，土地直接税收及城市扩张带来的间接税收占地方预算内收入的 40%，而土地出让金净收入占政府预算外收入的 60% 以上。这样，地方政府就可以通过控制土地的供应速度和面积，从而掌控土地价格的变动。而实际上，为了维持更高的地价以获得更多的土地出让金，地方政府的供地计划大多不能完成。

讨论：阅读以上材料，讨论我国生产要素市场价格决定的现状对社会收入分配的影响。

【技能目标】

- 理解生产要素价格均衡理论并可用于分析实际现象。
- 使用洛伦兹曲线和基尼系数分析社会收入分配状况。
- 理解实施社会再分配政策的作用。

【知识目标】

- 掌握正常利润和经济利润的来源。
- 掌握洛伦兹曲线和基尼系数的分析方法。
- 理解工资、利息、地租、利润的相关理论。
- 了解社会再分配政策。

【关键概念】

生产要素　劳动供给　工资　利息　地租　正常利润　经济利润　洛伦兹曲线　基尼系数　社会再分配政策

【导语】

分配理论又称为生产要素价格理论，由于生产要素的价格是在要素市场中，由生产要素的需求和供给决定的，所以说分配理论是价格理论在收入分配问题上的具体应用。本章主要研究各种生产要素的均衡价格即工资、利息、地租和利润的决定，并在此基础上讨论反映社会收入分配平等程度的洛伦兹曲线和基尼系数等问题，进而阐述社会收入再分配政策的内容及意义。

第一节　生产要素收入分配的原理

一、生产要素的概念

生产要素是指进行社会生产经营活动需要的各种社会资源，在西方经济学中将生产要素划分为劳动、土地、资本和企业家才能。劳动是指人类在生产过程中提供的脑力和体力的总和。土地泛指所有自然资源，包括土地以及煤、铁、有色金属、石油、天然气等各种矿藏资源，江河湖海、原始森林等。资本是指由劳动和土地结合生产出的产品中投入生产过程的社会产品，可以表示为实物形态和货币形态，如厂房，机器，动力燃料，原材料等为实物资本，货币形态的资本通常称为货币资本。企业家才能是指企业家组建和经营管理企业的才能，它是后来加入进去的一种生产要素，通过企业家才能把劳动、土地和资本三种要素结合起来，发挥出要素的效率。

市场经济中生产要素是以商品形式通过市场交易进行流通和配置的，于是形成了以某种生产要素为商品交易对象的生产要素市场，包括劳动市场、土地市场、资本市场等。现代市场经济也把技术市场和信息市场列为生产要素市场，但它们不在本教材分析之列。

收入分配理论也称为生产要素价格理论，这是因为在市场中人们正是通过提供各种生产要素而获得报酬收入的。例如：工人提供劳动获得工资报酬，个人或银行等金融机构提供资本获得利息，土地所有者转让土地使用权而获得地租，企业家通过提供自己的管理才能获得利润。工资、利息、地租和利润在生产要素市场中反映为各种要素的价格，研究要素价格的形成机制从一定意义上说就是研究社会收入分配理论。

二、生产要素的需求

1. 生产要素需求的特点

生产要素的价格在要素市场中是由其供求决定的，原理和商品市场中价格理论类似，区别在于生产要素和其他商品的需求方与供给方不一样。在要素市场上，要素的需求来自于厂商，厂商购买各种生产要素后才能从事社会产品生产，要素的供给来自于普通大众，他们通过提供生产要素获得收入报酬，这正好和商品市场相反。例如：汽车制造商增加生产线招聘员工的需求与大众对汽车日益增长的需求密不可分，招聘人员生产汽车的目的是为了满足大众对汽车的需求，如果因为经济不景气导致社会对汽车的需求下降，汽车厂商也不会增加生产线从而产生招聘工人的需求了。由此可以看出生产要素的需求是从消费者对产品的需求派生出来的，产品需求是直接需求，生产要素需求是派生需求。

生产过程是各种生产要素组合投入进行的，虽然随着科技发展出现了要素之间的相互替代，但是单独依靠一种要素就可以进行的生产至今未出现过。生产的这一特点决定了厂商对各种生产要素的需求是联合的或相互依赖的，各种要素相互配合才能发挥作用。例如：汽车生产线是由工人、机器以及传动带组成的，缺少一种都生产不出汽车。

2. 生产要素需求曲线

在生产要素市场上需求曲线分为厂商的需求曲线和市场的需求曲线。生产要素市场和产品市场一样，可以分为完全竞争市场和不完全竞争市场。在完全竞争的生产要素市场中，要素需求量取决于要素的边际收益和边际成本，根据利润最大化原则，厂商对要素需求量的调整稳定于最后一单位的要素花费的边际成本和它带来的边际收益相等。根据完全竞争市场均衡条件可知，此时要素的价格等于要素的边际成本和边际收益，即：

$$MR=MC=P$$

在完全竞争要素市场中，个别厂商是要素价格的接受者，于是要素价格就取决于要素的边际收益。

美国经济学家约翰·贝茨·克拉克用边际生产力理论解释了要素的边际收益如何决定要素价格。其理论内容为：在其他条件不变的前提下，每增加一单位要素投入所增加的产量称为边际物质产品(MP)，该产量增加的收益称为边际收益产品(MRP)，它是递减的。

$$MRP=MR×MP$$

公式中的 MR 是产品的边际收益，在完全竞争市场中是确定不变的，从生产理论中有关 MP 的变化趋势(在本书项目四图 4-1 中 II 区域即适宜生产区间观察)可以得出 MRP 是递减的趋势。如图 7-1 所示，曲线上任一点 a，位于曲线上部的点 b 相对于点 a 来说，MR < MC(要素边际收益小于边际成本)，厂商此时会减少要素需求量。位于曲线下部的点 c 相对于点 a 来说，MR > MC(要素边际收益大于边际成本)，厂商会增加要素需求量，如此调整直至要素需求稳定于点 a，所以厂商的要素需求曲线变化趋势和 MRP 曲线相同，都是向右下方倾斜。

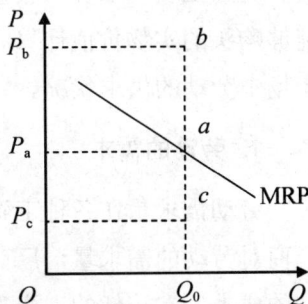

图 7-1 生产要素需求曲线

要素市场的需求曲线是所有厂商需求曲线的叠加，所以其趋势也是向右下方倾斜的。

不完全竞争的要素市场中，随着需求量增加，产品边际收益递减，MRP 曲线表现的更为陡峭一些，因此不完全竞争市场的要素需求曲线比完全竞争市场要素需求曲线陡峭些。一般情况下，同一要素价格下完全竞争市场中的要素需求量大于不完全竞争市场的要素需求量。

三、生产要素均衡价格理论

生产要素的价格由要素市场供求决定。在上面分析中得出要素需求曲线向右下方倾斜的趋势，随着要素价格上升，人们乐于提供更多的要素给市场，以获得更多收入报酬，因此要素供给曲线是向右上方倾斜的趋势。根据均衡价格理论，如图 7-2 所示，生产要素的需求曲线和供给曲线相交，交点决定的价格 P_E 为均衡价格，数量 Q_E 为均衡数量。这是一般生产要素市场均衡价格的特征，由于各种要素具有自己特有的需求和供给特点，且市场结构不尽相同，不同要素价格和收入分配的决定也有区别，这些将在下一个知识点详细分析。

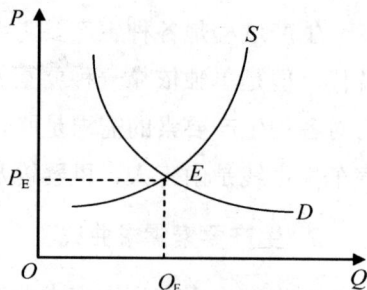

图 7-2　生产要素价格决定

第二节　工资、利息、地租、利润理论

一、工资理论

工资是在一定期间内，给予提供劳动的劳动者的报酬，亦是劳动这种生产要素的价格。根据支付方法，工资分为计时工资和计件工资。计时工资按照劳动时间计算，如日薪、周薪、月薪、年薪等；计件工资按照完成工作的数量计算。根据工资形式，工资分为货币工资和实际工资，以货币数量表示的工资为货币工资，也称名义工资，实际工资是按照工资能够购买的实物价值计算。工资水平代表了社会大众的收入水平，意义重大。工资取决于市场中劳动的供求状况。

1. 劳动的需求

劳动需求是在各种工资水平下，厂商愿意雇佣的劳动数量。劳动的边际生产力决定了厂商对劳动的需求量，厂商购买的最后一单位劳动带来的收益要大于等于购买这一单位劳动的成本。在较低的工资下，劳动成本就低，厂商倾向于用劳动替代其他生产要素，所以劳动需求增加；在工资水平较高时，劳动成本也高，厂商则会用相对低廉的其他生产要素取代劳动，从而劳动需求减少。劳动需求曲线如图 7-3 所示，曲线自左上方向右下方倾斜，根据边际生产力递减的理论同样可以得出这种变化趋势。

2. 劳动的供给

劳动供给是在各种工资水平下，劳动者愿意提供的劳动数量。在市场经济下，劳动者可以自由选择提供劳动的数量，此时劳动的"效用"决定了劳动者提供多少劳动。劳动的目的是获得工资报酬，以此满足劳动者及其家庭的生活必需费用，使劳动可以持续提供，另外劳动者需要不时进行付费培训提高劳动质量，这些是劳动的"正效用"。劳动者持续劳动，会带来身体和精神上的疲劳，这是劳动的"负效用"。正效用大于负效用，劳动者有增加劳动供给的动力；反之，正效用小于负效用时，劳动者会相应减少劳动供给，为自己保留更多时间用于闲暇休息娱乐等，特别是在工资水平较高时，人们可以拿出更多时间从事自己感兴趣的事情，对生活水平也不会产生影响。

由以上分析可以看出，劳动的供给呈现出特殊规律，如图 7-4 所示，随着工资提高，劳动供给先是增加，工资达到某一值 W_1 后再增长，劳动供给反而减少。这是单一劳动者表现出的劳动供给变化趋势，由于社会各行业工资水平不一样，甚至相差很多，市场的劳动供给这种变化趋势可能不很明显。一般的，工资水平较高的发达富裕国家可能出现这种向后弯曲的劳动供给特点。

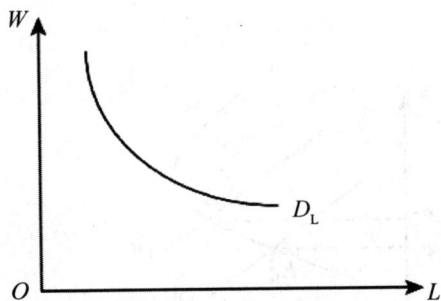

图 7-3　劳动的需求曲线

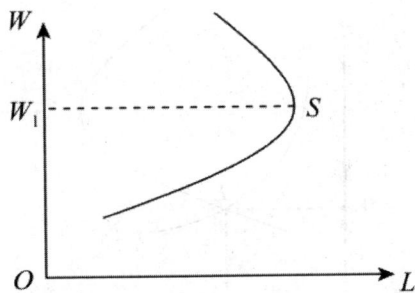

图 7-4　劳动的供给曲线

3. 工资的决定

在完全竞争的劳动市场中，工资是由劳动的供求关系决定的。如图 7-5 所示，劳动需求曲线 D_L 和劳动供给曲线 S_L 相交于点 E，决定了均衡工资水平为 W_0，均衡劳动数量为 L_0。劳动的需求或供给的变动，会引起均衡的工资水平发生变动，工资水平的升降也可以调节劳动市场的供求，使劳动供求趋于平衡。

当劳动市场是不完全竞争的情况时，工资水平除了受劳动供求影响外，还受到垄断力量的影响。劳动市场的垄断有两种情况：买方垄断和卖方垄断。在买方垄断下，购买劳动的厂商数量较少，而提供劳动的劳动者则数量众多并形成竞争形势；在卖方垄断下，购买劳动的厂商数量多且展开对购买劳动要素的竞争，而劳动者由工会组织起来，成为卖方垄断者。无论是在买方垄断下或是在卖方垄断下，单个劳动者对抗厂商的力量都是弱小的，在工资议价中没有任何优势，需要依靠工会的力量以集体谈判的方式和厂商协商工资，劳动者才有获得较高工资的可能性。

4. 劳动市场中提高工资的方法

从西方发达国家的经验看，工会组织在提高工人工资过程中发挥着非常重要的作用。工会作为工人自己的组织，是为了向资方争取更好的工作条件和工资水平而成立的。工会一般是按照行业组织的，如美国汽车工人联合会；也有的是跨行业组织的，如美国劳联-产联。通常在工资决定中，工会代表全体在会工人与企业展开协商和谈判，政府在中间进行协调。为了提高工资水平，工会经常采用下面四种方法。

(1) 增加对劳动的需求。根据工资决定理论，在劳动供给不变的条件下，增加劳动需求，市场工资水平就会上升，如图 7-6 所示，劳动需求曲线 D_{L1} 移至 D_{L2}，均衡工资水平由 W_1 上涨至 W_2，同时就业人数也从 L_1 增加至 L_2。劳动需求是由产品需求派生出来的，因此工会增加劳动需求的最主要方法就是增加产品需求，例如：通过议会或其他方式增加出口、限制进口，实行贸易保护政策等。另外可以通过提高会员工人劳动生产率实现劳动需求增加，例如：组织学习和培训、鼓励士气、参与管理等。

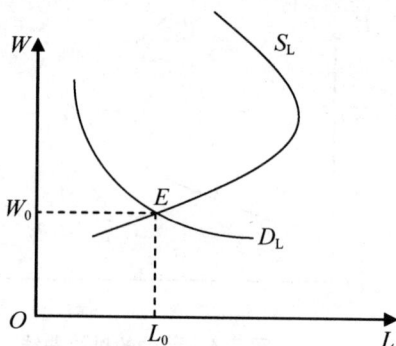

图 7-5 工资的决定

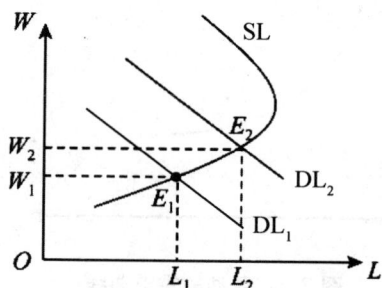

图 7-6 增加劳动需求提高工资

(2) 减少劳动的供给。根据工资决定理论，在劳动需求不变的条件下，减少劳动的供给也可以提高工资水平，如图 7-7 所示，劳动供给曲线由 S_{L1} 移至 S_{L2}，工资水平由 W_1 上涨至 W_2，同时就业人数也从 L_1 减少至 L_2，所以采用这种方法会减少就业机会。工会减少劳动供给的方法有：限制移民、延长学徒期限、限制非工会会员受雇、禁止使用童工、减少工作时间等。

(3) 通过谈判提高工资标准。工会在和雇主谈判过程中，可以以罢工为手段逼迫雇主妥协从而达成提高工资水平的集体协议。在劳动市场买方垄断下，工会的存在有助于形成劳资力量均衡的局面，使劳动者的工资不被压得过低。但是，当工资标准规定很高时，企业可能会减少劳动需求量，导致非工会会员就业机会减少。另外，在有些国家中过高的工资水平引起了工资-物价螺旋上升的通货膨胀。

(4) 最低工资法。

工会利用各种手段使政府通过立法规定最低工资，这样可以防止在买方垄断的劳动市场中工资被压的太低。但是最低工资类似价格政策中的最低限价，会引起劳动供给大于劳动需求，带来一定程度失业。

如图 7-8 所示，劳动的需求曲线 D 和劳动的供给曲线 S 相交于点 E,决定了均衡工资水平为 W_0，就业量为 L_0。最低工资标准规定的工资水平 W_1 会高于均衡工资 W_0，在这一工资下对应的劳动供给 L_S 大于劳动需求 L_D，从而出现失业人口。

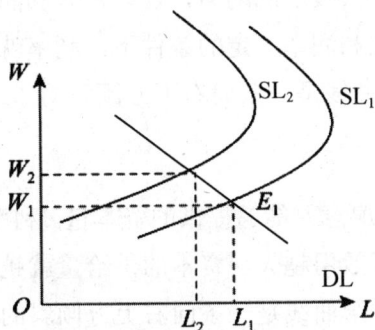

图 7-7 减少劳动供给提高工资   图 7-8 最低工资法

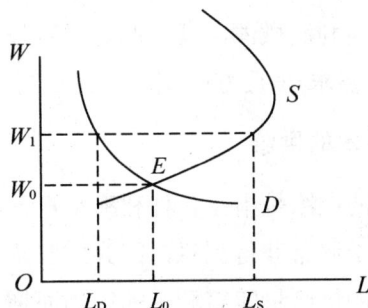

工会提高工资的做法能否成功很大程度上取决于当时的经济形势、劳资双方力量对比、政府的干预和倾向、工会斗争的方式与艺术、社会对工会的支持等。从西方国家的历史经验来看，工会在维护工人权益中起到了重要作用。

二、利息理论

资本分为实物资本和货币资本，厂商可以在商品市场中购买到商品形式的实物资本，而对于货币资本，厂商需要的只是它的使用权，不需要一定拥有它。资本市场正是一个资本使用权交易的场所，资本所有者把资本使用权转让给需要的厂商，同时获得这种转让的收入报酬，即利息。因此，利息是使用货币资本的价格。利息率，简称利率，是利息占使用资本总量的百分比，通常使用利息率表示利息的高低。

货币资本最终来源于社会储蓄，人们牺牲现期消费，把钱存起来用于未来消费，才形成储蓄。可是由于未来消费的不确定性，如发生通货膨胀造成货币贬值，使得现期消费的边际效用大于未来消费的边际效用，这样人们倾向于现期消费，为了鼓励大家存钱进行未来消费，利息成为促使大众储蓄的理由之一。

现代生产的特点是迂回生产，即首先生产生产资料，然后用这些生产资料进行消费资料的生产。显然，迂回生产提高了生产效率，其生产过程越长，使用的生产资料越复杂，生产效率越高。组织生产资料的生产同样需要货币资本，这种由于资本而提高的生产效率就是资本的净生产力。资本具有净生产力是资本带来利息的又一理由。

1. 资本的需求

资本的需求是指在各种利率水平下，厂商对资本的需求量。厂商对资本的需求，取决于资本的边际生产力，由于边际生产力是递减的，资本的需求曲线表现为向右下方倾斜的趋势，如图 7-9 所示，横坐标 K 代表资本，纵坐标 i 代表利率，资本的需求曲线为 D。

厂商使用资本进行项目投资的目的是获得最大化的利润，利润取决于利润率和利率。若利润率远高于利率，厂商可获得较高利润，就有扩大投资的动力，反之，若利润率接近利率，厂商利润微薄，就不愿意进行投资。所以，在利润率一定的条件下，利率就与投资数量(资本需求)呈反方向变动，也证明了资本的需求曲线是一条向右下方倾斜的曲线。

2. 资本的供给

资本的供给是指在各种利率水平下，资本所有者愿意并能够提供的资本量。利率越高，人们越乐于储蓄获得利息，因为此时未来消费的边际效用越大，资本的供给量就越多。因此，资本的供给量随着利率的提高而增长，资本的供给曲线是一条向右上方倾斜的曲线，如图 7-10 所示，横坐标代表资本量 K，纵坐标代表利率水平 i，资本的供给曲线为 S。

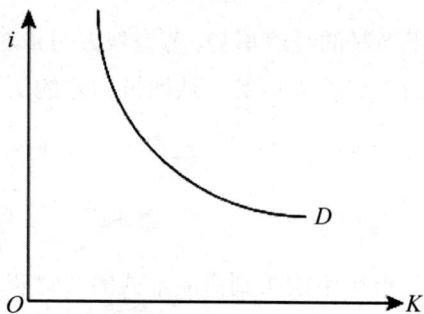

图 7-9　资本的需求曲线　　　　图 7-10　资本的供给曲线

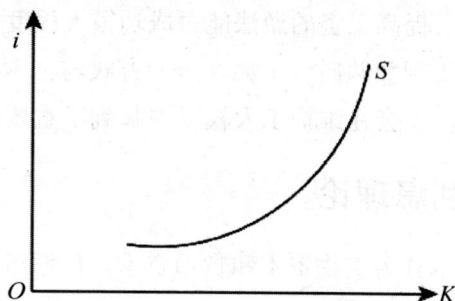

3. 利率的决定

根据均衡价格理论，资本市场中利率由资本的供求决定。如图 7-11 所示，横坐标代表资本量 K，纵坐标代表利率 i，资本的需求曲线 D 与供给曲线 S 的交点 E 决定了此时的均衡利率为 i_0，均衡资本量为 K_0。这里分析的均衡利率是指资本市场中的纯粹利率，它是一种理想市场环境下的利率，在这个市场中资本自由流动，不存在风险，不考虑管理费用，不考虑市场分割与借贷方式差异等。

4. 利率的经济杠杆作用

利率由资本的需求和供给共同决定，同时，利率的变动又会影响资本的供求。在政府干预下人为提高利率或降低利率时，资本市场的供求失去平衡，出现供大于求或供小于求的情况，从而对经济产生影响，这被称为利率的经济杠杆作用，如图 7-12 和图 7-13 所示。当经济发展中出现通货膨胀现象时，政府可以提高利率，使资本需求受到抑制，缓解通货膨胀程度；当出现通货紧缩现象时，政府可以降低利率，提高资本需求，达到刺激经济的目的。

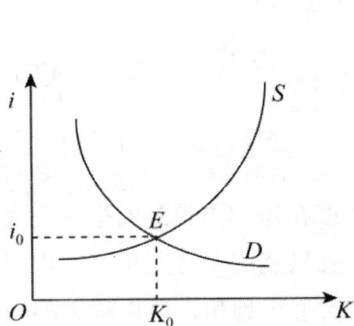

图 7-11　利率的决定　　　　图 7-12　利率的提高　　　　图 7-13　利率的降低

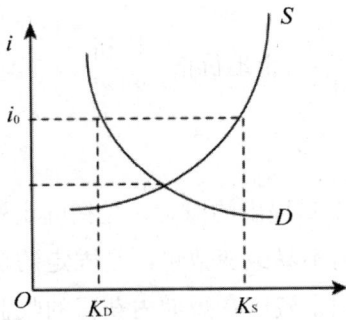

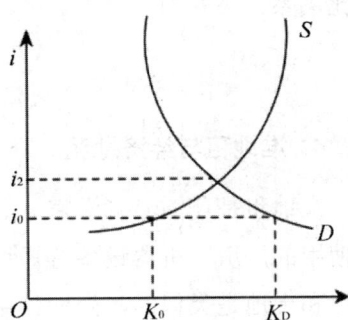

三、地租理论

前面提到土地作为生产要素时，是泛指所有自然资源的。厂商在生产中需要使用各种自然资源，从土地(或资源)所有者手中获得土地的使用权需要付出代价，称之为地租。地租也可以看作土地所有者转让土地使用权获得的收入报酬。

1. 土地的需求

土地的需求是指在各种地租水平下，厂商对土地的需求量。厂商对土地的需求取决于土地的边际生产力，即厂商使用最后一单位土地可以带来的收益如果大于这一单位土地的地租，则厂商会使用这一单位土地；反之，如果收益小于地租，则厂商会放弃这一单位土地的使用。边际生产力是递减的，所以随着地租的提高，个别厂商对土地的需求量是减少的趋势，整个土地市场中需求曲线也是递减的，如图 7-14 所示中土地的需求曲线 D。

2. 土地的供给

土地的供给是指在各种地租水平下，土地所有者愿意且能够提供的土地数量。由于土地代表的自然资源是自然界最终提供的，是不可再生的，所以土地的供给具有极限值，当接近或达到这个极限时，无论地租上涨到什么程度，土地的供给量都不会再增加了。土地的供给缺乏弹性，供给曲线表现为一条接近垂直于横坐标的直线，如图 7-14 所示中土地供给曲线 S。

3. 地租的决定

由均衡价格理论得出，地租取决于土地的供求。如图 7-14 所示，供给曲线和需求曲线

相交于点 E_0，决定的均衡地租水平为 R_0，均衡土地数量为 L_0。由于土地的供给接近固定，而且随着经济发展，市场对土地的需求不断增长，这就导致了地租的不断上涨，如图 7-14 土地需求从 D_0 增加到 D_1，地租则从 R_0 上涨到 R_1。

区别地租和土地价格，地租是使用土地的代价，厂商只有使用权；地价则是购买土地的市场价格，购买者拥有土地所有权。一般来说，地价与地租成正比关系，与市场利率呈反比关系，公式为

$$土地价格 = \frac{地租}{利率} \tag{7-1}$$

4. 准地租与经济地租

准地租是英国经济学家 A.马歇尔提出的概念，是指固定资产在短期内得到的报酬。企业使用的厂房、机器设备等短期内不易改变数量，是固定的，且只能用于特定生产，这些特点和土地是类似的，企业使用固定资产在短期内获得的收益类似于地租，所以称为准地租。企业的总收益扣除总可变成本之后的余额即为准地租。

如图 7-15 所示，产品的市场价格为 P_1 时，厂商的生产产量为 Q_1，在这个产量下厂商的总收益为矩形 OQ_1EP_1 的面积，此时的总可变成本为矩形 OQ_1GP_3 的面积。准地租为矩形 P_3GEP_1 的面积，它是固定生产要素的收益，分为两部分：矩形 P_3GFP_2 的面积代表固定要素的机会成本；矩形 P_2FEP_1 的面积代表固定要素用于现在的生产而不用于其他用途所获得的经济利润。

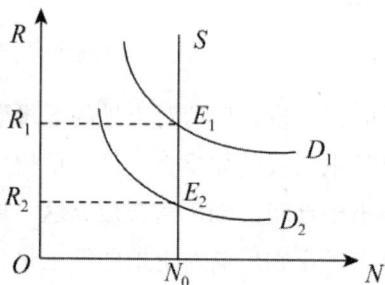

图 7-14　地租的决定　　　　图 7-15　准地租的决定

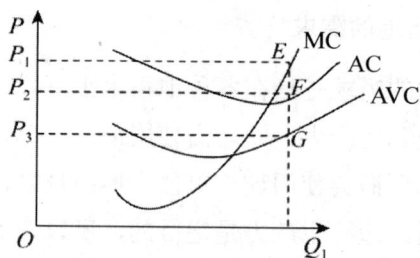

在长期生产中，一切要素都是可变的。要使固有要素继续保持原来生产，必须使这些固有要素的经济利润超过转移到其他生产中的最大经济利润，两者的差额构成经济地租。显然，当经济地租大于零时，原来的生产会继续下去，若经济地租小于零，则固有要素会逐渐转移到其他生产中去，以获得更大的利润。

通过以上分析可以看出，经济地租属于长期生产分析，准地租属于短期生产分析。一种要素在短期内获得准地租，不意味着长期中一定存在经济地租。

四、利润理论

1. 正常利润的含义

利润是企业家才能这种要素的报酬，这是要素分配理论给出的定义，从厂商角度，投入企业家才能的要素需要付出代价，此时的利润是一种要素成本，称之为正常利润，因此当企业生产处于收支相抵情况时，就可以获得正常利润。正常利润的多少取决于企业家才能这种要素的供求关系，劳动、资本和土地三种要素必须在企业家的组织管理中才能很好的结合并进行生产，所以企业家才能在企业生产中起着非常重要的作用，市场对企业家才能的需求量很大，由于企业家才能是经过特殊训练和培养才能够获得的，需要有天赋和付出较高的成本，供给相对稀缺，因此反映企业家才能的正常利润在一般情况下远远高于反映劳动要素的工资。

2. 经济利润

通常意义下的利润是指企业总收益与总成本的差额，即企业出售产品和服务所获得的收入扣除全部费用(包括工资、薪金、租金、利息、货物税和其他支出)后剩余的金额，称之为经济利润或超额利润，实际利润是指超过正常利润的那部分利润。在完全竞争市场中不会有这种利润产生，只有在不完全竞争市场中才会出现。

经济利润主要有三个来源：创新、风险和垄断。

第一，经济利润来源于创新。这里的创新包括引进一种新产品，引进一项新技术，开辟新市场，获得某种新原料或新能源，生产组织方法的新发明和应用等。上述五方面的任一种都可以使企业获得更高的劳动生产率，从而产生经济利润。创新者不同于经理，经理负责经营管理规模不等的公司，受雇于公司的所有者，是公司正常运营不可或缺的角色；而创新者需要有眼光，有创造力，他们不必是发明家或科学家，但是从新出现的事务中可以敏锐的觉察到其中的商机并果断快速的引入到本企业中，使自己所在的企业获得暂时性的垄断地位，由此产生超额利润。随着竞争对手和效仿者的跟进，这项创新很快普及，此时垄断地位消失，超额利润也就不复存在了。创新者会接着去寻找其他的创新点，重复循环这个"发现—引入—垄断—超额利润—普及—超额利润消失"的过程。

第二，经济利润来源于承担风险。在市场经济中，任何投资行为都存在风险，有的风险可以通过购买保险转移掉，此时企业要支付保险费，有些风险如供求变动引起企业成本收益变化、经济周期造成企业收益波动等，是转移不掉，企业必须自己承担的。只有当存在丰厚的利润回报时，企业才会甘冒风险从事投资活动，在此，可以把经济利润看做是企业承担风险的报酬。

第三，经济利润来源于垄断。垄断厂商有能力提高商品价格或压低生产要素的价格，从而使自己获得惊人的垄断利润，而消费者或要素供给者利益却受到损害，所以有些经济学家将由垄断获得的经济利润视为一种剥削。

完全竞争市场下假设技术水平不变，排除了创新活动，信息充分的假设排除了由不确定性带来的市场风险，要素自由流动的假设则排除了垄断的可能性，所以完全竞争条件下，在均衡状态时不会存在任何形式的经济利润。

3. 企业家才能的重要性

企业家才能是一种综合素质，这种素质直接关系到企业的发展甚至生死存亡。具体来说，企业家才能表现在 10 个方面，即决策能力、组织能力、协调能力、创新能力、激励能力、用人能力、规划能力、判断能力、应变能力和社交能力。中外很多企业的发展经历，都证明了只有具备上述能力的企业家才是真正的企业家，才能力挽狂澜挽救企业于危亡之际。这种能力在企业正常运转中体现不出来，只有企业出现危机时刻，才会表现并发挥作用。中国企业管理水平的提高有待于更多的职业经理人真正具备企业家才能这种素质。

第三节　洛伦兹曲线和基尼系数的应用

在市场经济中社会收入分配是按照生产要素所有者提供的要素在生产中作出的贡献决定的，这是社会收入的第一次分配或初始分配。由于先天天赋和后天努力程度、获得的机遇不同，每个人拥有的生产要素数量和质量不可能一致，市场经济下的收入分配必然是有差别的，不会平均主义，有时差别还会较大，引起收入不平等，直至两极分化。经济学中研究社会收入分配平等状况经常引用两个标准：洛伦兹曲线和基尼系数，下面将进行详细的介绍。

一、洛伦兹曲线

为了研究国民收入在国民之间的分配，美国统计学家 M.O.洛伦兹提出了著名的洛伦兹曲线，用它来衡量社会收入分配的平均程度。洛伦兹首先将一国总人口所得到的收入由低到高排队，然后考虑收入最低的任意百分比人口所得到的收入百分比。如表 7-1 所示。

将表 7-1 中人口合计百分比和收入合计百分比的对应关系描绘在图形上，即得到洛伦兹曲线。

表 7-1　社会收入分配情况

分　级	人口百分比	合　计	占总收入百分比	合　计
1	20	20	7	7
2	20	40	14	21

续表

分 级	人口百分比	合 计	占总收入百分比	合 计
3	20	60	17	38
4	20	80	22	60
5	20	100	40	100

如图 7-16 所示，横坐标表示人口百分比，纵坐标表示收入百分比，曲线 OY 为洛伦兹曲线。通过曲线可以看出，在该国中，收入最低的 20% 人口所得到的收入仅占总收入的 7%，而收入最高的 20% 的人口所得到的收入占到总收入的 40%。

显然，洛伦兹曲线的弯曲程度具有十分重要的意义，反映了收入分配的不平等程度。弯曲度越大，收入分配越不平等；弯曲度越小，收入分配越平等。极端情况下，所有收入集中在某一人手中，而其余人口无任何收入时，收入分配不平等达到极致，洛伦兹曲线为折线 OPY；如果任一人口百分比都等于其收入百分比，从而人口合计百分比等于收入合计百分比，则收入分配是绝对平等的，洛伦兹曲线为对角线 OY。一般而言，一个国家的收入分配不会是绝对不平等，也不会是绝对平等，而是介于两者之间，洛伦兹曲线则介于折线 OPY 和对角线 OY 之间。

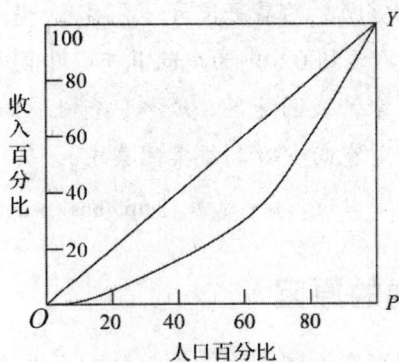

图 7-16 洛伦兹曲线

二、基尼系数

如图 7-16 所示，洛伦兹曲线与对角线 OY 之间的面积用 A 表示，洛伦兹曲线与折线 OPY 之间的面积用 B 表示，则基尼系数为

$$基尼系数 = \frac{A}{A+B} \tag{7-2}$$

基尼系数是衡量一个国家贫富差距的标准。

当基尼系数等于零时，表示该国收入分配绝对平等，当基尼系数等于 1 时，表示该国收入分配绝对不平等。实际的基尼系数是介于 0 和 1 之间的，越接近零，表示收入分配越平等，越接近 1，表示收入分配越不平等。

按照国际惯例，基尼系数在 0.3 以下为最佳状态，在 0.3 至 0.4 之间为正常状态，超过 0.4 为警戒状态，达到 0.6 则属于社会动乱随时会发生的危险状态。

知识链接

其他衡量社会收入分配状况的指数

库兹涅茨指数是最富有的 20% 的人口在收入中所占的份额，这一指数最低值为 0.2，指数越大，收入差别越大。阿鲁瓦利亚指数是最穷的 40% 的人口在收入中所占的份额，这一指数最高值为 0.4，指数越低，收入差别越大。收入不良指数为最高收入的 20% 人口与最低收入的 20% 人口在收入分配中份额之比，这一指数最低值为 1，指数越高，收入差别越大。这些指数衡量的结果与基尼系数表示相同的趋势。

世界银行称中国基尼系数 0.47，高过欧洲国家。据世界银行测算，欧洲国家和日本的基尼系数大多在 0.24 到 0.36 之间，而中国 2009 年的基尼系数达到 0.47，在所公布的 135 个国家中位列第 36 名，接近于拉丁美洲和非洲国家水平。

中国基尼系数从改革开放之初的 0.18 已上升至 2009 年的 0.47，目前仍在继续上升，这是社会利益共享机制发生严重断裂的显著信号。国际上，基尼系数在 0.3 至 0.4 之间是正常状态，超过 0.4 为警戒状态，达到 0.6 则为危险状态。中国基尼系数虽然已超过警戒线，但离危险状态还很远。近十年来，我国地区、城乡、行业、群体间的收入差距明显拉大，收入分配格局失衡，导致社会财富向少数利益集团集中。

(资料来源：http://bbs1.people.com.cn/post/2/1/131093780.html)

三、社会收入分配不均的原因

在人类历史中任何社会都存在不同程度的收入分配不平等情况，市场经济下的社会收入分配不平等有自己的特定原因，研究这些原因对解决收入差距过大的问题是很有必要的。

首先，收入分配不平等的状况与一个社会的经济发展相关。根据美国经济学家西蒙·史密斯·库兹涅茨(Simon Smith Kuznets)的研究，社会收入分配状况变动的规律是：在经济开始发展时，收入分配不平等随经济发展而加剧，只有发展到一定程度之后，收入分配才会随经济发展变得较为平等。他根据一些国家的资料做出了反映这种收入分配变动规律的库兹涅茨曲线，该曲线是表示随经济发展收入分配不平等程度加剧，经济发展到一定程度时，收入分配趋于比较平等的一条曲线。

如图 7-17 所示，横坐标用 GDP 表示经济发展状况，纵坐标用 G 表示基尼系数，代表收入分配状况。在 GDP 达到 GDP_1 之前，基尼系数随 GDP 增加而上升，代表随着经济发展，收入分配不平等加剧。在 GDP 达到 GDP_1 时，基尼系数 G_1 达到最大值，表明此时收入分配不平等最为严重。在 GDP 超过 GDP_1 之后，基尼系数随着下降，说明随着经济进一

步发展，收入分配趋向比较平等。图 7-17 中的曲线 K 就是库兹涅茨曲线，又称库兹涅茨倒
U 形曲线。

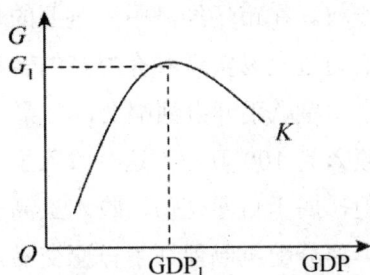

图 7-17　库兹涅茨曲线

其次，各国收入分配不平等也与制度上存在的问题相关。例如：一些国家存在户籍制
度、受教育权利的不平等。由于制度或社会习俗，存在受歧视群体，包括对妇女的歧视，
对有色人种的歧视等。在发达国家，工会制度的存在也是引起收入分配不平等的原因，工
会会员受到工会保护获得较高工资，非工会会员则无力与雇主对抗，工资较低。在欧洲、
加拿大等传统上工会力量强大的国家，工会在引起收入分配不平等中的作用相当大。

最后，个体差异也会引起收入分配不平等。每个人拥有的能力、勤奋程度、获得的机
遇都会不同。对于能力，既有先天的天赋大小不一，也有后天受教育程度不同。经济学家
研究认为，人的受教育程度与个人收入之间有强烈的相关性，受教育越多，能力越强，收
入水平越高，这是比较普遍的事实。有人吃苦耐劳又肯动脑，为了提高收入愿意从事较艰
苦的工作，收入自然会高；有些人则相反，收入一定会不同。另外，机遇会青睐某些人，
而且被他们抓住，也同样会引起收入差别。

总之，收入分配差距拉大，有社会原因，也有个人原因，对不同社会、不同阶层的收
入差距及原因要进行具体分析。

第四节　社会再分配政策的应用

社会收入分配在一定限度内的不平等是允许的，但是如果收入分配差距过大，甚至出
现贫富悬殊两极分化的情况，就会损害社会正义，成为社会动乱的隐患。因此各国政府都
会采取收入再分配政策缓解收入分配严重不平等的矛盾。

一、公平的含义以及平等与效率的关系

关于收入分配公平的理论有两种：过程公平论和结果公平论。

过程公平论根据分配的机制或手段来判断收入分配是否公平。也就是说，无论结果如
何，只要分配机制是公平的，就是实现了分配公平。这种观点强调的是决定收入的机制是

否公平，这种观点的代表人物是美国哲学家罗伯特·诺齐克(Robert Nozick)，代表作为《无政府、国家与乌托邦》。他认为，正义(公平)不在于平等，也不在于分配或再分配，而在于承认、尊重和保护个人的财产权。在市场经济中，重要的是制度公平，而这种公平以私有产权和自愿交易为基础，人们通过交易实现私有财产的转移，只要交易是公平的，产生的结果就是公平的。例如：一个明星歌手开办演唱会，门票 100 元一张，听众自愿购买，如果门票售出 1 万张，演唱会收入为 100 万元，这个收入虽然很高，远高于一般歌手的收入，但是门票的销售不存在强迫，属于自愿交易，收入虽高也是合理的，产生的收入差别就是公平的。根据这种观点，只要分配机制保证了自愿交易，每个人都以平等权利参与市场交易，无论分配的结果如何，都是公平的。

结果公平论是根据分配的结果来判断收入分配是否公平。只有结果的平等才算实现了公平，这种观点的代表人物是美国哲学家约翰·罗尔斯(John Bordley Rawls)，代表作是《正义论》。他认为，如果最穷的人可以通过任何一个其他人那里得到收入而增加福利，那么，公平就是要求进行这种分配。按照这个标准，最公平的分配应该是完全平等的分配，但实际上并非如此，因为这种分配会引起效率损失，使所有人的福利减少。所以，结果公平论不是主张完全平等的分配，而是关注最穷的人的状况，通过社会收入再分配来增加他们的收入。

公平论的两种观点代表了人们对收入分配的不同看法，在现实中，两种观点都认为需要某种形式的收入再分配政策保证社会公平与稳定。

在经济学理论中，收入分配有三种标准。一种是贡献标准，即按社会成员的贡献分配国民收入，这就是本章介绍的分配理论。另一种是需要标准，即按社会成员对生活必需品的需要分配国民收入。第三种是平等标准，即按公平的准则分配国民收入。

实行贡献标准能保证市场经济效率，但会引起收入分配不平等，后两个标准则有利于收入分配平等化，但会损害经济效率，在此，平等和效率处于矛盾的选择中。平等是指社会成员分配平均，效率是指资源配置有效，并得到充分利用。收入分配要兼顾平等和效率。

过于追求平等，会造成效率上的损失。例如：平均主义获得了平等，但是严重削弱了人们工作的积极性与创造性，结果社会生产率降低，这时的平等是一律收入降低的平等。高额的累进税率和财产税能够减少收入差距，但是它们同时影响了社会资本积累的速度从而降低经济效率。失业救济金或补贴帮助失业者渡过难关，但是如果发放金额太高，失业者便宁愿领取失业金也不接受工资较低或强度较大的工作，对于从事此类工作的人员也是一种打击，因为此时工作和失业的结果差别不大，他们可能因此丧失了工作热情。

过于追求效率，可能会使社会产生严重的贫富差距。例如：政府的社会再分配政策执行不力，甚至推行倾向于高收入阶层的分配政策，就会使社会两极分化趋于严重，直至引起社会不安定，所以各国政府都很重视防止社会贫富悬殊的问题。

在西方资本主义发展早期，社会两极分化很少受到政府干预。直至第二次世界大战之后，资本主义国家才注重平等与社会福利问题，同时，他们也高度关注促进平等的措施可能对效率产生的消极影响。多数经济学家主张把效率作为优先考虑的目标，当经济发展到一定规模之后，再以尽量小的效率损失换取尽可能高的平等程度，这种主张和资本主义经济发展的实际情况是一致的。

知识链接

回顾新中国成立以来我国收入分配制度发展的脉络，从公平和效率的角度看，我国收入分配制度呈现出从"平均主义"到"效率优先、兼顾公平"再到"效率和公平并重"的三个发展阶段。

首先，从新中国建立初期到改革开放前，收入分配制度的特点体现为生产资料的公有化和生活资料占有的平均化，这种分配体制具有典型的平均主义色彩，它看似非常公平，实则是一种最粗糙的平均主义。

其次，从改革开放后到党的十七大前，这一时期收入分配制度的原则就是"效率优先、兼顾公平"。这一分配制度的原则也是逐步确立的。在改革开放初期，以农村家庭联产承包责任制为突破口，逐步恢复了社会主义的按劳分配制度。随着社会主义市场经济体制的逐步确立和完善，为了解放和发展生产力，调动广大劳动者的积极性和创造性，激发资本、技术和管理经验等一切生产要素参与生产，必须建立一种与社会主义市场经济相适应的收入分配制度，由此"各种生产要素按贡献参与分配"就成为社会主义市场经济条件下个人收入分配的必然要求。但是，这种"效率优先、兼顾公平"的分配制度也会导致两极分化和贫富差距的进一步扩大。

最后，针对这种状况，党和政府进一步改革和完善收入分配制度，实行效率和公平并重的原则。为了规范分配秩序、促进社会和谐与公平正义，党和政府采取了一系列措施，集中体现为"提低"、"扩中"和"调高"的策略。"提低"就是提高最低生活保障标准，提高职工最低生活标准和离退休金标准，尤其是提高低收入者和弱势群体的收入水平；"扩中"就是进一步扩大中等收入者在全社会中的比重；"调高"就是通过完善的税收体制来调节过高收入群体的收入，尤其那些垄断行业的垄断收入。这样，我国的收入分配格局就会呈现一种两头小、中间大的"橄榄形"收入分配结构，这种结构有别于"金字塔形"的收入分配结构，既有利于社会的稳定，也有利于形成社会的合力。

(资料来源：王克群，汪华祎.《济南日报》2010年12月2日)

二、社会再分配政策

市场经济是按照前面提到的分配原理进行个人收入分配的，称为社会初次分配。但是，按照这种方式进行的分配会引起收入差距越来越大，造成两极分化贫富悬殊，这个结果违反了人类社会的公平原则，也不利于形成安定团结的和谐社会。因此各国政府推行社会收入再分配政策缓解收入差距过大的现象，使收入分配趋于合理，主要政策包括税收政策和社会保障政策。

1. 税收政策

政府通过税收为各项财政支出筹集资金。在宏观经济政策中，税收是政府常用的调节经济的手段，在社会收入分配中，政府运用税收政策实现收入再分配的目的，以促进收入分配趋于平等。税收制度包括个人所得税、遗产税、财产税、赠与税和消费税等。

个人所得税是税收的一项重要内容，它实行累进税率制，可以有效调节社会成员收入分配不均的状况。累进税率制是根据收入的高低确定不同的税率，对高收入者按高税率征税，对低收入者按低税率征税。这种税率制度，矫正了社会成员之间的收入差距过大问题，但是对于依靠自己的能力获得高收入的人群，则打击了他们创造财富的积极性，对于整个社会来说是不利的。

遗产税和赠与税是对转移的财产征收的税种，财产税是对不动产(如土地、房产等)征税，消费税是对某些商品和劳务的消费征税。这些税种，同样起到调节收入差距过大的作用。

2. 社会保障政策

社会保障政策是通过各种社会保险和福利实现全体成员收入分配的相对平等化。英国在 18 世纪就有"济贫法"，20 世纪 30 年代社会保障政策成为西方国家一项重要的经济政策，"二战"以后，许多国家尤其是西欧和北欧一些国家，实行了"从摇篮到坟墓"的社会保障制度。

从当前西方发达国家看，社会保障政策包含以下内容。

第一，各种形式的社会保险。包括失业救济金制度，即对失业人员按照一定标准发放维持其生活的补助金；老年人养老金制度，即对退休人员按一定标准发放年金；残疾人保险制度，即对失去工作能力的人按标准发放补助金；对收入低于一定标准(贫困线)的家庭与个人发放补助。补助金的形式主要是货币，也有发放食品券等实物的，资金来源是个人或企业缴纳的保险金以及政府的税收。

第二，向贫困者提供就业机会及培训。政府通过改善低收入者的就业能力和条件，实现收入分配平等化。首先，要保证所有人的平等就业机会，并按同工同酬原则支付报酬；其次，要使穷人具有就业的能力，包括进行职业培训，实行文化教育计划等，这些可以帮助提高低收入者的劳动技术水平，使他们能够从事收入较高的工作。

第三，医疗保险与医疗援助。医疗保险包括住院费用保险、医疗费用保险以及出院后部分护理费用的保险，这种保险以保险金的形式支付。医疗援助是指政府出钱资助医疗卫生事业，使所有人都能得到良好的医疗服务。

第四，对教育事业的资助。包括兴办国立学校，设立奖学金和大学生贷款，帮助学校改善教学条件，资助学校的科研等。这项措施有助于提高公众的文化水平与素质，有利于收入分配平等化。

第五，各种保护劳动者的立法。包括最低工资法和最高工时法，以及环境保护法，食品和医药卫生法等。这些都有利于提高劳动者的收入，改善他们的工作与生活条件，从而减轻收入分配不平等的程度。

第六，改善住房条件。包括政府出资兴建廉租房和经济适用房，对出租的私人房屋的房租制定限制规定，实行住房房租补贴等。这样可以改善低收入者的住房条件，有利于实现收入分配平等化。

◎ 项 目 总 结

此项目介绍了要素市场中生产要素价格决定的原理。劳动、资本、土地和企业家才能四种要素对应的价格分别是工资、利息、地租和利润，它们均由其要素的供求决定。用于分析社会收入分配情况的经济指标是洛伦兹曲线和基尼系数。为了缓解社会收入差距过大的问题，政府实施各种社会再分配政策。在市场经济中平等和效率的选择具有矛盾性，各国都采取与本国经济发展状况相适应的收入分配政策。

◎ 项 目 考 核

一、选择题

1. 假定某一时期社会科技进步很快，人们越来越倾向于资本密集型生产方式，这将导致(   )。

A. 劳动的供给曲线向右移动　　　　B. 劳动的需求曲线向右移动

C. 劳动的供给曲线向左移动　　　　D. 劳动的需求曲线向左移动

2. 在完全竞争市场中，生产要素的边际收益取决于(   )。

A. 该要素的边际生产力　　　　　　B. 该要素的平均收益

C. 该要素的平均水平　　　　　　　D. 该要素的边际成本

3. 随着工资水平的提高，(   )。

A. 劳动的供给量会一直增加

B. 劳动的供给量会一直减少

C. 劳动的供给量先增加，但是工资提高到一定水平后，劳动的供给量不仅不增加，反而会减少

D. 劳动的供给量增加到一定程度后就不会增加也不会减少了

4. 使地租不断上升的原因是( )。

    A. 土地的供给与需求共同增加

    B. 土地的供给不断减少，而需求不变

    C. 土地的需求日益增加，而供给不变

    D. 土地的需求与供给共同减少

5. 在完全竞争市场中，利润最大化实际上是( )。

    A. 获得了无限大的利润   B. 获得了正常利润

    C. 获得了经济利润   D. 有一些亏损

6. 洛伦兹曲线代表了( )。

    A. 贫困的程度   B. 税收体制的效率

    C. 收入不平等的程度   D. 税收体制的透明度

7. 如果收入是平等分配的，则洛伦兹曲线与( )。

    A. 横轴重合   B. 45°对角线重合

    C. 纵轴重合   D. 难以确定

8. 如果收入是完全平等分配的，基尼系数将等于( )。

    A. 1.0   B. 0.5   C. 0.25   D. 0

9. 根据基尼系数的大小，比较下列四个国家的收入分配，最为平均的是( )。

    A. 甲国为0.3   B. 乙国为0.2   C. 丙国为0.1   D. 丁国为0.08

二、判断题

1. 分配理论实际是均衡价格理论在分配问题上的应用。 ( )

2. 正常利润是对承担风险的报酬。 ( )

3. 西方经济学家认为，经济利润无论如何获得，都是一种不合理的剥削收入。 ( )

4. 土地的供给量随地租的增加而增加，因而土地的供给曲线是一条向右上方倾斜的曲线。 ( )

5. 生产要素市场的需求是一种直接需求。 ( )

6. 超额利润是对企业家才能这种特殊生产要素的报酬。 ( )

7. 现实中的基尼系数总是大于0小于1。 ( )

8. 利息率与储蓄呈同方向变动，与投资呈反方向变动。 ( )

9. 企业对于生产要素的需求取决于生产要素的边际生产力。 ( )

三、问答题

1. 生产要素需求的特点是什么？

2. 劳动的供给具有什么特殊性？为什么？

3. 工会是如何提高工资的？

4. 土地的供给曲线有何特点？随着经济发展，地租为何会不断上涨？

5. 大部分国家里，企业家的收入都很高，这种现象如何解释？

6. 引起收入分配不平等的原因有哪些？

◎ 项 目 拓 展

1. 结合我国生产要素市场价格决定的现状，讨论社会收入分配差距拉大，基尼系数较大的原因。

2. 案例分析。

政府要建立要素市场

经济学家、中欧国际工商学院教授许小年今日在岭南论坛 2012 上指出，政府不应管制要素价格，应让价格机制发会更大作用，用价格引导企业走向高端。他同时指出，政府应为企业提供产权保护，完善风险投资和私募基金方面的法律框架，并恢复企业家主体地位。

"中国的创新为什么推不动？因为政府要管制土地价格、劳动力价格、资源价格，资金价格，用低要素价格来支撑 GDP 的增长，这对于企业升级换代是极大的障碍。"许小年今日表示。

许小年指出，政府应该让价格机制发会更大作用，用价格引导企业走向高端。"现在很多企业不走向高端，就是因为在低端过得很舒服。舒服的原因就是政府管制这些要素价格，管制人民币汇率，所以使这些企业不愿意升级。"

除了建立要素市场，许小年同时还指出，要推进产业升级，政府就应该为企业提供产权保护，完善风险投资和私募基金方面的法律框架，并恢复企业家主体地位。

"我们现在很多 PE、天使基金，政府部门在抢夺核准权，审批改为核准，核准改为报备。现在核准权也在抢夺，因为你和政府搞不好关系，就不给你报备。"许小年指出，政府环节的弊病对企业技术、产业创新极为不利，如私募基金就不应该纳入政府监管体系。

对于企业经济角色，许小年说"在过去的几年中，我们看到，在经济舞台上，企业家一个个走下去，政府官员一个个走上来了。"他表示，市场经济主角是企业，但现在市场经济基本关系颠倒，企业家精神受到来自强势政府的压制，不利于产业创新。

许小年还指出，政府在资源配置中的作用就是"不作用"——政府退出，让出空间让市场自由配置。他认为二次资源配置中，政府需要发挥作用，但合理的发挥作用是通过财税制度来实现，不是通过有垄断色彩的"央企"。

（资料来源：许小年，《政府不应管制要素价格 要建立要素市场》，载《新浪财经》，2012 年 3 月 25 日）

问题： 结合以上给出的文献，试讨论我国政府在缩小社会收入差距方面应该如何作为？

项目八　市场失灵与政府干预

【项目引入】

近 20 多年的中国季节性大迁徙——"春运"，已成为中国特色。"春运"市场提供了世界上罕见的爆发性最大的商机。国家铁道部为了缓解春运的高峰，在春运期间火车票价格上涨，有关人士解释，涨价是为了"削峰平谷"以达到"均衡运输"的目的，但我们看到的是涨价后，铁路并没有减少乘客达到"均衡运输"的目的。因为对于中国大多数老百姓而言，出门坐火车是首选交通工具，无论火车票涨不涨价，该回家的还得回家，涨价根本无法"削峰平谷"，只能是让铁路部门狠狠赚一笔。据北京一家报纸报道，节前 15 天，北京西站和北京东站客票收入增长了 50%，收入近 3 亿，这只是在 15 天取得的。春节给了铁路部门一个极为厚重的大礼包。有舆论指责，这是"垄断行业大发横财"。我们的政府意识到了这个问题，对垄断性企业的垄断利润进行干预，我们可喜的看到在 2007 年的春运，铁道部已经明确春运期间不涨价。

讨论： 从以上事件中，同学们对于垄断这种现象有什么看法？又是什么条件导致了垄断的形成？

(资料来源：新浪网《透视春运：究竟暴富了谁掠夺了谁》，2007.2.22)

【技能目标】

● 能够理解公共物品、外部性、垄断以及信息不对称如何导致市场失灵。
● 能够分析现实中导致市场失灵的具体原因。

【知识目标】

● 能够掌握市场失灵、外部性、垄断、信息不对称等概念。
● 能够理解纠正市场失灵应当采取的政策干预。

【关键概念】

市场失灵　公共物品　外部性　垄断　信息不对称　道德风险　逆向选择　政府失灵

【导语】

在正常情况下，通过价格的自发调节可以实现供求平衡，从而达到资源的最优配置。从这种意义上说，市场机制是配置资源的一种良好方式。但在有些情况下，仅仅依靠市场调节并不能实现供求平衡。这种情况称为市场失灵。本项目研究市场失灵产生的原因及解决方法。

第一节　市场失灵及其产生原因

前述各项目的西方经济学微观部分的主旨在于论证所谓"看不见的手"的原理，也就是通过市场机制实现资源配置。但是同时也存在市场机制在某些领域不能起作用或不能起有效作用的情况，即市场失灵(market failure)，这是指市场机制本身在某些场合下并不能导致资源有效配置的结果。

在这里，我们首先研究引起市场失灵的原因，包括公共物品、外部性、垄断及信息不对称。

一、公共物品

1. 物品的特征

任何物品的消费都具有两个方面的特征：一是竞争性和非竞争性；二是排他性和非排他性。这两个方面的特征是区别公共物品和私人物品的基本特征。

所谓消费的竞争性，是指消费者在消费某种产品时，会影响其他消费者同时从该产品中受益。或者随着消费者或消费数量的增加，引起商品生产成本的增加。

消费的非竞争性则是指消费过程中的这样一种性质，一些人对某一产品的消费不会影响另一些人对这一产品的消费，一些人从这一产品中的受益不会影响另一些人从这一产品中的受益，受益对象之间不存在利益冲突。换言之，增加消费者的边际成本为零。这里的边际成本没有增加可以从两方面理解：一是生产方面，指根本不需要追加资源的投入；二是消费方面，指根本不会减少其他人的满足程度，或者说根本不会带来"拥挤成本"。这种情形下，想要排除那些能从消费中获得正效用的人是无效率的。

消费的排他性，指的是某个消费者在购买并得到一种商品的消费权之后，就可以把其他消费者排斥在获得该商品的利益之外。

消费的非排他性，是指一旦某项特定的物品被提供出来，便不太可能排除任何人对它的消费。严格地说，这包含三层含义。

第一，任何人都不可能不让别人消费它，即使有些人有独占消费的想法，但在操作中或者技术方面不可行，或者虽然技术上可行，但成本却过高，因而是不值得的。如路灯。

第二，任何人即使不情愿，也无法拒绝对该物品的消费。如社会秩序、警察。

第三，任何人都可以在相同数量上，或在相同程度上消费该物品。如国防、广播、基础教育。

2. 公共物品的定义

参照以上特征，私人物品是指那些在消费上具有竞争性与排他性的物品。公共物品是指那些在消费上具有非竞争性与非排他性的物品。在此之前所讨论的产品都属于私人物品。

3. 公共物品的其他特性

除了上述的非排他性与非竞争性之外，公共物品还具有效用的不可分割性。公共物品是向整个社会共同提供的，整个社会的成员共同享用公共物品的效用，而不能将其分割为若干部分，分别归属于某些个人、家庭或企业享用。因此决定了人们不用购买仍然可以消费。这种不用购买就可以消费的行为称为"搭便车"。"搭便车"就是免费乘车，不花钱而进行享受。公共物品可以"搭便车"，消费者要消费不必花钱购买，例如：你不必为使用路灯而花钱。这样，公共物品就没有交易，没有市场价格，生产者不愿意生产。从而导致资源配置不合理，供给不足。

此外，公共物品还具有消费的强制性。公共物品与私人产品不同的另一个属性是公共物品的消费或使用具有强制性。私人产品是通过市场供应、消费者单独享用、单独受益的，消费者消费什么、不消费什么是消费者个人的事，消费者拥有完全的、自由的主权，任何人不能施以外部的强制。公共物品则不同，公共物品是向整个社会供应的，整个社会成员共同享用它的效用。公共物品一经生产出来，提供给社会，社会成员一般没有选择余地，只能被动地接受。换句话说，公共物品不是自由竞争品，它具有高度的垄断性。公共物品的这一性质，提醒人们必须注意公共物品的质量和数量。公共物品的废品、次品决不能流入社会，一旦流入社会，其危害性远远大于私人产品。公共物品的数量不足，不能满足社会的需要，其危害性也是明显的。

4. 纯公共物品与准公共物品

不同的公共物品非竞争性与非排他性的程度是不同的。根据非竞争性与非排他性的程度，公共物品又被进一步划分为纯公共物品与准公共物品。纯公共物品具有完全的非竞争性与完全的非排他性。准公共物品只具有局部非竞争性与局部非排他性，如表 8-1 所示。

表 8-1　纯公共物品、私人物品和混合物品的划分

	竞争性	非竞争性
排他性	私人物品 食品 衣服	自然垄断 水、电、气 有线电视 非拥挤的桥梁
非排他性	共有资源 公园 公共游泳池 海洋中的鱼	公共物品 国防 社会治安 基础教育

二、外部性

1. 外部性的定义

经济学中的外部性(外部效应)是指在实际经济活动中，生产者或消费者的活动对其他生产者或消费者带来了非市场性影响，这种影响可能是有益的，也可能是有害的。有益的影响(收益外部化)称为外部经济性，或正外部性；有害的影响(成本的外部化)称为外部不经济性，或负的外部性。与公共物品问题一样，外部效应也是市场失灵的一种主要表现。

2. 外部性的分类

外部性主要分为以下四种。

(1) 生产的外部经济性。是指生产者的经济行为产生了有利于他人的良好影响，但却不能因此从中取得报酬。如蜜蜂是生产者，传播了花粉；上游居民种树，保护水土，下游居民的用水得到保障。又例如：在 A 公司接受过业务培训的职工跳槽到其他单位，此时 A 公司的行为就给其他单位提供了技术更高的劳动力,有利于其他单位的生产,但却不能从受利单位索要培训费用。这也是当今应届大学生就业难的一个很重要的因素。

(2) 消费的外部经济性。是指消费者采取的行动对于他人产生的有利影响。例如：养花而观赏的人，给予养蜂人和邻居带来了好处；进行肝炎疫苗接种的人,不但可使自己不患肝炎,并且由于减少了肝炎传染源而使他人感染此病的概率大大降低,有利于他人身体健康。

(3) 生产的外部不经济性。是指生产者的行为给他人造成了损害，但没有给他人予以补偿。如造纸厂的三废；木工装修房子所产生的噪声；上游伐木造成洪水泛滥和水土流失，对下游的种植、灌溉、运输和工业产生不利影响。

(4) 消费的外部不经济性。是指消费者的行为给他人造成了损害，但没有给予补偿。如：吸烟；某人在三更半夜时大声唱卡拉 OK；私人轿车方便了个人的出行，但汽车尾气的排放会污染环境，损害他人的身体健康。

3. 外部性对资源配置的影响

以上介绍了外部性的定义及分类，那么外部性是如何导致市场失灵的呢？原因就在于外部性会影响市场对资源的配置，使得资源配置缺乏效率。

第一，正外部性会使某种产品的收益外部化。这会导致这种产品私人收益小于社会收益，私人企业的供给不足，从而带来福利损失。

第二，负外部性会导致成本外部化。厂商忽视产品的外部成本，将会造成产品的实际供给量大于帕累托最优的供给量，这也会导致福利的损失。

三、垄断

1. 垄断的定义

垄断是市场不完善的表现，垄断市场是一个产量较低而价格较高的市场。垄断是对市场的控制。如果是生产者垄断，即一般所说的垄断，或卖方垄断。如果是购买者垄断，就称为买方垄断。垄断的存在，不仅造成资源浪费和市场效率低下，而且使社会福利减少。

2. 垄断对资源配置的影响

在垄断市场条件下，垄断厂商为实现自身利益最大化，也会像竞争厂商一样努力使生产定在边际收益等于边际成本的点上，但与竞争企业不同的是，垄断市场的价格不是等于而是大于边际收益，因此，他最终会选择在价格大于边际成本的点上组织生产。垄断厂商不需被动地接受市场价格，降低成本，而可以在既定的成本水平之上加入垄断利润形成垄断价格。所以，垄断市场的价格比竞争市场高，产量比竞争市场低。

这样，一方面导致厂商丧失了降低成本，提高效率的动力；另一方面抬高的垄断定价成为市场价格，扭曲了正常的成本价格关系，对市场资源配置产生误导，造成一种供不应求的假象，导致更多的资源流向该行业。

此外，垄断对社会福利造成损失主要表现为使消费者剩余大大减少，从而增加了厂商的超额利润。我们可以比较竞争与垄断情况下社会福利的损失来说明市场失灵。

在竞争情况下，价格由供求决定，当价格调节使供求相等时，用消费者剩余和生产者剩余之和表示的社会福利达到最大。消费者剩余是消费者愿意支付的价格与实际支付的价格之差，生产者剩余是生产者生产某种产品的成本与实际得到的价格之差。总剩余是消费者剩余与生产者剩余之和。在竞争条件下，市场均衡时，消费者剩余与生产者剩余达到最大，即社会福利最大，表明价格调节实现了资源配置的最优化。可以用图 8-1 来说明这一点。

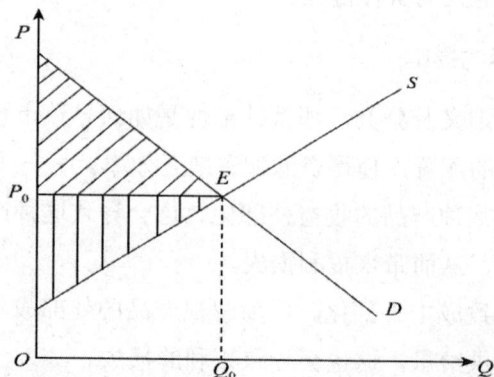

图 8-1　竞争下的消费者剩余、生产者剩余、社会总剩余

在图 8-1 中，当供求相等时，均衡价格为 P_0，均衡数量为 Q_0。这时，消费者剩余是价格线以上和需求曲线 D 以下的面积(图 8-1 中用斜条阴影表示)，生产者剩余是价格线以下和供给曲线 S 以上的面积(图 8-1 中用直条阴影表示)。这两块面积之和为社会福利，这时社会福利达到最大，表示资源配置实现了最优化。

当有垄断时，垄断者利用对市场的控制把价格提高到均衡价格 P_0 以上，这就引起消费者剩余和生产者剩余的损失，从而资源配置没有实现最优，可以用图 8-2 说明这一点。

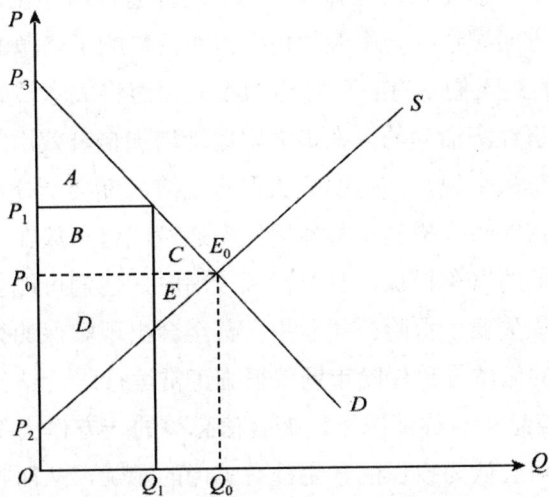

图 8-2　垄断下的消费者剩余、生产者剩余、社会总剩余

在图 8-2 中，垄断者把价格提高到 P_1，P_1 高于均衡价格 P_0。这时消费者的需求减少，均衡数量减少为 Q_1。图 8-2 中，$A+B+C$(即三角形 E_1EE_0 的面积)是竞争条件下的消费者剩余，$D+E$ 是竞争条件下的生产者剩余，$A+B+C+D+E$ 是社会总剩余，即社会福利。当价格为 P_1，均衡数量为 Q_1 时，消费者剩余为 A(即三角形 $P_3P_1E_1$ 的面积)，生产者剩余为 B(即长方形 $P_1P_0EE_1$ 的面积)+D(即三角形 $P_0P_2E_0$ 的面积)，总剩余为 $A+B+D$。原来的消费者剩余中，B 通过高价格转向生产者，但 C 是垄断引起的纯粹损失，称为无谓损失。原来的生产者剩余中 E 也是纯粹损失。$C+E$ 称为垄断下的无谓损失，是由于价格高，均衡量低引起的。在垄断下的总剩余，即社会福利的损失为 $C+E$。这就是垄断引起的资源配置没有实现，即市场失灵。

四、信息不对称

1. 信息不对称的定义

完全竞争市场上能够实现帕累托最优状态的一个重要假定就是完全信息,即市场交易双方对交易产品具有充分的信息。然而,在现实生活中,人们对信息的掌握是不完全的,而这种不完全又往往表现为信息不对称。信息不对称是指参与经济活动的当事人拥有不同信息的状况,即有些人拥有比其他人更多的相关信息。例如：商品的卖方要比买方掌握更多的关于产品质量和数量等方面的信息。

信息不对称的产生是多种因素造成的。首先，获取信息需要成本。其次，由于人们认识能力的局限性和差异性使其不可能掌握全部的信息。此外，充分占有信息的一方会为了自身利益而对对方隐藏信息。

2. 信息不对称对资源配置的影响

经济生活中的信息不对称使逆向选择和道德风险问题普遍存在，这一方面造成了交易市场的严重萎缩；另一方面导致社会资源的极大浪费，影响了资源的配置效率。

(1) 道德风险。指的是人们享有自己行为的收益，而将成本转嫁给别人，从而造成他人损失的可能性。即从事经济活动的人在最大限度地增加自身效用的同时做出不利于他人的行动。例如：对于有车族来说，在他们购买保险之前，都会十分在意自己汽车的安全问题，他们会采取非常严密的防盗措施，如雇用保安巡逻或将车放在上锁的车库里。但如果保险公司表示愿意为他们的汽车投保，且赔偿额较高时，他们可能会较少地关注汽车安全问题，因为此时大部分损失要由保险公司承担。甚至会出现骗保的行为，造成车辆事故的假象，骗取保费。这样的做法导致保险市场就很难正常运行。

(2) 逆向选择。指信息不对称情况下，拥有信息少的一方作出不利于另一方的选择。例如：上例中，保险公司会认为投保的车主都有骗保的嫌疑，从而收取极高的保费，而真正需要保险的车主也会因保费过高不再参保，保险市场就难以存在了。又如：在市场上买方并不拥有商品内在品质的私人信息，但他们知道，拥有这种信息的卖方有利用信息欺骗他们的道德风险，因此，就会把所有卖者都作为骗子，把所有商品都作为伪劣商品。这时，市场上正直的卖者没法存在，优质商品也无法存在。这就是逆向选择。这种逆向选择不利于卖方，也会不利于整个市场的交易活动。

第二节　市场失灵的解决方法

市场失灵的存在引出了政府干预的必要性。

一、对公共物品的解决办法

经济中的纯公共物品，如国防、基础教育、市政建设、社会保障等要由政府来提供。这就是由政府向公民征收税收，作为提供这些公共物品的资金。这些公共物品为任何一个经济所需要，但又不是私人或市场所能提供的。提供这些公共物品是政府在市场经济中的基本职能之一。

有些公共物品在一定条件下可以成为准公共物品或私人物品，通过市场机制来提供。例如：许多人认为公共交通是公共物品，实际公共交通可以通过收费来实现排他性和竞争性。因此，公共交通可由私人企业提供，而且，由私人提供公共交通比政府提供效率高得多。美国纽约市的公共交通有一段时间由市政府经营，结果是价格高，运行成本高，要政府贴补，服务还不好。把公共交通交给私人经营以后，价格下降了，成本下降了，私人企业有赢利，政府减少了财政支出，服务也好了。在这些公共物品上，政府所做的事就是通过拍卖把这些事业的经营权转让给私人企业，让他们按市场原则去经营。再如：公路、桥梁等公共物品都可以运用这种方法解决。

二、对外部性的解决办法

可以使用立法或行政手段，或者采用经济、市场手段等方法来解决外部性。

1. 立法手段

采用立法手段等方法来解决外部性，就是制定环境保护法这样的法律，指定某个政府部门(如我国的环保局)作为执法机构，规定一定的排放标准，强制执行，对违规者进行从罚款到追究法律责任的处罚。例如：根据《天津市大气污染防止条例》，对于燃煤锅炉排放的二氧化硫和尘超过核定排放量的，必须配套建设脱硫、除尘装置，否则由环保部门责令限期改正，并处罚金。这种法规就是强制性的，要由政府来实施。

2. 经济手段

解决外部性所采用经济手段就是征收污染税，这种税收最早由英国经济学家庇古提出，因此也称为庇古税。庇古税就是对污染征收的税。这种税向生产者征收，这就把污染的社会成本变成了私人成本。生产污染产品的企业成本增加，会减少直至停止生产，或者自己治理污染。政府也可以用这种税收来治理污染或保护环境。污染税由政府根据有关规定征收。当然，对有正外部性的物品进行补贴也与此类似。

3. 市场机制

在产权明晰的情况下，有些外部性问题也可以通过市场机制来解决。例如：一个造纸厂建在一条由私人钓鱼俱乐部拥有的小河边。造纸厂与小河都由私人拥有，产权明晰，这时，造纸厂给小河带来的污染(负外部性)就可以通过双方的谈判来解决。小河的所有者产权受到侵犯(无法钓鱼，产权的使用与受益权被破坏)，可以提出赔偿要求。如果赔偿大于造纸厂的收益，造纸厂愿意赔偿，钓鱼俱乐部得到的赔偿足以补偿污染带来的损失，也愿意接受，负外部性就不存在。如果赔偿太高，造纸厂无法接受，就治理污染或关门，负外部性也消除了。在这种情况下，双方的交易可以解决污染的负外部性。

4. 可交易的排污证制度

可交易的排污证是由环保部门确定一个城市或地区的总体排污标准，然后向污染企业发放(或拍卖)排污证。排污证可以在市场上进行交易。这种方法不仅降低了政府管理部门的排污成本，而且也减少了企业治理污染的成本。例如：某城市确定可吸收颗粒物的排放总量为 20 吨，然后分别向两个排污的钢铁厂和化工厂各发放 10 吨排污证。这两个厂排污的成本不同。钢铁厂减少每吨污染需 2 万元，而化工厂为 1 万元。如果规定各自排污标准为 10 吨，钢铁厂支出成本 20 万元，化工厂 10 万元，总计为 30 万元。当允许它们交易排污证时，钢铁厂向化工厂购买排污证，假定他们以 1.5 万元一吨排污证的价格成交。钢铁厂多排出 10 吨，花 15 万元，节约 5 万元排污费。化工厂治理污染支付治理污染费 10 万元，多得到 5 万元收入。排放总量没变，化工厂治理 20 吨污染需 20 万元，两个企业共节约排污费 10 万元，各得 5 万元，这种方法有效地治理污染已在美国及我国的上海、太原成功地运用。

5. 实行内部化政策

一个企业对另一企业可能产生正外部性或负外部性，但当政府将两个企业进行合并，在合并后的一个企业内部核算成本与收益时，就消除了外部性影响，即使其"内部化"了。

三、对垄断的解决办法

针对垄断原因导致的市场失灵,政府干预的方式主要是制定反垄断法和公共管制。

1. 制定反垄断法

各国都有名称不同的反对垄断保护竞争的立法，在美国这种立法称为反托拉斯法。例如：美国在 1890—1950 年，曾先后制定并颁布实施了谢尔曼法(1890 年)，克莱顿法(1914年)，联邦贸易委员会法(1914 年)，罗宾逊—帕特曼法(1936 年)，惠特—李法(1938 年)，塞勒—凯弗维尔法(1950 年)等反托拉斯法。这些法律可以起到削弱或分解垄断企业，防止垄断产生的目的。

2. 公共管制

政府对垄断的管制主要是政府对垄断价格进行管制并进而影响到价格。价格管制就是使管制之下的垄断厂商制定的价格等于边际成本。这样可以将垄断造成的社会福利损失减少到最低限度，以实现资源的优化配置，这种方法主要用于自然垄断行业。

四、对信息不对称的解决办法

1. 解决逆向选择问题的措施

解决逆向选择问题的措施主要有：一是由政府规定企业对自己出售的产品提供质量保证；二是由政府引导企业对自己出售的产品提供不同的产品包修年限；三是政府鼓励企业

对自己的产品树立品牌，通过"声誉"来分辨优质产品与劣质产品；四是政府鼓励企业通过广告等宣传方式来区分优质产品与劣质产品；五是政府鼓励企业实现产品标准化。

2. 解决道德风险问题的措施

解决道德风险问题的措施主要是一些制度安排：一是预付保证金；二是订立合同；三是树立品牌声誉。

除此之外，解决信息不对称的问题，关键就是要使私人信息的获得成为可能，从杂乱的虚假信息中找出真实信息。这时就需要专门从事这种收集信息、分析信号的机构。这些机构为许多人进行相同的信息搜寻工作，实现了专业化和规模经济，使搜寻私人信息的成本下降。

第三节　政府失灵

一、政府失灵的定义

市场失灵为政府干预提供了基本依据，但是，政府干预也并非万能，同样存在着"政府失灵"的可能性。我们已经知道，市场经济会出现市场失灵的情况，"看不见的手"有时会引导经济走上错误的道路。为了对付"看不见的手"的缺陷，现代经济是市场这只"看不见的手"和政府这只"看得见的手"的混合体。政府的经济职能一般有三个，即效率、平等和稳定。然而，由于现实经济社会的极其复杂，用来弥补市场经济缺陷的政府职能本身并不是完美无缺的，在许多情况下，政府这只"看得见的手"也失去了作用，我们称之为政府失灵(Government Failure)。

二、政府失灵的表现

1. 政府掌握的信息的有限性

政府对社会经济活动的干预，实际上是一个涉及面很广、错综复杂的决策过程(或者说是公共政策的制定和执行过程)。正确的决策必须以充分可靠的信息为依据。但由于这种信息是在无数分散的个体行为者之间发生和传递，政府很难完全占有，加之现代社会化市场经济活动的复杂性和多变性，增加了政府对信息的全面掌握和分析处理的难度。此种情况很容易导致政府决策的失误，必然对市场经济的运作产生难以挽回的负面影响。

2. 政府某些干预行为的效率较低

与市场机制不同，政府干预首先具有不以直接盈利为目的的公共性。政府为弥补市场失灵而直接干预的领域往往是那些投资大、收益慢且少的公共产品，其供给一般是以非价格为特征，即政府不能通过明确的价格交换从供给对象那里直接收取费用，而主要是依靠财政支出维持其生产和经营，很难计较其成本，因此缺乏降低成本提高效益的直接利益驱动。其次，政府干预还具有垄断性。政府所处的某些迫切需要的公共产品(如国防、警察、消防、公路)的垄断供给者的地位决定着只有政府才拥有从外部对市场的整体运行进行干预或调控的职能和权力。这种没有竞争的垄断极易使政府丧失对效率、效益的追求。最后，政府干预还需要具有高度的协调性。政府实施调控的组织体系是由政府众多机构或部门构成的，这些机构部门间的职权划分、协调配合、部门观点，都影响着调控体系的运转效率。

3. 政府的过度干预

即政府干预的范围和力度超过了弥补"市场失灵"和维持市场机制正常运行的合理需要，或干预的方向不对路，形式选择失当，例如：不合理的限制性规章制度过多过细，公共产品生产的比重过大，公共设施超前过度。对各种政策工具选择及搭配不适当，过多地运用行政指令性手段干预市场内部运行秩序，结果非但不能纠正市场失灵，反而抑制了市场机制的正常运作。

4. 政府决策的有限性

正确的决策还需要决策者具备很高的素质。政府进行宏观调控，必须基于对市场运行状况的准确判断，制定调控政策，采取必要手段，这在实践中是有相当难度的。即使判断准确，政策工具选择和搭配适当，干预力度也很难确定。而干预不足与干预过度，均会造成"政府失灵"。 而现实中的政府官员很多并不具备上述决策素质和能力，这必然影响政府干预的效率和效果。

5. 政府干预为寻租行为的产生提供了可能性

寻租行为是指个人或团体为了争取自身经济利益而对政府决策或政府施加影响，以争取有利于自身的再分配的一种非生产性活动(即不增加任何社会财富和福利)，如企业通过合法特别是非法的形式向政府争取优惠特惠，通过寻求政府对现有干预政策的改变而获得政府特许或其他政治庇护，垄断性地使用某种市场紧缺物资等。可见寻租因政府干预成为可能，又必然因这种干预的过度且缺乏规范和监督而成为现实。其主要危害在于不仅使生产经营者提高经济效率的动力消失，而且还极易导致整个经济的资源大量地耗费于寻租活动。

由此可见，市场存在失灵，纠正市场失灵的政府干预也引起失灵。市场经济正处于这种两难困境。在现实中，能由市场解决的尽量由市场解决，市场解决不了的，只有求助于政府，无非是尽量减少政府的失灵而已。

◎ 项 目 总 结

此项目先从市场失灵入手，分析其产生原因，包括公共物品、外部性、垄断及信息不对称。分别介绍了它们的定义、特点以及如何对资源配置造成影响，进而引起市场失灵的。市场失灵的存在引出了政府干预的必要性，并针对以上原因提出解决市场失灵的办法。市场失灵为政府干预提供了基本依据，但是，政府干预也非万能，同样存在着"政府失灵"的可能性，政府对市场的调节也存在很多局限性。包括政府掌握的信息的有限性，政府某些干预行为的效率较低，政府的过度干预，政府决策的有限性以及政府干预为寻租行为的产生提供了可能性。

◎ 项 目 考 核

一、选择题

1. 公共物品消费的性质是(　　)。
   A. 非竞争性或非排他性　　　　　B. 非竞争性与排他性
   C. 竞争性与非排他性　　　　　　D. 竞争性与排他性

2. "搭便车"现象源于(　　)问题。
   A. 公共物品　　B. 私人物品　　C. 社会福利　　D. 不完全信息

3. 某人的行为给其他人带来经济利益，但其他人并不为此支付费用，这种现象称之为(　　)问题。
   A. 公共物品　　B. 搭便车　　C. 外部经济　　D. 外部不经济

4. 工厂排放的废水、废气、废料对社会产生的效应属于(　　)。
   A. 生产的外部经济　　　　　　　B. 生产的外部不经济
   C. 消费的外部经济　　　　　　　D. 消费的外部不经济

5. 个人乱扔生活垃圾对社会产生的效应属于(　　)。
   A. 消费的外部经济　　　　　　　B. 消费的外部不经济
   C. 生产的外部经济　　　　　　　D. 生产的外部不经济

6. 垄断厂商的产量(　　)。
   A. 等于竞争产量　　　　　　　　B. 大于竞争产量
   C. 小于竞争产量　　　　　　　　D. 以上都不对

7. 解决外部不经济问题可以采取下列(　　)的方法。
   A. 征税　　　　B. 明确产权　　C. 补贴　　　　D. 以上都可以

8. 垄断之所以会引起市场失灵是因为(　　)。

　　A. 垄断者利用对市场的控制使价格没有反映市场的供求情况

　　B. 价格管制

　　C. 实施反托拉斯法

　　D. 国有化

9. 卖主比买主知道更多关于商品生产和质量信息的情况称为(　　)。

　　A. 道德风险　　　　B. 搭便车　　　　C. 排他性　　　　D. 不对称信息

二、判断题

1. 市场失灵的存在要求由政府来取代市场价格机制。　　　　　　　　　　　　(　　)

2. 严格监督可以杜绝公共物品的搭便车现象。　　　　　　　　　　　　　　(　　)

3. 公共物品可以由私人来生产。　　　　　　　　　　　　　　　　　　　　(　　)

4. 污染具有负的外部不经济,所以政府只有通过行政手段禁止这种行为。　　(　　)

5. 政府治理垄断的目的有降低商品价格和提高产量。　　　　　　　　　　　(　　)

三、问答题

1. 什么叫市场失灵?哪些情况会导致市场失灵?

2. 外部性问题如何影响资源配置?

3. 公共物品的主要特征有哪些?

◎ 项 目 拓 展

1. 以污染为例说明政府采取什么办法可以消除外部性问题带来的不良影响?

2. 举例说明信息不对称会导致市场失灵。

3. 案例分析。

(1) 义务教育的外部性

我国《义务教育法》规定:"公民不分民族、种族、性别、职业、财产状况、宗教信仰等,依法享有平等的受教育的机会","国家对接受义务教育者免收学费"。虽然经过长期努力,目前我国绝大部分的地方义务教育都做到了免收学费,但其他如书费、杂费、住宿费、补课费、校服费、报刊费、校舍维修基金等收费项目却是名目繁多。

为此,我国一些地方已经开始陆续实施一些针对性的措施:广东省从 2001 年起,每年拨出 3 亿元专项资金,用于免收农村困难家庭义务教育阶段书杂费。北京市从 2002 年 9 月 1 日起,将有 60 万名义务教育阶段的中小学生免交杂费,它意味着在北京 109 万名接受义务教育的中小学生中将有半数以上的学生享受免费义务教育。

(资料来源: http//wenku.baidu.com/view/688cae7b5acfa1c7aa00ccc2.html)

问题：

① 公共产品的有效供给有哪些？

② 义务教育的外部性是什么？

(2) 蜜蜂与果园

一个养蜂人住在一个果园旁边，果园主人由于蜜蜂而受益，因为每箱蜜蜂大约能为一英亩果树授粉，然而果园主人并不为这一服务支付任何费用，因为蜜蜂并不需要做任何事就会到果园来。因为蜜蜂不足以使果园都授到粉，因此果园主人还必须以每亩果树 10 元的成本，用人工来完成授粉。养蜂人的边际成本 $MC = 10 + 2Q$，Q 为蜂箱数目，每个蜂箱产生 20 元的蜂蜜。

问题：

① 养蜂人会持有多少箱蜜蜂？

② 经济上有效率的蜂箱数目。

③ 什么样的改变可以导致更有效率的运作？

(资料来源：高鸿业. 西方经济学[M]. 北京：中国人民大学出版社，2000.)

(3) 3Q 之争：反垄断法的一场大考

"尘世间最遥远的距离不是生与死的距离，而是得到你的 QQ 号后发现自己装了 360！"这句调侃也许一定程度能反映出部分网民近日的感受。随着 QQ 与 360 争端的升级，数以亿计的网络用户在两个企业的这场战斗中沦为双方火拼的弹药。由于"3Q 之争"影响面极广，并引发了社会对反垄断执法的高度关注，因此，如果说可口可乐并购汇源案是我国反垄断法生效后的第一场大考，此次"3Q 之争"则称得上是我国反垄断法面临的又一场大考。

2010 年 11 月 3 日晚，腾讯公司向所有用户发出公告宣布，在奇虎 360 停止对 QQ 进行外挂侵犯和恶意诋毁之前，将在装有 360 软件的电脑上停运 QQ 软件，直接向用户抛出了一个"卸还是不卸？"的"哈姆雷特问题"。从事后的评论来看，有观点认为腾讯公司的行为涉嫌滥用市场支配地位。然而，要认定"3Q 之争"中涉嫌的垄断行为，首先我国反垄断规则的完备性与科学性面临考验，即"3Q 之争"所处的互联网产业的特殊性给反垄断规则带来的挑战。

"3Q 之争"的社会关注度远超可乐案，给反垄断公共执行的权威性以及私人执行的可行性也带来了考验。公共执行的权威性主要体现在行政执法的及时性与有效性上，"3Q 之争"发生后，在公众质疑企业行为涉嫌垄断，并对行政执法给予高度期望后，执法部门的反应仍显滞后。反垄断法的"牙齿"到底长稳了没有？"3Q 之争"中反垄断执法的缺位，使得民众面临这样的疑惑。下一步如何积极展开具有公信力的执法，维护反垄断法及执法部门的权威性，是执法部门面临的一大考验。我国反垄断法第 50 条为私人诉讼提供了可能，但目前私人诉讼从立案到审理各环节都存在很大的不确定性。私人诉讼赖以运行的诉讼主体资格认定、损失额的确定以及举证责任等关键问题均待明晰，而反垄断集团诉讼在我国的法律框架内也不具有可操作性，"3Q之争"中受损的相关企业与消费者通过诉讼进行反垄断私力救济的前景并不乐观。

"3Q之争"对我国反垄断法带来的考验让我们认识到，一方面，应重视网络经济对传统反垄断法律制度的挑战。可考虑针对网络产业制订单独的反垄断法实施指南，对相关市场界定、市场准入评估等易受网络经济效应影响的问题进行特殊规定。其次，加强对反垄断私人诉讼的扶持。如司法程序方面适度的举证责任倒置、专家证言的引入、行政机构调查处理决定或采集的信息对私人诉讼的辅助支撑以及诉讼费用减免等，并积极探索反垄断公益诉讼机制的可行性。在反垄断行政程序与司法程序间搭建起一套包括信息共享、证据传导、意见交换制度在内的协调机制。再次，加快相关配套规则的制定与出台。如已公开征求意见的工商总局《关于禁止滥用市场支配地位行为的有关规定》、发改委《反价格垄断规定》、《反价格垄断行政执法程序规定》以及最高人民法院制定中的《关于审理垄断民事纠纷案件适用法律若干问题的规定》。

2008年反垄断法实施以来，这部"市场经济宪法"在我国似乎并没有获得应有的尊严。针对此次"3Q之争"涉嫌"垄断门"，执法部门应把握这一绝佳机会，通过公开、透明以及有说服力的执法过程，构筑执法部门的公信力以及广大民众对我国反垄断法的信心，并推动包括企业以及广大消费者在内的社会公众的市场自由竞争意识的生成与深化。

（资料来源：http://finance.jrj.com.cn/opinion/2010/11/1213218550629-1.shtml.）

问题： 请你谈谈对此次事件的看法及此事件带来的影响。

项目九 国民收入核算理论与应用

【项目引入】

材料一： 表 9-1 为 2012 年 GDP 排名前六位国家的统计数据。

表 9-1 2012 年世界各国(地区)GDP 总值排名(前六位)   单位：亿美元

排　名	国　家	GDP 总值
1	美国	156 848
2	中国	82 270
3	日本	59 640
4	德国	34 006
5	法国	26 087
6	英国	24 405

(资料来源：国际货币基金组织(IMF)，2013 年 4 月)

材料二： 下面是一则关于 2010 年第三季度中国宏观经济运行分析的新闻节选：

2010 年前三季度，面对复杂多变的国内外环境，中国在继续实施应对金融危机一揽子计划的同时，加快推进经济发展方式转变和经济结构调整，经济稳定增长，继续朝着宏观调控的预期方向发展。

2010 年前三季度 GDP 同比增长 10.6%，增速比上年同期加快 2.5 个百分点。分季度看，一季度 GDP 同比增长 11.9%，二季度增长 10.3%，三季度增长 9.6%，增速下滑速度逐季趋缓，预示着我国经济在复苏过程中完成了阶段性筑底。

2010 年前三季度国内生产总值 268 660 亿元。分产业看，第一产业增加值 25 600 亿元，增长 4.0%；第二产业增加值 129 325 亿元，增长 12.6%；第三产业增加值 113 735 亿元，增长 9.5%。

2010 年前三季度经济增速减缓，一方面与我国今年以来实行的房地产调控、节能减排、淘汰落后产能等一系列调整结构政策措施有关；另一方面，还有基数原因，2009 年我国经济增速呈现"前低后高"，与之相对应，今年则呈现"前高后低"。考虑到 2009 年四季度基期值较高以及投资增速放缓、出口增速进一步回落等因素影响，2010 年四季度经济同比增速将继续回落，全年预计增长达到 9.5%左右。

讨论：什么是国内生产总值(GDP)？为什么将 GDP 的统计数字作为经济运行水平的衡量指标呢？

(资料来源：http://wenzhou.focns.cn/news/2010-10-21/1078047_1.html)

【技能目标】

● 　能够区分国内生产总值(GDP)与国民生产总值的区别。

● 　能够掌握国内生产总值的核算方法与内容。

【知识目标】

● 　掌握国民生产总值指标的含义。

● 　掌握国民生产总值的核算原则。

● 　理解国民生产总值的局限性。

【关键概念】

宏观经济学　国内生产总值　国民生产总值　国民收入　个人收入　个人可支配收入
消费　投资　政府购买　净出口

【导语】

微观经济学研究个别家庭和企业如何做出决策，以及它们如何在市场上相互交易。宏观经济学研究整个经济，其目标是解释同时影响许多家庭、企业和市场的经济变化。经济学家通过监测反映整体经济运行的数据来解释经济变动，国内生产总值是最受关注的经济统计数据，它衡量的是一国或地区的总收入。

第一节　宏观经济学概述

1. 宏观经济学的研究对象与内容

宏观经济学研究的是社会总体经济行为及其后果，它以整个国民经济活动为考察对象，对社会的产量、收入、价格水平和就业水平等进行分析。宏观经济学研究的是诸如下述的一些内容。

(1) 什么因素决定了一个国家经济的长期增长？为什么有些国家的经济迅速增长，而另外一些国家却发展缓慢？

(2) 不同的经济条件下，引起经济周期性波动的原因各是什么？政府是否可以采取一些调控政策？

(3) 什么因素导致了失业的存在和增加？失业现象在几乎所有的市场经济国家中存在，尽管根据微观经济学原理，价格机制的自动调节作用可以保证每一种生产要素得到充分就业，但失业仍在某些年达到非常高的程度，是什么原因引起了如此高的失业率？

(4) 什么因素产生了通货膨胀？通货膨胀曾经是许多国家面临的难题，中国自改革开放以来，通货膨胀也是人们关心的热点之一。

(5) 经济一体化如何影响一国经济运行？在各国经济联系日趋紧密的今天，国际经济体系的变化会对一国宏观经济产生什么样的影响？

宏观经济学的主要内容可以概括为国民收入核算理论、国民收入决定理论、失业和通货膨胀理论、经济增长理论、经济周期理论、货币理论、宏观经济政策理论等，其中，国民收入核算理论是宏观经济学的基础理论，国民收入决定理论是宏观经济学的核心理论。

2. 宏观经济学与微观经济学

微观经济学考查的是单个产品的价格、数量与市场；而宏观经济学是将整个经济运行作为一个整体来研究，考察的是整个国家的产出、就业和价格。

宏观经济学和微观经济学的研究对象不同，理论体系也随之不同。微观经济学以价格为中心建立起价格理论，而宏观经济学则以收入和就业为中心建立起收入理论和就业理论。

第二节 国内生产总值及核算方法

1. 国内生产总值的含义

国内生产总值(英文缩写：GDP)是指一国一年内所生产的最终产品(包括产品与劳务)的市场价值的总和。

在理解这一定义时，我们要注意以下几个问题。

(1) 国内生产总值指一国在本国领土内所生产的产品与劳务，既包括本国企业所生产的产品与劳务，也包括外国企业或合资企业在本国生产的产品与劳务。

(2) 国内生产总值是指一年内生产出来的产品的总值，因此，在计算时不应包括以前所生产的产品的价值。例如，以前所生产而在该年所售出的存货，或以前所建成而在该年转手出售的房屋等。

(3) 国内生产总值是指最终产品的总值，因此，在计算时不应包括中间产品产值，以避免重复计算。

(4) 国内生产总值中的最终产品不仅包括有形的产品，而且包括无形的产品——劳务，即要把旅游、服务、卫生、教育等行业提供的劳务，按其所获得的报酬计入国内生产总值中。

(5) 国内生产总值指的是最终产品市场价值的总和，这就是要按这些产品的现期价格来计算。这样就引出两个值得注意的问题：其一，不经过市场销售的最终产品(如自给性产品，自我服务性劳务等)没有价格，也就无法计入国内生产总值中；其二，价格是变动的，所以，国内生产总值不仅要受最终产品数量变动的影响，而且还要受价格水平变动的影响。

2. 国内生产总值的计算方法

(1) 支出法。又称产品流动法、产品支出法或最终产品法。这种方法从产品的使用出发，把一年内购买各项最终产品的支出加总，计算出该年内生产出的最终产品的市场价值。即把购买各种最终产品所支出的货币加在一起，得出社会最终产品的流动量的货币价值的总和。

按支出法计算国内生产总值，包括以下几项支出：个人消费支出(C)、国内私人总投资(I)、政府购买商品和劳务支出(G)和净出口($X-M$)。

个人消费支出包括所有家庭对国内和国外生产的产品和劳务的消费。它又可细分为耐用品、非耐用品和劳务三种支出，劳务中包括房租的租金。

私人国内总投资是用于购买新生产的资本货物(固定投资)和用于变动存货的总支出。家庭用于购买新的房屋被视为投资，包括在私人国内总投资之中，而它所提供的居住服务则估算其租金计入个人消费支出之中。政府购买商品和服务支出，包括中央和地方各级政府购买产品和劳务的数量，对政府雇员薪金的支出也包括在这个项目之中。净出口是出口减进口的净值。如果在 GDP 中扣除生产中消耗资本的价值(即折旧)则为国内生产净值。

用支出法计算 GDP 的公式可以写成：

$$GDP=C+I+G+(X-M) \tag{9-1}$$

(2) 收入法。又称要素支付法，或要素收入法。这种方法是从收入的角度出发，把生产要素在生产中所得到的各种收入相加。即把劳动所得到的工资，土地所得到的地租，资本所得到的利息，以及企业家才能所得到的利润相加后计算国内生产总值。即国民总收入=工资+利息+利润+租金+间接税和企业转移支付+折旧。

(3) 部门法。是指按提供物质产品与劳务的各个部门的产值来计算国内生产总值。这种计算方法反映了国内生产总值的来源，所以又称生产法。用部门法计算国内生产总的公式：

$$GDP=\sum_{i=1}^{n}P_iQ_i \tag{9-2}$$

3. 国民收入核算中的五个基本总量及其相互关系

在国民收入核算中，除了国内生产总值之外还有另外四个重要的总量：国内生产净值、国民收入、个人收入、个人可支配收入。这五个总量之间存在一定的关系。

国内生产净值(英文缩写：NDP)：一个国家一年内新增加的产值，即在国内生产总值中扣除了折旧之后的产值。

国民收入(英文缩写：NI)：一个国家一年内用于生产的各种生产要素所得到的全部收入，即工资、利润、利息和地租的总和。

个人收入(英文缩写：PI)：一个国家一年内个人所得到的全部收入。

个人可支配收入(英文缩写 PDI)：一个国家一年内个人可以支配的全部收入。

国民收入核算中这五种总量的关系是：

$$\text{GDP}-折旧=\text{NDP} \qquad\qquad (9\text{-}3)$$

$$\text{NDP}-间接税=\text{NI} \qquad\qquad (9\text{-}4)$$

$$\text{NI}-公司未分配利润-企业所得税+政府给居民户的转移支付+$$

$$政府向居民支付的利息=\text{PI}$$

$$\text{PI}-个人所得税=\text{PDI}=消费+储蓄 \qquad\qquad (9\text{-}5)$$

在以上五个总量中，国民收入可以分为广义的国民收入与狭义的国民收入，前面所讲的是狭义的国民收入，广义的国民收入泛指这五个总量。这种国民收入也可以指国内生产总值。国民收入决定理论中所讲的国民收入就是指国内生产总值。

4. 名义 GDP 和实际 GDP

(1) 名义 GDP 和实际 GDP。名义 GDP 是指用生产物品和劳务的当年价格计算的全部最终产品的市场价值；实际 GDP 是指用从前某一年作为基期的价格计算出来的当年全部最终产品的市场价值。

(2) GDP 折算指数：

$$\text{GDP折算指数}=\frac{名义国内生产总值}{实际国内生产总值} \qquad\qquad (9\text{-}6)$$

第三节 其他宏观经济指标

1. 物价指数

物价水平普遍而持续的上升称为通货膨胀，物价水平普遍而持续的下降称为通货紧缩。经济中的通货膨胀与通货紧缩用物价指数来表示。物价指数是衡量物价总水平变动情况的指数。

各国经常采用的物价指数主要包括消费物价指数、生产物价指数和 GDP 平减指数。

(1) 消费物价指数。是指用一篮子消费物品和劳务计算的物价指数。这种指数所选的一篮子物品是消费品和劳务，价格是零售价格。

(2) 生产物价指数。是指用一篮子生产资料计算的物价指数。这种指数所选的一篮子物品是生产资料，价格是批发价格。所以，生产物价指数也称批发指数。

(3) GDP 平减指数。是指某一年的名义 GDP 与实际 GDP 之比。

2. 失业率

失业率是表示一国失业严重程度的指标，也是反映宏观经济状况的一个重要指标。

失业者是指一定年龄范围内能够工作，愿意工作又正在寻找工作，但仍然没有工作的人。

失业率是失业人口与劳动力的比例，其公式为

$$失业率=\frac{失业人数}{劳动力}=\frac{失业人数}{就业人数+失业人数} \tag{9-7}$$

第四节　国民收入的基本公式

1. 两部门经济的收入构成及储蓄投资恒等式

在两部门条件下，GDP 的核算有以下两种方式。

(1) 支出法。从最终产品的归属方面来看，公式为

$$GDP=C+I \tag{9-8}$$

(2) 收入法。从销售最终产品的资金用途方面来看，公式为

$$GDP=工资+利息+租金+利润+\cdots\cdots$$

$$=消费+储蓄$$

$$=C+S$$

得出

$$I=S \tag{9-9}$$

这就是两部门的储蓄和投资恒等式。

需要注意的是：①这里的储蓄-投资恒等式是一种会计意义的恒等式。即都是指事后的经济行为；②储蓄-投资恒等式是对整个社会而言，对单个个体经济行为则未必有这种恒等关系。

2. 三部门经济的收入构成及储蓄投资恒等式

对于三部门，即把政府部门引进来以后，同样道理我们知道，按照最终产品的归属，有

$$GDP=C+I+G$$

按照销售最终产品的资金用途，有

$$GDP=工资+利息+租金+利润+\cdots$$

$$=消费+储蓄+税收$$

$$=C+S+T \tag{9-10}$$

于是，我们得到

$$C+I+G=C+S+T$$

即

$$I+G=S+T \tag{9-11}$$

或者

$$I=S+(T-G) \tag{9-12}$$

进一步地，我们把上式写成：$I=S_p+S_g$。这里，S_p是个人部门的储蓄；S_g是政府部门的储蓄，即预算盈余。

3. 四部门经济的收入构成及储蓄投资恒等式

对于四部门，即把国外部门引进来以后，同样道理，我们知道，按照最终产品的归属有

$$GDP=C+I+G+(X-M) \tag{9-13}$$

按照销售最终产品的资金用途有

$$
\begin{aligned}
GDP &= 工资+利息+租金+利润+\cdots\\
&= 消费+储蓄+税收+对国外部门的转移支付\\
&= C+S+T+K_r \tag{9-14}
\end{aligned}
$$

于是，我们得到

$$C+I+G+(X-M)=C+S+T+K_r$$

即

$$I+G+(X-M)=S+T+K_r \tag{9-15}$$

或者

$$I=S+(T-G)+(K_r+M-X) \tag{9-16}$$

进一步地，我们把上式写成

$$I=S_p+S_g+S_r \tag{9-17}$$

式中：S_p——个人部门的储蓄；

　　　S_g——政府部门的储蓄，即预算盈余；

　　　S_r——国外部门的储蓄，即本国的贸易赤字。

需要注意的是本国对国外部门的转移支付跟本国进口一样，形成本国的赤字压力。

第五节　国民收入循环

一般来说，要判断一个人在经济上是否成功，首先要看他的收入。高收入的人负担得起生活必需品和奢侈品，享有较高的生活水平，同样的逻辑也适用于一国或地区的整体经济。当判断经济富裕还是贫穷时，观察经济中所有人赚到的总收入是自然而然的。这正是GDP的作用。

GDP同时衡量两件事：经济中所有人的总收入和用于经济中物品与劳务产量的总支出。GDP既衡量总收入又衡量总支出的原因在于这两件事实际上是相同的。对一个整体经济而言，收入必定等于支出。

一个经济的收入和支出相同的原因就是每一次交易都有双方：买者和卖者。某个买者的1元钱支出是某个卖者获得的1元钱收入。例如，某同学在周末到超市做促销收入100元。在这种情况下，这位同学是一种劳务的卖者，而超市是买者。这位同学赚了100元，

而超市支出了 100 元。因此，交易对经济的收入和支出做出了相同的贡献。无论作为总收入来衡量还是作为总支出来衡量，GDP 都增加 100 元。

说明收入和支出相等性的另一种方法如图 9-1 所示的宏观经济行为循环图。图 9-1 中描述了一个简单经济中的家庭和企业之间的全部交易。在这个经济中，家庭从企业购买物品与劳务；这些支出通过物品与劳务市场流动。企业用从销售中得到的钱来支付工人的工资、地主的租金和企业所有者的利润；这些收入通过生产要素市场流动。在这个经济中，货币不断地从家庭流向企业，然后又流回家庭。

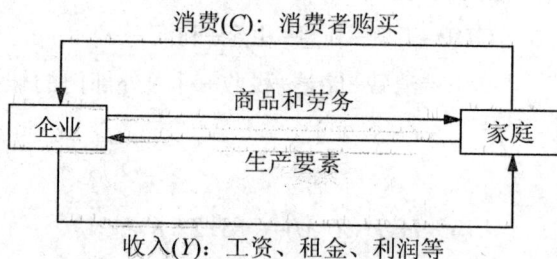

图 9-1　宏观经济行为的循环图

我们可以用两种方法中的一种来计算这个经济的 GDP：加总家庭的总支出或加总企业支付的总收入(工资、租金和利润)。由于经济中所有的支出最终要成为某人的收入，所以，无论我们如何计算，GDP 都是相同的。

当然，现实经济比图 9-1 所说明的经济要复杂得多。特别是家庭并没有支出其全部收入。家庭要把他们的部分收入用于支付政府税收，还要为了未来使用而把部分收入用于储蓄和投资。此外，家庭并不购买经济中生产的全部物品与劳务。一些物品与劳务由政府购买，还有一些有计划未来用这些物品与劳务生产自己产品的企业所购买。但是，无论是家庭、政府还是企业购买物品或劳务，交易总有买者与卖者。因此，对整个经济而言，支出和收入总是相同的。

第六节　GDP 与经济福利

表 9-2 列明按人均 GDP 排序的世界上 12 个人口最多的国家，该表还列出了预期寿命(出生时预期的寿命)和识字率(成年人口中识字人数的百分比)。这些数据表现出一种明显的形式：在美国、日本和德国这些富国，人们预期可以活到 70 多岁，而且，几乎所有的人都识字；在尼日利亚、孟加拉国和巴基斯坦这些穷国，人们一般只能活到 50 或 60 多岁，而且，只有一半人识字。

表 9-2　2004 年个别国家或地区 GDP、预期寿命和识字率统计

国家或地区	人类发展指数 (HDI)	出生时 预期寿命	成人识字率 (%，15 岁及 以上年龄)	初等中等和高等 教育的总和 入学率(%)	人均 GDP (PPPUS$)
美国	0.948	77.5	99	93	39676
日本	0.949	82.2	99	85	29251
德国	0.932	78.9	99	89	28303
英国	0.94	78.5	99	93	30821
法国	0.942	79.6	99	93	29300
意大利	0.94	80.2	98.4	89	28180
香港	0.927	81.8	NA	77	30822
墨西哥	0.821	75.3	91	75	9803
俄罗斯	0.797	65.2	99.4	88	9902
巴西	0.792	70.8	88.6	86	8195
中国	0.768	71.9	90.9	70	5896
印度尼西亚	0.711	67.2	90.4	68	3609
印度	0.611	63.6	61	62	3139
巴基斯坦	0.539	63.4	49.9	38	2225
孟加拉	0.53	63.3	NA	57	1870
尼日利亚	0.448	43.4	NA	55	1154

(资料来源：Human development report 2006)

尽管生活质量其他方面的数据还不完全，但这些数字也说明了类似的情况。人均 GDP 低的国家往往存在这种情况：婴儿出生时体重轻，婴儿死亡率高，母亲生孩子时死亡率高，儿童营养不良的比率高，而且，不能普遍得到安全的饮用水。在人均 GDP 低的国家，学龄儿童入学率低，而且上学儿童也只有靠很少教师来学习。这些国家往往拥有的收音机少、电视机少、电话少、道路少，而且有电器的家庭也少。国际数据表明，一国的 GDP 与其公民的生活水平密切相关，富国与穷国人均 GDP 水平差异巨大，高的 GDP 能够带来高的生活水平，如表 9-3 所示。

表 9-3　2012 年度世界发达国家或地区人均 GDP 排行榜　　　　单位：美元

排　　名	国　　家	人均 GDP
1	卢森堡	107206
2	卡塔尔	99731
3	挪威	99462
4	瑞士	79033

续表

排　名	国　家	人均 GDP
5	澳大利亚	67723
6	阿联酋	64840
7	丹麦	56202
8	瑞典	55158
9	加拿大	52232
10	新加坡	51162
……	……	……
87	中国	6076

(资料来源：国际货币基金组织，2013 年 4 月)

一般来说，GDP 尤其是人均 GDP 是被用来衡量一国经济和国民富裕程度的重要参考指标。例如：卢森堡、卡塔尔等国家人均 GDP 位居世界前列，它们的国民富裕程度和经济福利水平也是世界上最高的。从人均 GDP 来说，卢森堡是加拿大的 2 倍。那么，据此我们是否可以说卢森堡居民的生活水平就是加拿大居民的 2 倍呢？我们说，人均 GDP 可以大致反映一个国家居民的富裕程度，但是因为它并未囊括所有经济活动，所以 GDP 不能完全衡量一国生活水平或者福利水平。这主要有以下几个原因。

1．GDP 是市场交易指标而非生产指标

GDP 不能反映出未经过市场交易的产出，下列的经济活动并不能用来交换，不能计入 GDP。

(1) 家务经济或者家庭生产。如果你雇佣一个工人粉刷你的房间，那么这会记录到 GDP 统计数字中去。然而，如果你自己粉刷，就不会计入 GDP 中了。同样，可以选择自己做饭菜但也可以选择外出就餐。

(2) 物物交易活动。它没有以货币作为等价物的市场价格。

(3) 地下经济。它也是经济的一部分，它不光涉及赌(非法赌博)、毒(毒品交易)、黄(色情交易)、黑(军火交易)和走私、黑市交易等非法活动，也包括了诸如服务员、出租车司机赚取的小费，家庭教师在业余时间赚取的额外收入等合法经济活动。如果一个国家的物物交易活动和地下经济过多，则该国真实的 GDP 较难统计。在美国，估算的地下交易的价值为 GDP 的 8%～15%。

2．GDP 是产出指标而非消耗指标

GDP 仅能反映经济活动中产出的部分，体现了经济发展、繁荣的一面，而不能反映经济增长的成本。经济高速增长的背后往往存在着对社会、资源、环境的消极影响，一味追

求 GDP 的高速增长往往忽略了经济增长带来的环境污染、生态破坏、收入不公等成本。一味追求增长也忽略了休闲和人力资本。例如：西欧国家和美国相比之下，GDP 更低，但是休闲的时间更多(周工作时间较少)，也许欧洲人觉得自己的生活比美国人更好。

3. GDP 是流量指标而非存量指标

GDP 反映了财富的创造部分而没有反映财富的积累。一国穷兵黩武甚至战争也会导致 GDP 上升；自然灾害后的重建家园会导致 GDP 上升。但是战争和自然灾害不可能带来老百姓真正生活水平的提高。

4. GDP 是一个名义指标而不能代表真正生活水平

GDP 是一个总数，有时候人口增加，生产自然也增加，但人均产值未必增加甚至减少。不同国家相同数字的 GDP 背后可能代表了不一样的生活水平：一国生产出大量的武器弹药，而另外一国则生产出了大量的消费品；另外，各国之间购买力之比也并不完全等于汇率之比。举例来说，在美国和中国，月收入同样为 1000 美元的两个家庭，由于美国的物价普遍高于中国，在中国月收入为 1000 美元的家庭比美国月收入为 1000 美元的家庭生活的要好。

5. 人均 GDP 是一个平均指标而不能代表多数人的真实生活水平

如果一国十分富有，人均 GDP 很高，但是该国家的收入分配很不平均，即少数人拥有了这个国家大多数的财富和收入，那么这个国家大多数居民的真正生活水平还是比较低的。

总之，GDP 有助于了解一国的经济实力与市场规模，人均 GDP 有助于了解一国的富裕程度与生活水平。产出率大于出生率，人均 GDP 则上升，人们的生活水平也会上升。但同时，用人均 GDP 来衡量生活水平还不是很全面。因为，许多重要的生活质量没有包括在内：休闲时间、休闲内容、安全舒适的工作环境、健康清洁的生活环境、社会治安，甚至政治自由与社会公正等难以量化的指标。

◎ 项 目 总 结

宏观经济学所关心的是整体的经济行为。经济学上用国内生产总值(GDP)来衡量一国或地区的总收入，GDP 可以用支出法和收入法两种方法计算。GDP 是一个反映一国或地区富裕水平和经济福利的优秀指标，但其衡量的内容具有一定的局限性。

◎ 项目考核

一、选择题

1. 下列( )不列入国内生产总值的核算。

    A. 出口到国外的一批货物

    B. 政府给困难家庭发放的一笔救济金

    C. 经纪人为一座旧房买卖收取一笔佣金

    D. 保险公司收到一笔家庭财产保险费

2. 下列( )应计入 GDP。

    A. 购买一辆用过的旧自行车

    B. 购买普通股票

    C. 汽车制造厂买进十吨钢板

    D. 银行向某企业收取一笔贷款利息

3. 下列项目中, ( )不属于政府购买。

    A. 地方政府办三所中学

    B. 政府给低收入者提供一笔住房补贴

    C. 政府订购一批军火

    D. 政府给公务人员增加薪水

4. 在一个有家庭、企业、政府和国外的部门构成的四部门经济中，GDP 是( )总和。

    A. 消费、总投资、政府购买和净出口

    B. 消费、净投资、政府购买和净出口

    C. 消费、总投资、政府购买和总出口

    D. 工资、地租、利息、利润和折旧

5. 一国的国民生产总值小于国内生产总值，说明该国公民从外国取得的收入( )外国公民从该国取得的收入。

    A. 大于   B. 小于   C. 等于   D. 可能大于也可能小于

6. 今年的名义国内生产总值大于去年的名义国内生产总值，说明( )。

    A. 今年物价水平一定比去年高了

    B. 今年生产的物品和劳务的总量一定比去年增加了

    C. 今年的物价水平和实物产量水平一定都比去年提高了

    D. 以上三种说法都不一定正确

7. 在一个只有家庭、企业和政府构成的三部门经济中，一定有(　　)。

A. 家庭储蓄等于净投资

B. 家庭储蓄等于总投资

C. 家庭储蓄加折旧等于总投资加政府支出

D. 家庭储蓄加税收等于净投资加政府支出

二、填空题

1. (　　)是一个国家在一年中所产生的、用货币表示的物品和劳务的价值总和。

2. 国民生产净值是国民生产总值与(　　)之差。

3. 四部门经济包括(　　)、(　　)、(　　)和(　　)。

4. 消费是指(　　)。

5. (　　)是指生产不是用于目前消费的物品的行为。

6. 储蓄是指(　　)。

7. 总投资等于(　　)和(　　)之和。

8. 储蓄包括(　　)和(　　)，其中厂商的储蓄包括(　　)和(　　)。

9. 某个部门的(　　)，是它的产出减去他在生产过程中向别的部门购买的投入品价值之差。

10. 国内生产总值的计算可以使用(　　)和(　　)两种方法。

三、问答题

1. 解释为什么一个经济的收入必定等于其支出？

2. 生产一辆经济型轿车或生产一辆豪华型轿车，哪一个对 GDP 的贡献更大？为什么？

3. 农民以 2 元每斤的价格把小麦卖给面包师。面包师用小麦制成面包，以 4 元每斤的价格出售。这些交易对 GDP 的贡献是多少呢？

4. 根据支出法列出 GDP 的四个组成部分。各举一个例子。

◎ 项 目 拓 展

1. 某家电公司将 2011 年的存货家电成功地在 2012 年销售一空，存货的变动对当年 GDP 会产生什么影响，GDP 发生变化了吗？

2. 假设一个中国家庭向德国汽车制造商宝马公司进口了一辆 30 万元人民币的汽车。这种交易对 GDP 会产生什么影响，GDP 会发生变化吗？

3. 案例分析。

幸福不仅来自 GDP

20世纪60年代美国人普遍关注经济增长，迷信 GDP。1968年美国参议员罗伯特·肯尼迪在竞选总统时批评了这种风气。他说，GDP 衡量一切，但并不包括使我们的生活有意义这种东西。也许他的话极端了一点，GDP 毕竟是我们幸福的基础。但他的话中有真理，因为 GDP 绝不是幸福的唯一来源，GDP 并不等于经济福利。

从物质意义上说，幸福来自我们经济活动中所创造的一切产品与劳务。但按现行的统计方法，GDP 中有许多遗漏。GDP 衡量的是通过市场交易并有价格的东西。但经济中许多活动属于非市场活动，不统计在 GDP 之内。比如自己在家料理家务也是一种能给我们带来幸福的经济活动，但它不通过市场交易，不在 GDP 之内。市场交换越不发达，这部分活动的比例越大。

GDP 中还不包括地下经济。地下经济有一些是非法的(如贩毒)，还有一些是为了逃避税收或其他管制的隐蔽经济活动，如市场上无许可证的生产者或无营业许可证也不纳税的流动摊贩。据经济学家估计，即使在美国这样法制比较健全的国家，地下经济也要占到 GDP 的 5%～15%。而在意大利这样的国家，地下经济可能占 GDP 的 70%以上。尽管不同经济学家估算的地下经济大小范围不同，但都承认这种未计入 GDP 的经济活动在各国都相当大。如果把 GDP 用来判断经济周期的阶段，因为 GDP 与未统计的经济活动之间有一个较为固定的比例，这种失误并不大，但如果用来判断和比较不同国家的生活水平，因为各国的遗漏不同，这种失误关系就大了。

GDP 在统计时是根据生产出来的最终产品，但并不是这些产品都与我们的幸福相关。例如：军火生产是 GDP 中重要的一部分，但许多军火产品与我们的幸福无关。相反，多生产了军火，使用了本来能生产消费品的资源，还会减少我们的幸福。两个 GDP 相同的国家，一个实行国民经济军事化，另一个奉行和平中立。前一个国家的 GDP 中军火占了相当大的比例，后一个国家军火生产很少。这两个国家人民幸福的程度肯定不同。法西斯德国和日本的 GDP 也曾经相当高，但它们的人民有幸福吗？GDP 按市场价格计算，但市场价格与产品质量和数量并没有直接关系。人们的幸福程度与产品的质量和数量相关，而与价格关系不大。例如：电脑质量在提高，数量在增加，但价格急剧下降。按价格计算也许电脑的产值没有增加多少，但质量与数量的提高给人们带来的幸福是巨大的。现代社会中，许多产品的趋势是质量提高的同时价格下降。仅仅按价格计算无法反映这种趋势。

环境和闲暇是影响人们经济福利和幸福程度的两大因素，但 GDP 统计中无法正确反映这些因素。经济活动会带来环境污染，如果以环境污染为代价发展生产，GDP 无疑增加了。但人们呼吸污浊的空气，喝受污染的水，生活在嘈杂的环境中，这能有幸福吗？经济活动带来污染，治理污染又增加了 GDP。但这种情况下，人们的福利又增加了多少呢？闲暇是人幸福的来源，减少闲暇会增加 GDP，但人们没有或减少了闲暇，经济福利虽然会减少，我们用闲暇去从事各种精神或没有产值的活动，如听音乐、运动、与朋友聊天，都不会引起 GDP 增加，反而要减少 GDP。但这种 GDP 的减少却是幸福的重要来源。人们的幸福程度、经济福利的大小还取决于一个社会的收入分配状况。无论是 GDP 也好，人均 GDP 也好，反映不出收入分配的状况。我们考察一个社会的幸福状况，不是看一部分人甚至少数人是否幸福，而是看所有的人是否幸福。衡量经济福利也不是少数人的经济福利，而是整个社会的经济福利。一个社会如果收入悬殊过大，少数人花天酒地，多数人难以为生，即使这个社会 GDP 高，人均 GDP 高，也不能说是一个幸福的社会。美国经济学家克普格曼认为，社会经济福利取决于生产率、失业率与收入分配平等程度。GDP 可以反映出生产率与失业率，但完全反映不出收入分配状况。其实收入分配差别太大、社会不安定，即使高收入的少数人也谈不上幸福二字。

正因为 GDP 不能反映出社会经济福利，美国经济学家詹姆士·托宾(James Tobin)和威廉·D.诺德豪斯(William. D. Nordhaus)提出了经济福利衡量指标，保罗·萨缪尔森(Paul A.Samuelson)提出了纯经济福利的概念，企图对 GDP 进行校正。他们的基本观点是，经济活动的最终目的是幸福或经济福利，福利更多地取决于消费而不是生产。GDP 是生产的衡量，而经济福利衡量指标和纯经济福利是要衡量对福利做出贡献的消费。因此，这两个指标要在 GDP 之上减去某些不能对福利做出贡献的项目，加上某些对福利做出了贡献而没有计入 GDP 的项目。具体来说，减去 GDP 中没有对福利做出贡献的项目(如超过国防需要的军备生产)，减去对福利有负作用的项目(如污染、都市化的影响)，加上不通过市场的经济活动的价值(如家务劳动、自给性产品)，加上闲暇的价值(用所放弃的生产活动的价值作为机会成本来计算)。这种思路无疑是正确的，但如何进行计算并没有完全解决。

当然，话说回来，GDP 并不是不重要。它毕竟是幸福与经济福利的基础。这里又用上了一句俗话：GDP 不是万能的，但没有 GDP 是万万不能的。

(资料来源：http://yingyu.100xuexi.com/view/specdata/2013411/36015elc)

问题：请谈谈 GDP 与经济福利的关系。

项目十　国民收入决定理论

【项目引入】

"蜜蜂寓言"的启示

20世纪30年代，资本主义世界爆发了一场空前的大危机。经济的大萧条使3000多万人失业，三分之一的工厂停产，金融秩序一片混乱，整个经济倒退到"一战"以前的水平。在经济大危机中，产品积压、工人失业、生活困难、绝大多数人感到前途悲观、持续的经济衰退和普遍失业，使传统的经济学遇到了严峻的挑战。一直关注美国罗斯福新政的英国经济学者约翰·梅纳特·凯恩斯，从一则古老的寓言中得到了启示：从前有一群蜜蜂过着挥霍、奢华的生活，整个蜂群兴旺发达，百业昌盛。后来，它们改变了原有的生活习惯，崇尚节俭朴素，结果社会凋敝、经济衰落，终于被敌手打败。凯恩斯从这则寓言中悟出了需求的重要性，建立了以需求为中心的国民收入决定理论，并在此基础上引发了经济学上著名的"凯恩斯革命"。这场革命的结果就是建立了现代宏观经济学。

根据消费与储蓄对国内生产总值的不同影响，凯恩斯得出这样一个与传统的道德观相矛盾的推论：按照传统的道德观，增加储蓄是好的，减少储蓄是恶的。但按上述储蓄变动引起国内生产总值反方向变动的理论：增加储蓄会减少国内生产总值，使经济衰退，是恶的；而减少储蓄会增加国内生产总值，使经济繁荣，是好的。这种矛盾被称为"节约的悖论"。"蜜蜂的寓言"讲的就是这个道理。

讨论：如何理解以需求为中心的国民收入决定理论？"蜜蜂寓言"给我们什么启示？

(资料来源：伯纳德·曼德维尔·肖聿译. 蜜蜂的寓言[M]. 北京：中国社会科学出版社，2002.)

【技能目标】

● 能够运用国民收入决定的基本原理，对均衡国民收入的决定和影响进行一定的定性和定量分析。
● 能够运用总需求总供给模型分析宏观经济。

【知识目标】

● 了解简单的国民收入决定模型。
● 掌握总需求-总供给模型。

【关键概念】

总需求　总供给　消费函数　储蓄函数　边际消费倾向　边际储蓄倾向　乘数

【导语】

上一项目讨论国民收入如何计算，从本项目起我们讨论国民收入如何决定。关于国民收入的决定理论，有众多的经济学家提出了不同角度的研究理论。本章我们以凯恩斯的理论为分析框架。

第一节 简单国民收入决定的预备知识

一个国家的国民收入来源于哪里？其变动受制于哪些因素？这是一个有待于深入讨论的问题。上一项目中我们提出了"总收入=总产出=总支出"这样一个核算等式，这个等式实际上是凯恩斯关于国民收入的来源与去向的分析思路。从右等式"总产出=总支出"来看，产出受制于消费、投资、政府支出、净出口四个因素，因此，与社会由购买力决定的总意愿相一致的总产出——国民收入取决于总需求；从左等式"总产出=总收入"来看，产出受制于资本、劳动、土地、企业家才能四个因素，一定时期的总产出要归属于诸生产要素所有者，因此，与社会由购买力决定的总意愿相一致的总产出——国民收入取决于诸生产要素所有者的总收入，也即是总供给。

在凯恩斯时代，总需求是制约总产出的关键因素，因此，凯恩斯提出一个社会的总产出要与社会由购买力决定的意愿中的产出保持一致，这样就不会出现积压与脱销。在这种思路下，国民收入决定于总需求，因此，宏观经济学对于国民收入决定的分析也就从对均衡的国民收入分析开始。

其实，关于国民收入来源还有一个分析思路，就是一个社会的总产出来自于一个社会的总生产能力，要与社会生产能力的产出保持一致。宏观经济不仅要考虑产出的有效性，还应考虑产能的有效性，因为这一思维下可以实现充分就业，可以使各种生产要素都得到充分使用，从而使总产出最大化。

一、基本分析假定

国民收入决定理论是凯恩斯学说的中心内容。凯恩斯理论框架下的国民收入决定理论的基本假设有以下几点。

(1) 两部门经济的假设。在一个只有家户部门与厂商部门的两部门经济也就是经济关系最简单的经济社会中，家户部门的经济行为是消费与储蓄，厂商部门的经济行为是投资与生产，厂商的投资是不随利率与产量变动的自主投资。

(2) 假设不论需求量为多少，经济制度均能以不变的价格提供相应的供给量。这就是说，不论需求量为多少，社会总需求的变动只会引起社会产量的变动，从而使社会总供求相等，价格总水平则不发生变动。这个假定其实就是假定不存在要素供给的约束，社会有无限的供给能力。这被称之为凯恩斯定律：(产品市场资源闲置时)需求会创造供给(且价格不变化)。凯恩斯的巨著《就业利息与货币通论》产生的背景是 1929—1933 年的资本主义世界大萧条，资源大量闲置，产品大量积压，工人大批失业。此时，社会总需求的增加，或者使闲置资源得到利用从而生产增加，就业也有所增加，或者使积压产品售出，但产品成本和产品价格基本上保持不变。

(3) 折旧与公司未分配利润都为零，从而使得 GDP、NDP、NI、PI 在数量上都相等。

(4) 现有的资源不变、技术水平不变，不涉及长期中的增长问题。

(5) 各种资源没有得到充分利用，因而总需求可以无限扩大。

在上述假定下，经济社会的产量或者说国民收入就决定于总需求。

二、潜在的国民收入与均衡的国民收入

应区分两个概念：潜在的国民收入与均衡的国民收入。

(1) 潜在的国民收入。是指经济中实现了充分就业时所能达到的收入水平，又称充分就业的国民收入。

(2) 均衡的国民收入。是指总需求与总供给达到平衡时的国民收入。

(3) 均衡的国民收入并不一定等于潜在的国民收入。一般情况下，均衡的国民收入小于潜在的国民收入。

(4) 本教材中的国民收入决定理论要说明的只是均衡的国民收入由何决定以及均衡的国民收入水平如何变动。

三、均衡国民收入

1. 均衡国民收入定义

均衡国民收入是指与总需求相等的产出。既然是和总需求相一致的产出，于是就有生产要素的有效组合，也就是企业生产会按照产品的销路来组织生产而不是按自己潜在的能力来组织生产。经济社会的实际总产出刚好等于所有居民和全体厂商想要有的消费支出与投资支出，这就是说，企业的产量以至于整个社会的产量一定稳定在社会对产品的需求的水平上。由于两部门经济中的总需求只包括居民的消费需求和厂商的投资需求，因此，均衡国民收入用公式就表示为

$$y = c + i \tag{10-1}$$

这里，有两点说明：

(1) 公式中的 y 为国民收入；c 和 i 代表的是居民和企业实际想要有的消费和投资，即意愿的消费和投资量，而不是国民收入构成公式中实际发生的消费和投资(产出)。意愿的消费和投资与实际发生的消费和投资不是一回事。例如：某国某时间段想要有的需求为 1 亿条领带，实际能产出的领带为 10 亿条，这两者不是一回事。

(2) $y=c+i$ 中的每一个变量均剔除了价格变化因素。

2．均衡国民收入的图形表示

均衡国民收入指与总需求相等的产出，如图 10-1 所示。

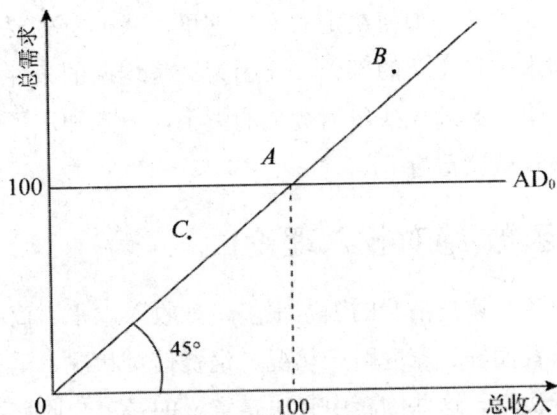

图 10-1　均衡国民收入

图 10-1 中的横轴表示总收入，纵轴表示总需求。45°线上的任何一点都表示总需求与总供给相等。假定总需求即包括总消费与总投资的总需求为 100，图中的 A 点表示总支出与总收入相等，都是 100，A 点也就是均衡点，表明生产总额正好等于总需求；B 点表示总供给大于总需求，产生库存，企业就要削减生产，直到总供求相等的 A 点表示的 100 为止，实现总供求相等；C 点表示总供给小于总需求，社会生产额小于社会需求量，企业就要增加生产，也是到总供求相等的 A 点表示的 100 为止，实现总供求相等。总之，总需求变化了，总供给也就相应发生变化。

3．均衡国民收入条件下，必有投资等于储蓄

由于总需求用 $y=c+i$ 表示，生产创造的总收入等于计划消费与计划储蓄之和，即 $y=c+s$，因此得出：

$$i = s \qquad\qquad (10\text{-}2)$$

表示计划投资等于计划储蓄。当计划投资与计划储蓄相等时，国民收入就达到均衡状态。

四、均衡条件下简单国民收入的决定

均衡的国民收入决定于总需求。在均衡国民收入下，经济社会的产量或者说国民收入就决定于总需求。用公式表示为：$y=c+i$。有的教材因此将这一章称为"简单的国民收入决定模型(总需求分析之一)"。

第二节 凯恩斯的消费理论

均衡国民收入既然是指与总需求相一致的产出，那么要分析均衡国民收入如何决定，就要分析总需求的各个组成部分是如何决定的。在这里，我们首先要分析消费如何决定，这不仅是因为消费是总需求中最主要的部分，还因为经济均衡的条件是计划投资等于计划储蓄。要找出储蓄量的大小，必须先找出消费量的大小，一旦知道了消费的数额，便可从国民收入中减掉这一数额求得储蓄量。

一、凯恩斯的消费函数(绝对收入理论)

在现实生活中，影响各个家户消费的因素很多，如收入水平、商品价格水平、利率水平、收入分配状况、消费者偏好、家庭财产状况、消费信贷状况、消费者年龄构成以及制度、风俗习惯等。凯恩斯认为，这些因素中有决定意义的是家户收入，为此，可从诸多因素中抽出这一因素单独分析。

1. 消费函数的含义

消费函数是指消费随收入变动的关系。关于收入和消费的关系，凯恩斯认为，存在一条基本心理规律，即边际消费倾向递减规律：随着收入的增加，消费也会增加，但是消费的增加不及收入增加的多，消费和收入的这种关系称作消费函数或消费倾向，用公式表示是：$C=c(y)$ 这里，C 代表实际消费支出，y 代表实际收入(居民可支配收入)。

假定某家庭的消费和收入之间具有表 10-1 所示关系，此表说明了家庭消费随收入增加不断增加的情况。

表 10-1 某家庭消费表 单位：美元

	收入(y)	消费(c)	边际消费倾向(MPC)	平均消费倾向(APC)
A	9000	9110		1.01
B	10000	10000	0.89	1.00
C	11000	10850	0.85	0.99
D	12000	11600	0.75	0.97
E	13000	12240	0.64	0.94
F	14000	12830	0.59	0.92
G	15000	13360	0.53	0.89

2. 边际消费倾向和平均消费倾向

由表 10-1 可发现，消费随着收入的增加而增加，但随着收入的增加，消费增加得越来越少，也就是增加的消费与增加的收入比率不断减小。我们把增加的消费与增加的收入之间的比值称之为消费倾向，消费倾向主要有边际消费倾向和平均消费倾向。

平均消费倾向(average propensity to consume，APC)：是指任一收入水平上消费支出在收入中的比率。用公式表示为：APC=C/Y。

边际消费倾向(marginal propensity to consume，MPC)：是指增加的消费在增加的收入中所占的比率。即增加的 1 单位收入中用于增加的消费部分的比率。以 ΔC 代表消费的增量，ΔY 代表收入的增量，其计算公式为：MPC=$\Delta C/\Delta Y$。

二、储蓄函数

1. 储蓄的含义

储蓄是收入中未被消费的部分。储蓄函数是表明储蓄与收入之间的依存关系。其公式为

$$S=s(y) \tag{10-3}$$

式中，s 代表实际储蓄，y 代表实际收入。

假定某家庭的储蓄和收入之间具有表 10-2 所示关系，此表说明了家庭储蓄随收入增加而不断增加的情况。

表 10-2　某家庭储蓄表　　　　　　　　　　　　　　　单位：美元

	收入(y)	消费(c)	储蓄(s)	边际储蓄倾向(MPS)	平均消费倾向(APS)
A	9000	9110	−110		−0.01
B	10000	10000	0	0.11	0
C	11000	10850	150	0.15	0.01
D	12000	11600	400	0.25	0.03
E	13000	12240	760	0.36	0.06
F	14000	12830	1170	0.41	0.08
G	15000	13360	1640	0.47	0.11

2. 边际储蓄倾向和平均储蓄倾向

由表 10-2 可发现，储蓄随着收入的增加而增加，且随着收入的增加储蓄增加得越来越多，也就是增加的储蓄与增加的收入比率不断增大。我们把增加的储蓄与增加的收入之间的比值称之为储蓄倾向，储蓄倾向主要有边际储蓄倾向和平均储蓄倾向。储蓄与收入关系也可以用平均储蓄倾向与边际储蓄倾向来说明。

平均储蓄倾向(APS)：是指任一收入水平上储蓄在收入中所占的比率。用公式表示为

$$APS=S/Y \tag{10-4}$$

边际储蓄倾向(MPS)：是指储蓄增量在收入增量中所占的比例。以 ΔS 代表储蓄增量，ΔY 代表收入增量，其计算公式为

$$MPS=\Delta S/\Delta Y \tag{10-5}$$

三、消费函数与储蓄函数的关系

(1) 消费函数和收入函数互为补数，二者之和总等于收入，即 $c+s=y$。

(2) APC+APS=1；MPC+MPS=1。

第三节 乘 数 论

一、什么是乘数

自发总需求的增加会引起国民收入增加，但是，一定量自发总需求的增加会使国民收入增加多少，即总需求增加与国民收入增加之间量的关系如何呢？乘数理论正式回答这一问题的。

乘数是指自发总支出的变动所引起的国民收入变动的倍数，或者说国民收入增加量与引起这种增加量的自发总需求增加量之间的比率。

知识链接

投资怎样转化为居民收入

现假定增加 100 亿美元投资用来购买投资品，则这 100 亿美元经过工资、利息、利润和租金的形式流入制造投资品所需要的生产要素手中，即居民手中，从而居民收入增加了 100 亿美元，这 100 亿美元是投资对国民收入的第一轮增加。

假定该社会的边际消费倾向是 0.8，因此，增加的这 100 亿美元中会有 80 亿美元用于购买消费品。于是，这 80 亿美元又以工资、利息、利润和租金的形式流入生产消费品的生产要素所有者手中，从而使该社会的居民收入又增加 80 亿美元，这是国民收入的第二轮增加。

同样，这些消费品生产者会把 80 亿美元收入中的 64 亿美元($100 \times 0.8 \times 0.8$)用于消费，使社会总需求提高 64 亿美元，这个过程不断继续下去，最后使国民收入增加 500 亿美元。其过程是：

$$100 + 100 \times 0.8 + 100 \times 0.8 \times 0.8 + \cdots + 100 \times 0.8^{n-1}$$
$$=100 \times (1+0.8 + 0.8^2+\cdots+0.8^{n-1})$$
$$=100 \times (1/1-0.8)$$
$$=500(亿美元)$$

此式表明，当投资增加 100 亿美元时，收入最终会增加 500 亿美元。如以 Δy 代表增加的收入，Δi 代表增加的投资，则二者之比率 $k=\Delta y/\Delta i = 5$，因此 $\Delta y = k \cdot \Delta i$。

二、乘数大小由什么决定

由上例可以看出，乘数＝1/(1-边际消费倾向)，或 $k= 1/(1-MPC)= 1/MPS$。

因此，乘数大小和边际消费倾向有关，边际消费倾向越大，或边际储蓄倾向越小，则乘数就越大。

以上是从投资增加的方面来说明乘数效应的。实际上，投资减少也会引起收入若干倍减少，可见乘数效应的发挥是两方面的。

以上说明的是投资变动引起国民收入的变动。实际上，总需求的任何变动，如消费的变动、政府支出的变动、税收的变动、净出口的变动等，都会引起收入若干倍的变动。

知识链接

一场狂风暴雨过后，一家百货公司的几块幕墙玻璃被吹破了，于是老板投资了 5000 元将幕墙玻璃修好，那么 GDP 是不是因此增加了 5000 元呢？

答案：不是。GDP 的增加远不止 5000 元，我们来看看 GDP 将因此增加多少。

假定国民的边际消费倾向系数是 0.8，边际储蓄倾向系数是 0.2，就是说在国民新增加的收入中，有 80%用于消费，20%用于储蓄。

装修公司再为百货公司安装幕墙玻璃的时候得到了 5000 元的收入，装修公司拿出了 4000 元为公司添置了一台电脑，其余 1000 元作为流动资金存入了银行；电脑公司获得 4000 元收入后，将 3200 元购买了一辆摩托车，将 800 元存入银行；摩托车销售公司将 3200 元收入中的 2650 元购买了一套时装，将 640 元存入了银行……这个过程将一轮一轮地进行下去。最后，各个公司获得的收入之和将是一个远远大于 5000 元的数字，这个最后的数字与最初的 5000 元相比而得到的比值，我们称其为"乘数"。

知识链接

已知消费函数为 $C=150+0.5Y$，若自发总需求增加 100 亿元，则国民收入会增加多少？

解析：根据乘数的公式 $a=1/(1-c)=1/(1-MPC)$，可得出边际消费倾向为 0.5，所以乘数为 2，因此自发总需求会增加 100 亿元，则国民收入会增加 200 亿元。

第四节　IS-LM 模型

在本单元中我们取消简单的国民收入决定理论中关于利率不变的假设，即承认利率会随货币市场的供求变动而变动。在这种情况下，商品市场和货币市场同时处于均衡状态时，才能得到均衡的国民收入。 在这里，I 是指投资，S 是指储蓄，L 是指货币需求，M 是指货币供给。这一模型在理论上是对总需求分析的全面高度概括，在政策上可以用来解释财政政策与货币政策，因此被称为整个宏观经济学的核心。

一、IS 曲线

1. IS 曲线的含义

IS 曲线是描述产品市场达到均衡时，利率与收入之间关系的曲线。所谓产品市场均衡，是指产品市场中总需求等于总供给时各经济变量的状态。

2. 曲线推导

假设条件：①投资是利率的减函数；②储蓄是收入的增函数。

要使产品市场保持均衡，则均衡的国民收入与利率之间存在着反方向变化的关系，这意味着要使投资等于储蓄，或者说使商品市场处于均衡状态，当收入增加时，利率必须下降。故 IS 曲线表现为一条自左上方向右下方倾斜，如图 10-2 所示。

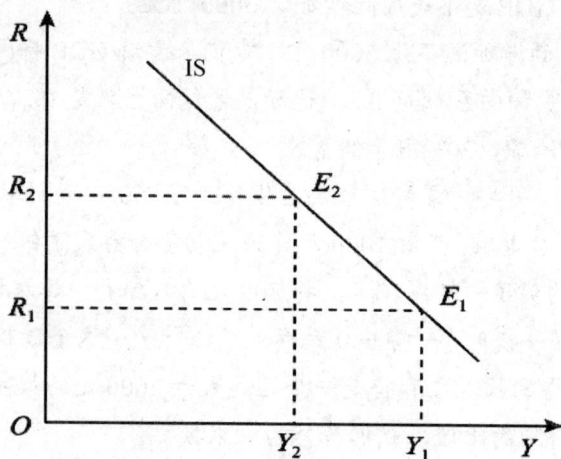

图 10-2　IS 曲线

3. IS 曲线的移动

引起 IS 曲线移动(见图 10-3)的主要因素有以下几种。

(1) 投资需求变动。如果其他条件不变，投资增加，IS 曲线会平行地向右上方移动，由 IS_0 移动到 IS_1；投资减少，IS 曲线会平行地向左下方移动，由 IS_0 移动到 IS_2。

(2) 储蓄函数变动。如果其他条件不变，储蓄增加，IS 曲线会平行地向左下方移动，由 IS_0 移动到 IS_2；储蓄减少，IS 曲线会平行地向右上方移动，由 IS_0 移动到 IS_1。

(3) 政府支出及税收的变动。增加政府购买支出或减少税收，会使 IS 曲线向右上方平行移动，由 IS_0 移动到 IS_1；减少政府购买支出或增加税收，则会使 IS 曲线向左移动，由

IS_0 移动到 IS_2。

(4) 净出口额变动。在其他条件不变时，如果净出口额增加，其作用相当于增加了自发支出。因此，IS 曲线右移，由 IS_0 移动到 IS_1；反之，则左移，由 IS_0 移动到 IS_2。

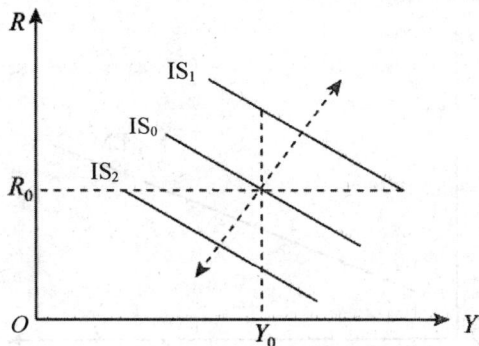

图 10-3 IS 曲线的移动

4. 产品市场的失衡

在 IS 曲线上任何一点都是产品市场均衡时利率与国民收入的组合。IS 曲线上任何一点利率和国民收入的组合都表明产品市场实现了均衡的组合，而在 IS 曲线以外任何一点上利率和国民收入的组合都是产品市场的失衡。

IS 曲线外的任何一点均处于失衡状态，在 IS 曲线右上方的任何一点所对应的国民收入与利率的组合都是产品市场存在过度供给的情况，即 $S>I$，同时总需求<总供给；而在 IS 曲线左下方的任何一点新对应的国民收入与利率的组合都是产品市场过度需求的情况，即 $I>S$，同时总需求>总供给。

二、LM 曲线

LM 曲线源自人们对货币供给和货币需求所做的假设。货币供给被看作一个外生变量，在模型中假定为一个常数。

1. 货币需求

货币需求是指由于各种动机而引起的对货币的需要量。货币需求的动机包括：①交易动机；②谨慎动机；③投机动机。

货币需求的动机用 L 表示；交易动机和谨慎动机所需要的货币需求可用 L_1 表示，它是收入的增函数；投机动机所引起的货币需求可用 L_2 表示，它是利率的减函数。则 $L=L_1+L_2$。

2. 货币市场的均衡

所谓货币市场的均衡，是指货币市场上货币需求等于货币供给时的状况。

3. LM 曲线

LM 曲线是描述货币市场达到均衡时，利率与收入之间关系的曲线。LM 曲线在横轴表示收入，纵轴表示利率，坐标面上表现为一条自左下方向右上方倾斜曲线，如图 10-4 所示。

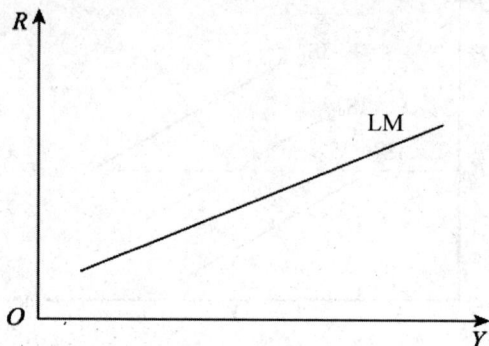

图 10-4 LM 曲线

4. LM 曲线的移动

影响 LM 曲线移动的因素如图 10-5 所示。

(1) 货币供给量(M)的变动。在其他条件不变的情况下，当货币供给量增加，LM 曲线就会向右下方平行移动；货币供给量减少，LM 曲线向左上方移动。

(2) 货币需求量(L)的变动。在其他条件不变的情况下，当货币需求量减少，LM 曲线就会向右下方平行移动，由 LM_0 移动到 LM_1；货币需求量增加，LM 曲线向左上方移动，由 LM_0 移动到 LM_2。

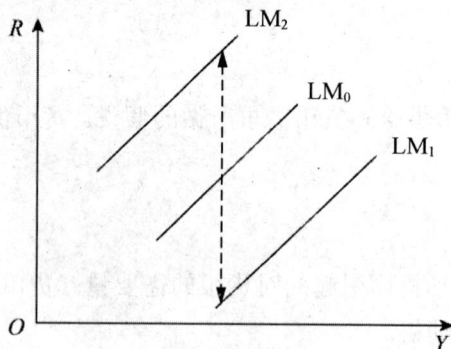

图 10-5 LM 曲线的移动

5. 货币市场的失衡

在 LM 曲线上的任何一点都是货币市场均衡时利率与国民收入的组合。

LM 曲线上任何一点利率与国民收入的组合都表明货币市场实现了均衡，而在 LM 曲线以外任何点上利率与国民收入的组合都是货币市场的失衡。

三、IS-LM 模型

在利率可变的假设条件下，均衡收入需要满足商品市场均衡条件(IS 曲线)和货币市场均衡条件(LM 曲线)。IS-LM 模型则是把产品市场和货币市场均衡同时考虑。

IS 曲线与 LM 曲线相交的交点就得到产品市场和货币市场同时均衡的图形，如图 13-6 所示。在图 10-6 中，IS 曲线和 LM 曲线的交点同时处于 IS 曲线和 LM 曲线之上，它所对应的国名收入 Y_0 就是均衡收入。

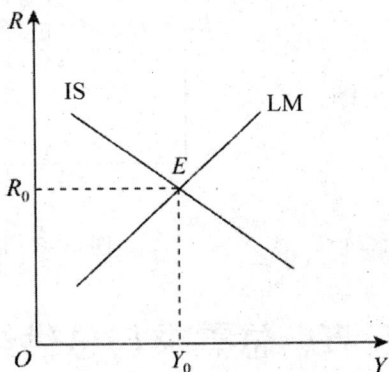

图 10-6　IS-LM 模型

四、均衡收入的变动

1. IS 曲线变化导致均衡国民收入和均衡利率的变动——财政政策

如果实施扩张的财政政策，那么 IS 曲线就会由于投资需求、消费需求、政府购买支出的增加或税收减少而向右上方移动时，则均衡的国民收入增加，均衡利率上升。

如果实施紧缩的财政政策，那么 IS 曲线就会由于投资需求、消费需求、政府购买支出的减少或税收增加而向左下方移动时，则均衡的国民收入减少，均衡利率下降。

如图 10-7 所示，IS_0 与 LM 相交于 E_0，决定了利率为 I_0，当自发总需求增加时，IS 曲线从 IS_0 移动到 IS_1，这就引起国民收入从 Y_0 增加到 Y_1，利率从 i_0 上升到 i_1。反之，当自发总需求减少时，IS 曲线从 IS_0 移动到 IS_2，这就引起国民收入从 Y_0 减少到 Y_2，利率从 i_0 下降到 i_2。

2. LM 曲线变化导致均衡国民收入和均衡利率的变动

如果实行扩张的货币政策，那么 LM 曲线由于货币供给增加，或货币投机性需求减少或货币的交易性需求减少而向右下方移动时，均衡的国民收入增加，均衡利率下降。

如果实施紧缩的货币政策，那么 LM 曲线由于货币供给减少，或货币投机性需求增加或货币的交易性需求增加而向左上方移动时，则会使均衡国民收入减少，均衡利率上升。

如图 10-8 所示，LM_0 与 IS 相交于 E_0，决定了利率为 i_0，当自发总需求增加时，LM 曲线从 LM_0 移动到 LM_1，这就引起国民收入从 Y_0 增加到 Y_1，利率从 i_0 下降到 i_1。反之，当自发总需求减少时，LM 曲线从 LM_0 移动到 LM_2，这就引起国民收入从 Y_0 减少到 Y_2，利率从 i_0 上升到 i_2。

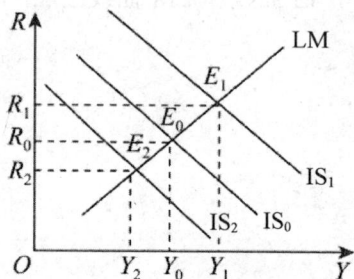

图 10-7　IS 曲线的移动　　　　图 10-8　IS 曲线的移动

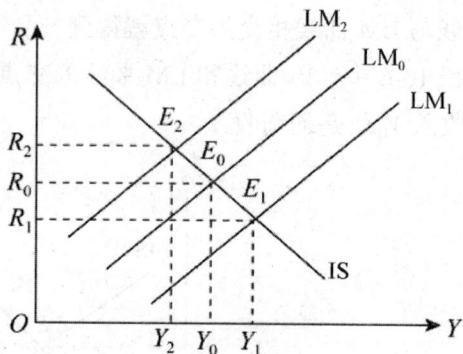

第五节　总需求与总供给

一、总需求曲线

1. 总需求曲线的含义

总需求指一个经济中对物品与劳务的需求总量，包括消费需求、投资需求、政府需求与国外需求(用出口减进口的净出口表示)。所以，用 YD 代表总需求，C、I、G、NX 分别代表消费需求、投资需求、政府需求与国外需求，则可以把总需求公式写为：

$$YD = C + I + G + NX \tag{10-6}$$

总需求的变动受多种因素的影响，在这里我们先研究总需求与物价水平之间的关系。总需求曲线是反映总需求与物价水平之间关系的一条曲线，如图 10-9 所示。其中 Y 代表国民收入，P 代表价格水平。

总需求曲线表示在一系列价格总水平下经济社会的均衡的总支出水平。总需求函数可以表示为：$Y=AD(P)$。总需求曲线向右下方倾斜的原因首先是因为价格总水平对消费支出的影响。在既定的收入条件下，价格总水平提高使得个人持有的财富可以购买到的消费品数量下降，从而消费减少。反之，当价格总水平下降时，人们所持有财富的实际价值升高，人们会变得较为富有，从而增加消费。总之，价格总水平与经济中的消费支出呈反方向变动。其次考察价格总水平对投资支出的影响。随着价格总水平的提高，利息率上升，而利息率上升会使得投资减少，即价格水平提高使得投资支出减少。相反，当价格总水平下降时，实际货币供给量增加，从而利息率下降，引起厂商的投资增加，即价格总水平下降使得经济中的投资支出增加。因此，价格总水平与投资支出呈反方向变动关系。

2. 总需求曲线的移动

物价水平变动对总需求的影响，这种影响用同一条总需求曲线上的上下移动来表示(见图 10-10)。即物价上升，引起沿同一条需求曲线向左上方移动，总需求减少；物价下降，引起沿同一条总需求曲线向右下方移动，总需求增加。但影响总需求的还有其他因素。当物价不变而其他影响总需求的因素变动时，总需求曲线平行移动。可用图 10-10 来说明这一点。

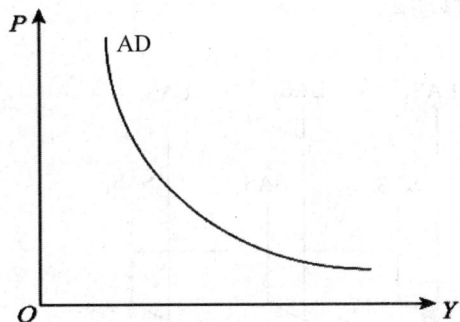

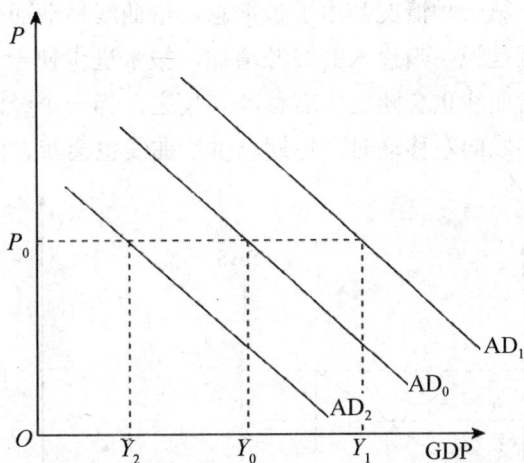

图 10-9　总需求曲线　　　　图 10-10　物价水平变动一起总需求曲线的移动

在图 10-10 中，由于除物价水平之外的其他因素引起总需求增加时，总需求曲线从 AD_0 向右移动到 AD_1，这时总需求从 Y_0 增加到 Y_1。相反，当除物价水平之外的其他因素引起总需求减少时，总需求曲线从 AD_0 向左移动到 AD_2，这时总需求 Y_0 减少为 Y_2。

由于消费习惯改变引起的消费增加，由于政府投资、税收优惠引起的投资增加，由于一国技术进步引起的净出口增加，都与物价水平无关，但都会影响总需求，这些因素引起的总需求变动就用总需求曲线的平行移动来表示。

二．总供给曲线

1. 短期总供给曲线的含义

总供给是一个经济中对物品与劳务的供给总量。短期中总供给的大小取决于多种因素，在这里我们分析物价水平对短期总供给的影响，短期总供给曲线是反映短期中总供给与物价水平之间关系的一条曲线。换言之，短期总供给曲线告诉我们，在每一物价水平时，经济中的总供给量。图 10-11 所示为短期总供给曲线。

在图 10-11 中，SAS 是短期总供给曲线。我们注意 SAS 曲线分为两部分，一部分向右上方倾斜，表示总供给随物价水平上升而上升。当物价水平由 P_0 上升为 P_1 时，总供给(GDP)由 Y_0 增加为 Y_1。另一部分短期总供给曲线是向上垂直的。这表示，总供给要受经济中资源和其他因素的制约，不可能随物价上升而无限增加，当总供给增加到 1/2 时，无论物价水平如何上升，总供给都无法增加，因此成为一条垂线。这是与总需求曲线的不同之处。

2. 短期总供给曲线的移动

总供给曲线的移动如图 10-12 和图 10-13 所示。同一条短期总供给曲线说明物价水平与总供给之间同方向变动的关系，即物价水平上升，总供给增加，沿总供给曲线向上方移动；物价水平下降，总供给减少，沿总供给曲线向下方移动。当不考虑物价水平时，短期总供给曲线也会发生移动。

第一种情况是由于长期总供给曲线移动而引起短期总供给曲线向右或向左平行移动。这就是说，当投入的资源增加，技术进步使一个经济长期总供给曲线向右移动时，短期总供给曲线也会随之向右移动。反之，当一个经济遇到自然灾害或其他不利冲击，长期总供给曲线向左移动时，短期总供给曲线也会随之向左移动。

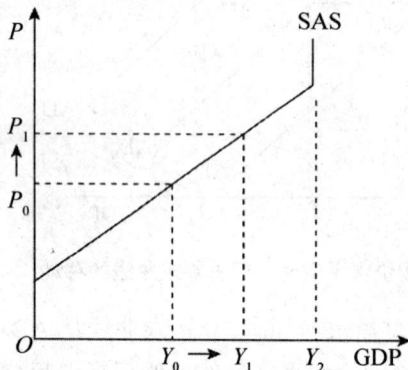

图 10-11　总供给曲线

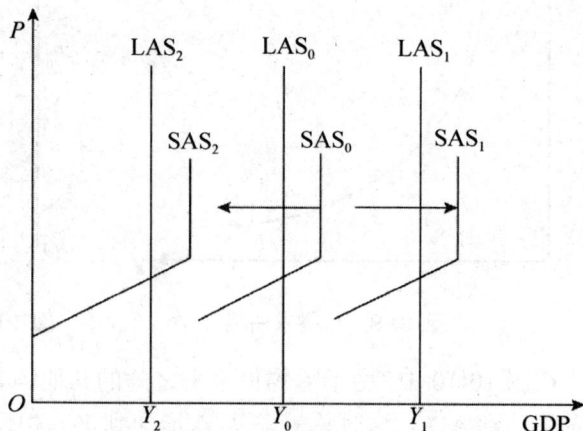

图 10-12　总供给曲线的平行移动

在图 10-12 中，LAS_0 是原来的长期总供给曲线，这时相应的短期总供给曲线是 SAS_0。如果经济增加，长期总供给曲线向右移动至 LAS_1，相应地，短期总供给曲线也移动到 SAS_1。如果经济出现负增长，长期总供给曲线向左移动至 LAS_2，相应地，短期总供给曲线也移动到 SAS_2。

第二种情况是当物价水平不变时，短期总供给曲线向上或向下移动。可以用图 10-13 说明这种情况。

在图 10-13 中，物价水平始终为 P_0，当短期总供给曲线为 SAS_0 时，总供给为 Y_0。如果人们预期的未来物价水平高，工资增加，则短期总供给曲线向上移动至 SAS_2，总供给减少为 Y_2。如果人们预期的未来物价水平低，工资减少，则短期总供给曲线向下移动至 SAS_1，总供给增加为 Y_1。

预期是影响工资水平的重要因素之一，预期变动会引起工资水平变动和短期总供给曲线移动，同样其他引起工资水平变动的或其他成本变动因素也会使短期总供给曲线移动，影响总供给。

3. 长期总供给曲线

长期总供给曲线是一条表示总供给与物价水平之间不存在任何关系的垂线，如图 10-14 中的 LAS_0、LAS_1 和 LAS_2。

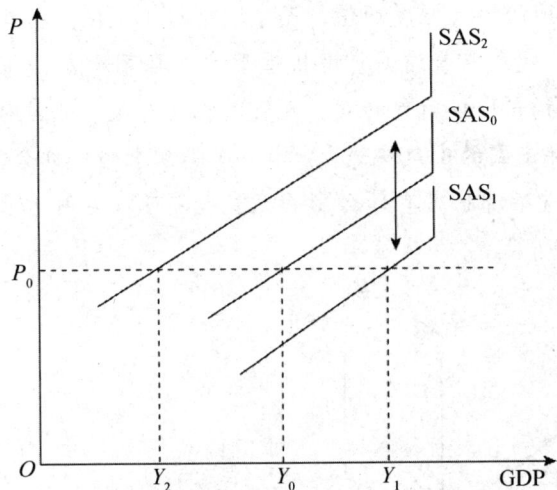

图 10-13 总供给曲线的上下移动

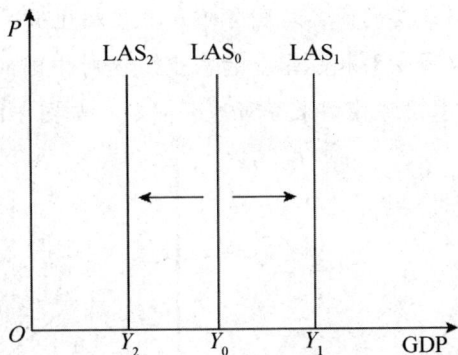

图 10-14 长期总供给曲线

三、总需求-总供给模型

1. 均衡国内生产总值与物价水平决定

总需求-总供给模型是要说明均衡的国内生产总值与物价水平的决定的。把总需求曲线与短期总供给曲线放在一个图上就可以得出总需求-总供给模型，如图 10-15 所示。

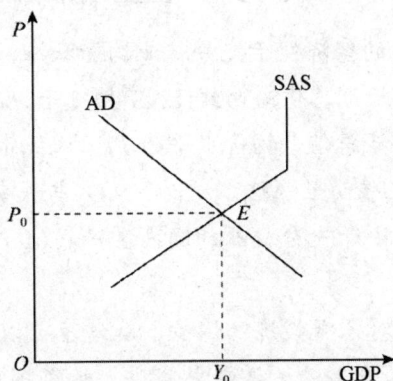

图 10-15 总需求-总供给模型

2. 总需求-总供给模型的运用

总需求-总供给模型是分析宏观经济状况的重要工具，我们可以用这个模型来分析各种宏观经济问题，说明总需求和总供给对宏观经济的影响及调节。

知识链接

人民币不贬值对宏观经济的影响及调节方法

1997年亚洲金融危机时，东南亚各国货币纷纷大幅度贬值，而中国坚持不贬值。当其他国家货币贬值(汇率下降)而一国不贬值时，就意味着该国货币相对于其他国家升值了(汇率上升)。中国和许多东南亚国家出口产品结构与出口对象相同。人民币相对升值，使国内价格未变的商品在国际市场上价格上升。这样中国的出口就减少。出口是总需求的一部分，出口减少引起总需求的减少。这对中国的宏观经济状况有什么影响呢？我们可以运用总需求-总供给模型来分析这一问题，如图10-16所示。

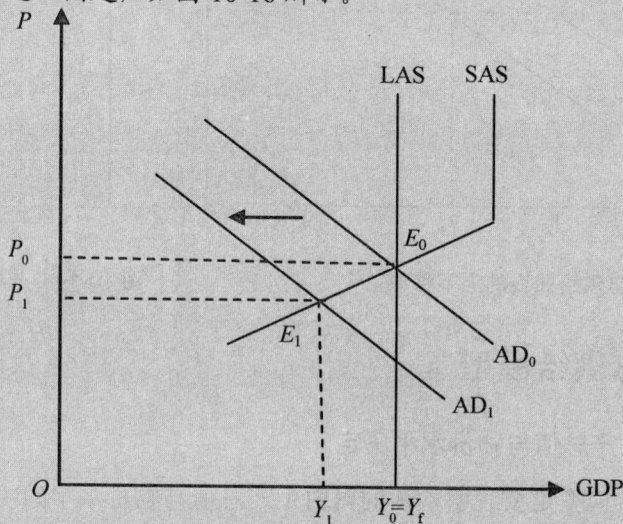

图 10-16　出口减少时的总需求-总供给模型

在图 10-16 中，中国原来的经济处于充分就业均衡状态，从图上看就是短期总供给曲线(SAS)，总需求曲线(AD_0)与长期总供给曲线(LAS)相交于 E_0。这时均衡的国内生产总值为 Y_0，也是充分就业的国内生产总值，物价水平为 P_0。人民币不贬值使出口减少，总需求减少，总需求曲线由 AD_0 向左移动至 AD_1。这时，AD_1 与原来的 SAS 相交于 E_1，决定了均衡的国内生产总值为 Y_1，Y_1 小于充分就业的国内生产总值 Y_f，物价水平为 P_1，低于充分就业均衡时的物价水平 P_1。

这个例子说明总需求变动对宏观经济的影响，从这里可以归纳出：总需求增加，均衡的国内生产总值增加，物价水平上升；总需求减少，均衡国内生产总值减少，物价水平下降。

当总需求减少引起均衡的国内生产总值减少(衰退)和物价水平下降(通货紧缩)时，只有增加总需求才能恢复充分就业均衡。

(资料参考：1997 年亚洲金融危机中中国坚持人民币不贬值. 中国国际电子商务网，2008 年 11 月 24 日)

知识链接

20 世纪 70 年代美国的滞胀

20 世纪 70 年代初，石油输出国大幅度提高石油价格，西方国家受到冲击。美国石油主要依靠进口，受到的冲击最大，出现了历史上从未有过的高通货膨胀与高失业并存的滞胀。我们可以用总需求–总供给模型来分析滞胀的产生，如图 10-17 所示。

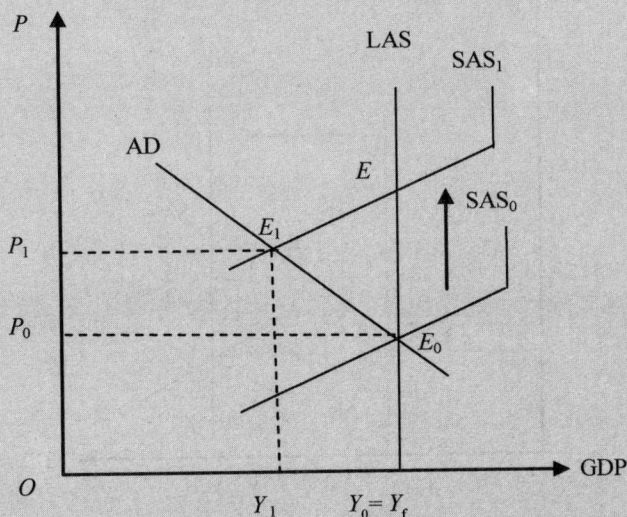

图 10-17 发生滞涨时的总需求与总供给模型

在图 10-17 中，20 世纪 60 年代末，总需求曲线(AD)、短期总供给曲线(SAS_0)与长期总供给曲线(LAS)相交于 E_0，决定了均衡的国内生产总值(Y_0)与充分就业的国内生产总值(Y_f)相等，物价水平为 P_0，经济处于充分就业均衡状态。

20 世纪 70 年代初石油大幅度上升，石油是成本中重要的一部分，石油价格上升使成本增加，短期总供给曲线从 SAS_0 向上移动至 SAS_1。这时石油价格上升只影响短期总供给，并不影响总需求和长期总供给，这两条曲线没有移动。总需求曲线(AD)与新的短期总供给(SAS_1)相交于 E_1，决定了均衡的国内生产总值为 Y_1，Y_1 小于充分就业的国内生产总值 Y_f，存在失业。这时决定的物价水平为 P_1，P_1 高于 P_0，存在通货膨胀，这就出现了滞胀。

这个事例告诉我们，在短期中，短期总供给曲线的移动影响均衡的国内生产总值与物价水平。短期总供给曲线向上移动，均衡的国内生产总值减少，物价水平上升；短期总供给曲线向下移动，均衡的国内生产总值增加，物价水平下降。我们这个例子中分析了石油成本增加引起的短期总供给曲线向上移动，同样，工资成本增加，以及预期的物价水平上升，都会使短期总供给曲线向上移动。

(资料来源：张宪强. 中南财经政法大学研究生报，2009 年 05 期)

知识链接

20世纪90年代美国经济的增长

20世纪90年代是美国战后维持时间最长的持续增长。引起这种增长的根本原因是技术进步引起的长期总供给曲线向右移动，即美国经济潜力的提高。可以用图10-18来说明这一点。

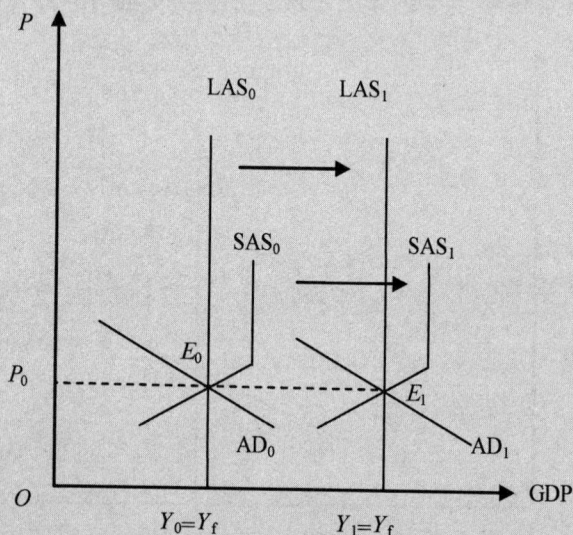

图10-18　经济增长时的总需求与总供给模型

在图10-18中，20世纪80年代，长期总供给曲线为LAS_0，总需求曲线为AD_0，短期总供给曲线为SAS_0。这三条线相交于一点(E_0)决定了均衡的国内生产总值Y_0，它等于充分就业的国内生产总值Y_f，物价水平为P_0。这时经济实现了充分就业均衡。

20世纪90年代，由于技术进步，美国经济潜力提高，这就体现为长期总供给曲线从LAS_0向右移动为LAS_1。随着长期总供给曲线的移动，短期总供给曲线也向右移动，即从SAS_0移动至SAS_1。在这一过程中技术进步引起投资增加、消费增加，总需求曲线移动至AD_1。这三条曲线相交于E_1，决定了均衡的国内生产总值Y_1，Y_1与新的充分就业国内生产总值Y_f相等，仍然是充分就业均衡，但水平大大提高了，而物价水平仍然水平是P_0。

这个事例告诉我们，经济潜力提高，长期总供给曲线向右移动，可以实现更高水平的充分就业均衡而不引起通货膨胀。这说明从长期来看，提高经济潜力，使长期总供给曲线向右移动是至关重要的。

（资料来源：http://www.doc88.con/P-175439665588.html）

◎ 项 目 总 结

　　总需求与总供给相等时的国民收入是均衡的国民收入，当不考虑供给这个因素时，均衡的国民收入是由总需求决定的。消费函数是消费与收入之间的依存关系。储蓄函数是储蓄与收入之间的依存关系。乘数大小取决于边际消费倾向，边际消费倾向越大，乘数越大，从而使总需求和国民收入增加越多。总需求-总供给模型是分析宏观经济问题的有力工具。可以从总需求-总供给角度分析均衡国民收入和物价水平的决定。

◎ 项 目 考 核

一、选择题

1. 若 MPC=0.6，则 I 增加 100 万(美元)，会使收入增加(　　)。

　　A. 40 万　　　　　　B. 60 万　　　　　　C. 150 万　　　　　　D. 250 万

2. 根据消费函数，决定消费的因素是(　　)。

　　A. 收入　　　　　　B. 价格　　　　　　C. 边际消费倾向　　D. 偏好

3. 根据简单国民收入决定模型，引起国民收入减少的原因是(　　)。

　　A. 消费减少　　　　B. 储蓄减少　　　　C. 消费增加　　　　　D. 储蓄增加

4. 在两部门经济中，乘数的大小(　　)。

　　A. 与边际消费倾向同方向变动　　　　B. 与边际消费倾向反方向变动

　　C. 与边际储蓄倾向同方向变动　　　　D. 与边际储蓄倾向反方向变动

5. 政府预算平衡时，若 MPC=4/5，政府购买增加 100 万元，则国民收入(　　)。

　　A. 不变　　　　　　　　　　　　　　B. 增加 200 万元

　　C. 增加 100 万元　　　　　　　　　　D. 减少 100 万元

6. 在两部门经济中，均衡发生于(　　)之时。

　　A. 实际储蓄等于实际投资　　　　　　B. 实际消费加实际投资等于产出值

　　C. 计划储蓄等于计划投资　　　　　　D. 总支出等于企业部门的收入

7. 假定其他条件不变，厂商投资增加将引起(　　)。

　　A. 国民收入增加，但消费水平不变

　　B. 国民收入增加，同时消费水平提高

　　C. 国民收入增加，但消费水平下降

　　D. 国民收入增加，储蓄水平下降

8. 消费者储蓄增多而消费支出减少，则(　　)。

　　A. GDP 将下降，但储蓄 S 将不变

　　B. GDP 将下降，但储蓄 S 将上升

C. GDP 和储蓄 S 都将下降

D. GDP 不变，但储蓄 S 下降

9. 平均消费倾向和平均储蓄倾向之间存在着互补关系，两者之和(　　)。

A. 大于 1　　　　　B. 小于 1　　　　　C. 永远等于 1　　　　　D. 永远不等于 1

10. 在以下四种情况中，乘数最大的是(　　)。

A. 边际消费倾向为 0.8　　　　　　B. 边际消费倾向为 0.75

C. 边际消费倾向为 0.5　　　　　　D. 边际消费倾向为 0.4

二、多项选择题

1. 当消费函数是一条通过原点且向右上方倾斜的直线时(　　)。

A. 边际消费倾向递增　　　　　　B. 边际消费倾向递减

C. 自发消费倾向递增　　　　　　D. 自发消费为零

E. 边际储蓄倾向不变

2. 简单的国民收入决定理论不涉及(　　)。

A. 消费品市场　　B. 劳动市场　　C. 货币市场

D. 国际市场　　　E. 投资品市场

3. 简单的国民收入决定理论假设(　　)。

A. 潜在国民收入不变　　　　　　B. 各种生产资源已得到充分利用

C. 价格水平不变　　　　　　　　D. 总供给可以适应总需求而无限扩大

E. 利率水平与投资水平不变

4. 关于平均消费倾向与边际消费倾向，下列说法中正确的是(　　)。

A. 边际消费倾向可能大于、小于或等于 1

B. 平均消费倾向可能大于、小于或等于 1

C. 平均消费倾向总大于或等于边际消费倾向

D. 平均消费倾向即是消费曲线的斜率

E. 平均消费倾向小于消费曲线的斜率

三、判断题

1. 简单的国民收入决定理论涉及产品市场、货币市场、劳动市场和国际市场。　　(　　)

2. 在凯恩斯理论的消费函数中一定存在有 APC>MPC。　　(　　)

3. 在均衡国民收入水平上，计划产出与计划支出相等。　　(　　)

4. 作为国民收入均衡条件的 $I=S$ 与国民收入核算中的 $I=S$ 是一致的。　　(　　)

5. 经济均衡既可表示为总需求与总产出相等，又可表示为实际投资与储蓄相等。

(　　)

6. 当边际消费倾向小于平均消费倾向时，边际储蓄倾向大于平均储蓄倾向。　　(　　)

四、计算题

1. 社会原收入水平为 1000 亿元，消费为 800 亿元，当收入增加至 1200 亿元时，消费增加至 900 亿元，请计算：

(1) 平均消费倾向；

(2) 平均储蓄倾向；

(3) 边际消费倾向；

(4) 边际储蓄倾向；

(5) 乘数。

2. 根据上题计算出的边际消费倾向计算，当自发中需求增加 50 亿元时，国民收入会增加多少？如果自发总需求减少 40 亿元时，国民收入会减少多少？

五、问答题

按照凯恩斯观点，增加储蓄对均衡收入会有什么影响？试解释什么是"节约的悖论"。

◎ 项 目 拓 展

案例分析。

核心提示：　2009 年 11 月 5 日，国务院总理温家宝主持召开国务院常务会议，研究部署进一步扩大内需促进经济平稳较快增长的措施。这是国务院常务会议在一月内连续第二次针对全国经济情况进行部署。此次会议明确提出 10 条具体措施，计划到 2010 年总共投入 4 万亿进行投资，进一步扩大内需、促进经济增长。

从保增长到促经济：

会议认为，为抵御国际经济环境对我国的不利影响，必须采取灵活审慎的宏观经济政策，以应对复杂多变的形势。当前要实行积极的财政政策和适度宽松的货币政策，出台更加有力的扩大国内需求措施，加快民生工程、基础设施、生态环境建设和灾后重建，提高城乡居民特别是低收入群体的收入水平，促进经济平稳较快增长。

拉动内需从最基层开始：

此次出台的十大措施当中，大部分篇幅用于政府驾轻就熟的基础设施投资方面，内容包括政府保障性廉租房建设投资、农村基础设施建设投资、公共交通、环境等，延续了以往投资拉动经济的一贯做法。

十大措施前两条针对低收入群体和农村的生活设施、住房等，另外还有措施明确加大扶贫力度，完善医疗保障制度，主要用来稳定和保障中国人口数量最多的一部分群体，这一庞大基数的消费群体在免去生活后顾之忧之后，另外还有措施明确提出提高城乡居民收入，使其有信心也有能力进行消费。

与此同时，放松银行信贷规模，有利于企业借贷同时增加流动性；在通货膨胀压力放缓的前提下，小幅上调商品价格(农产品、电力等)有利于引发居民对于未来物价预期的提升，从而也能激发消费需求。

会议确定了当前进一步扩大内需、促进经济增长的十项措施。

一是加快建设保障性安居工程。加大对廉租住房建设支持力度，加快棚户区改造，实施游牧民定居工程，扩大农村危房改造试点。

二是加快农村基础设施建设。加大农村沼气、饮水安全工程和农村公路建设力度，完善农村电网，加快南水北调等重大水利工程建设和病险水库除险加固，加强大型灌区节水改造。加大扶贫开发力度。

三是加快铁路、公路和机场等重大基础设施建设。重点建设一批客运专线、煤运通道项目和西部干线铁路，完善高速公路网，安排中西部干线机场和支线机场建设，加快城市电网改造。

四是加快医疗卫生、文化教育事业发展。加强基层医疗卫生服务体系建设，加快中西部农村初中校舍改造，推进中西部地区特殊教育学校和乡镇综合文化站建设。

五是加强生态环境建设。加快城镇污水、垃圾处理设施建设和重点流域水污染防治，加强重点防护林和天然林资源保护工程建设，支持重点节能减排工程建设。

六是加快自主创新和结构调整。支持高技术产业化建设和产业技术进步，支持服务业发展。

七是加快地震灾区灾后重建各项工作。

八是提高城乡居民收入。提高明年粮食最低收购价格，提高农资综合直补、种补贴、农机具补贴等标准，增加农民收入。提高低收入群体等社保对象待遇水平，增加城市和农村低保补助，继续提高企业退休人员基本养老金水平和优抚对象生活补助标准。

九是在全国所有地区、所有行业全面实施增值税转型改革，鼓励企业技术改造，减轻企业负担1200亿元。

十是加大金融对经济增长的支持力度。取消对商业银行的信贷规模限制，合理扩大信贷规模，加大对重点工程、"三农"、中小企业和技术改造、兼并重组的信贷支持，有针对性地培育和巩固消费信贷增长点。

初步匡算，实施上述工程建设，到2010年底约需投资4万亿元。为加快建设进度，会议决定，今年四季度先增加安排中央投资1000亿元，明年灾后重建基金提前安排200亿元，带动地方和社会投资，总规模达到4000亿元。

（资料来源：搜狐财经 http:business.sohu.com/20081110/n26053/600.html）

问题： 结合以上材料实际分析国务院出台扩大内需、促进经济增长的十项措施意义。

项目十一　失业与通货膨胀理论及应用

【项目引入】

中国应对通胀越早越好

摩根士丹利公司非执行董事、美国耶鲁大学教授史蒂芬·罗奇今日在此间表示，"应对中国目前的通胀，应该迅速地做出行动，越早越好地来解决，尤其是要用组合政策。"罗奇是在中国发展研究基金会主办的"2011 年全球经济形势展望"专题讲座上说这番话的。

"处理中国通胀的方法，有人说现在要行动，有人说还要等一等，只要它比 GDP 增速低的话，让它到 9% 都可以。这些说法是很大的错误，任何一个国家想要应对通货膨胀都有这样的教训，从美国、巴西到中国，如果你等你就会后悔，因为最终你需要做更多的努力来遏制通胀螺旋上升，因此，中国现在必须要着手。"罗奇说。

对于具体的应对措施，罗奇的观点是：赞同中国政府对于货币政策从适度宽松向稳健的转变。他认为，目前稳健的政策是有必要，市场需要这种货币政策的收紧，因为中国并不是一个完完全全的市场经济。

对于利率，罗奇认为这是一个必须使用的手段，尽管可能不是最主要的手段，最重要的是它们发出信号的机制，显示政府有一个承诺来应对这个问题，通过它们发出的信息和信号以对通胀的预期产生影响。如果政府只使用行政手段来解决宏观经济或者是微观经济的瓶颈问题，那只是局部的，政府必须显示一种信号，不然就会失去公信力。

在谈到抑制通胀对中国的经济增长可能会带来的影响时，罗奇说："我们不能够两全，中国要真正解决通胀的问题，增长率肯定会下降，而且会下降不少。如果说中国现在就着手应对通胀的话，经济增长率可能会下降一点点。如果说中国拖延时间来应对通胀的话，可能对中国经济增长率的影响会非常巨大。"

罗奇认为，中国不需要每年 10% 的 GDP 增长率，对于中国这么大的经济体、排在世界第二的经济体来说，这是不能够持续的，"这样发展的话，会造成宏观经济失衡，还有一些收入不均衡，以及对环境污染等等的问题。"他认为，现在的中国是时候要关注发展的质量，而不是数量，而这个模式是中国需要的，尤其是在"十二五"时期内。

(资料来源：(美)史蒂芬·罗奇. 中国经济时报，2010 年 12 月 08 日.)

讨论：通过上文，体会治理通货膨胀的政策对经济的影响。

【技能目标】

● 理解失业率与降低失业率的政策。
● 理解通货膨胀发生的原因以及通货膨胀对经济的影响。

● 理解菲利普斯曲线的含义及不同学派对菲利普斯曲线的解释。

【知识目标】

● 掌握失业率的计算方法和降低失业率的政策。
● 掌握通货膨胀的定义及治理通货膨胀的方法。
● 掌握菲利普斯曲线的含义，短期菲利普斯曲线和长期菲利普斯曲线。

【关键概念】

失业　失业率　周期性失业　通货膨胀　消费者物价指数　成本推动的通货膨胀　菲利普斯曲线

【导语】

失业和通货膨胀是当代宏观经济学研究的两大课题，作为经济发展的两种极端，不断困扰着各国政府，成为引起经济学家、政策制定者和社会大众关注的问题。第二次世界大战后的初期，失业和通货膨胀是交替出现的。凯恩斯主义认为，这时的失业是有效需求不足引起的，通货膨胀则是过度需求引起的，只要适当的调节社会总需求就可以消除失业和通货膨胀。但是，20 世纪 70 年代中期以来，失业和通货膨胀并存的"滞胀"局面，使传统的凯恩斯主义理论受到挑战，于是便出现了"成本推动的通货膨胀"的新学说。

第一节　失业理论及应用

一、失业与失业率

1. 失业

失业是指劳动者没有工作。按照国际劳工组织规定，失业是在一定年龄范围内，有劳动能力的劳动者，在一段时间内没有工作或工作时间未达到规定标准，并在寻找报酬合适的工作，且已经在就业机构进行登记的人员。

失业是现代经济社会的一个重要问题，在社会出现较多失业时，意味着社会资源没有得到充分利用，失业人群收入减少也会影响到他们的情绪、健康和家庭生活水平。

在理解失业的定义时需要注意以下几点。

(1) 失业者的年龄范围是有规定的，一般各国都规定有工作年龄，在此范围之外的无工作者不计入失业。

(2) 失业者要具备劳动能力，丧失劳动能力者不计入失业。

(3) 在校学习者不计入失业。

(4) 由于各种原因不愿工作或不积极寻找工作的人不计入失业。

(5) 有些未领取失业救济，未登记注册的无工作者不计入失业。

2. 失业率

衡量经济社会中失业状况的基本指标是失业率。失业率是指失业人数占劳动力总数的百分比，公式表示如下：

$$失业率 = \frac{失业人数}{劳动力总数} \times 100\% \qquad (11\text{-}1)$$

公式中劳动力总数是指失业人数和就业人数之和。

失业率的变动在西方国家每月都是头条新闻。在美国，失业率的数据是每月大约对 60000 个家庭进行随机抽样调查并估算出来的，在每月第一个星期五发表上个月失业率的估计数字，为官方决策提供一个参考数据。

3. 充分就业与自然失业率

宏观经济政策的目标之一就是实现充分就业。这里的充分就业不是社会劳动者人人都有工作。根据失业的原因，可以分为自然失业和周期性失业。由于经济中难以克服的原因造成的失业称为自然失业，由于社会总需求不足造成的失业称为周期性失业。经济学中把消灭了周期性失业的就业状态称为充分就业。实现了充分就业时的失业率称为自然失业率。

市场经济的特点之一是要素自由流动，劳动力作为要素之一必然存在流动性，在流动中会出现暂时失业是难以避免的；另外在有季节性要求的行业如农业、建筑业，对劳动的需求变化较大，也会出现失业人口。这些失业者可以随时满足社会对劳动需求的增加，此外对就业者也起到警示督促的作用。

二、失业的类型

失业可以划分为自愿失业和非自愿失业。自愿失业是劳动者在不愿意接受现行工资率而放弃工作机会的情况下发生的失业。非自愿失业是劳动者愿意接受现行工资仍不能找到工作的失业。宏观经济政策研究的是非自愿失业，包括自然失业和周期性失业。

1. 自然失业

自然失业有以下几种类型。

(1) 摩擦性失业。摩擦性失业是劳动力在正常的流动过程中所产生的暂时性失业。在一个动态经济中，各行业、各部门和各地区之间的劳动需求变动经常发生。即使在充分就业状态下，人们从学校毕业或搬到新的城市寻找工作中，总会出现暂时失业。摩擦性失业量的大小取决于劳动力流动性的大小和寻找工作所需要的时间，由于在市场经济中劳动力的流动是正常的，所以摩擦性失业的存在也是正常的。

(2) 结构性失业。结构性失业是劳动力供求不一致时产生的。劳动供求不一致是因为当市场对某种劳动的需求增加，而对另一种劳动的需求减少时，劳动供给没有及时作出调整。它通常表现为失业和空位并存的局面：一方面有些岗位招聘不到员工而空岗，另一方面有些劳动者由于自身条件限制找不到合适工作而失业。

(3) 临时性或季节性失业。这种失业是由于某些行业生产的时间性或季节性变动所引起的失业。例如：农业、旅游业和建筑业对劳动力的需求有季节性，在生产淡季就会出现失业人口。这些行业生产时间性或季节性是客观条件或自然条件决定的，很难改变，因此，这种失业也是正常的。

(4) 技术性失业。这种失业是指由于技术进步，或采用了节约劳动的机器而引起的失业。在经济发展过程中技术进步是一种必然的趋势，资本密集型技术逐渐取代了劳动密集型技术，这样对劳动力需求相对减少，会使失业增加。另外，随着科技发展，资本品价格相对下降和劳动力价格相对上升也加剧了机器取代工人的趋势。属于这种失业的，工人大部分是文化技术水平低，不能适应现代化技术要求的工人。

2. 周期性失业

周期性失业的原因是社会总需求不足。经常发生在经济周期的衰退或萧条阶段，此时，社会产品的生产和需求下降，导致社会对劳动需求下降从而部分工人失业，这种失业会随着经济复苏和繁荣而改变，因此称为周期性失业。

根据经济学家凯恩斯分析，社会总需求可分为消费需求和投资需求，决定消费需求的是国民收入水平和边际消费倾向(参考消费需求函数 $C=a+bY$)，而边际消费倾向递减，即在增加的收入中，用于消费的比例逐渐减少，造成消费需求不足；投资需求取决于投资的预期回报率和贷款利率之间的差额。由于资本边际效率递减规律的作用，导致投资的预期回报率不断下降，引起投资需求不足，而人们对于货币的心理流动性偏好又决定了利率的下降有一定限度，无法拉开利润率与利率之间的差距以刺激投资。消费需求和投资需求不足最终决定了总需求的不足，从而引起了社会总需求不足导致的周期性失业。

三、失业的代价以及应对失业的方法

1. 奥肯定律

原任美国总统约翰逊首席经济顾问的美国经济学家阿瑟·奥肯(Arther M.Okun)，在研究了失业率变动对实际国民收入的影响后，提出了奥肯定理，其内容为：失业率与实际国民收入增长率之间的关系具有统计规律，失业率每增加 1%，则实际国民收入减少 2.5%；反之，失业率减少 1%，则实际国民收入增加 2.5%。

奥肯定理表明了失业对实际国民收入增长带来负面影响，两者是反方向变动关系，变动比例为 1:2.5，这个比例是一个平均数，是根据经验统计资料得出的，美国以外的国家地区可能略有不同。另外，奥肯定理描述的是社会没有实现充分就业的情形，这一点需要注意。

2. 失业的经济影响

(1) 失业对个人及家庭的影响。自愿失业会给个人和家庭带来闲暇享受，而非自愿失业会给失业者本人和家庭造成损失：收入下降，消费减少，生活水平随之降低。政府失业补助会减轻一些损失，但不能够全部弥补。失业者的地位和声望因失业下降，亦会影响其身心健康。

(2) 失业对企业的影响。失业率上升，企业产品的市场需求减少，造成供大于求的局面。此时企业只有降低产能，使得社会生产力闲置，企业利润下降，社会投资需求趋于减少。

(3) 失业对国民经济的影响。从财政方面看，失业率上升增加了社会保障及福利的支出，此时因经济衰退，财政收入往往减少，从而造成财政困难。从国民收入方面看，失业造成实际国民收入减少，失业率高必然带来国民经济增长率下降。

3. 减少失业的方法

降低失业率，实现充分就业，是各国政府宏观经济管理的重要目标之一。现在政府解决失业问题的方法主要有以下几种：

(1) 采用扩张性财政和货币政策解决周期性失业。政府通过增加政府支出、减少税收或增加货币供应量的方法刺激经济，增加社会总需求，从而达到提高就业率的目标。

(2) 采用人力资源政策用于解决摩擦性失业和结构性失业。政府为使失业者适应工作要求，采取一系列政策措施：举办各种教育机构、提供职业训练、提供就业信息、反对就业歧视、增加劳动力的流动性等。

第二节　通货膨胀理论及应用

一、通货膨胀现象

1. 通货膨胀的定义

通货膨胀是经济发展中的一种常见现象。经济学一般定义是：通货膨胀是在纸币流通制度下，由于纸币的发行量超过了商品流通中的实际需要量，由此引起的货币贬值以及一般物价水平持续普遍上涨的现象。理解该定义需要注意以下几点。

(1) 物价水平持续普遍上涨是包括所有社会商品和劳务的价格都上涨。因此，局部地区或个别商品、劳务以及季节性、偶然性和暂时性的价格上涨都不能称为通货膨胀。

(2) 通货膨胀是与纸币发行过多联系在一起的。资源短缺、结构失调、商品质量提高等都可以引起物价上涨，但是不能看作发生了通货膨胀。只有当纸币发行量超过了客观经济过程的实际需要量，才能称为通货膨胀。

(3) 通货膨胀的形式可以是公开的，也可以是隐蔽的。例如：实行配给制或价格管制时，物价不会上涨，但一旦取消配给制或放开物价，价格水平就会普遍上涨。

2. 衡量通货膨胀的经济指标

价格指数是目前各国衡量通货膨胀的主要指标，是表明商品价格从一个时期到下一个时期变动程度的指数，公式如下：

$$通货膨胀率 = \frac{本期价格指数 - 上期价格指数}{上期价格指数} \times 100\% \qquad (11\text{-}2)$$

通货膨胀可以用以下三种价格指数衡量。

(1) 消费者物价指数(CPI)，是衡量各个时期居民个人消费的商品和劳务零售价格变化的指数。其计算方法是将各种消费品价格与其权数的乘积求和得到价格指数。

(2) 生产者物价指数(PPI)，是表示企业购买的批发商品平均价格变化的指数。计算生产者物价指数的步骤和计算消费者物价指数相同，只是它选择的物品种类与后者不同，既有消费资料产品，又有生产资料产品(但不包括劳务)。

(3) 国民生产总值折算价格指数，是表示全部社会产品价格水平变化的指数。公式如下：

$$国民生产总值折算数 = \frac{名义GDP}{实际GDP} \times 100\% \qquad (11\text{-}3)$$

这种指数用于修正国民生产总值数值，从中去掉通货膨胀因素；其统计对象包括所有计入国民生产总值的最终产品和劳务。

3. 通货膨胀的类型

按照通货膨胀的严重程度，可以将其分为三类。

(1) 温和的通货膨胀，又称爬行的通货膨胀。其特点是通货膨胀率低且比较稳定，每年价格上升的比例在10%以内。这种缓慢而逐步上升的价格对经济和收入增长有积极的刺激作用。能够保持温和的通货膨胀，也就实现了物价稳定。

(2) 奔腾的通货膨胀，也叫加速的通货膨胀。其特点是通货膨胀率较高(在10%以上100%以下)，而且还在加剧。奔腾的通货膨胀发生以后，公众预期物价还会上涨，因而采取各种措施保护自己，以免受到损失，这些措施会使通货膨胀加剧，导致严重的经济扭曲。

(3) 恶性的通货膨胀，也叫超级通货膨胀。其特点是通货膨胀率非常高(在100%以上)，而且完全失去控制。发生这种通货膨胀时，价格持续猛涨，人们对货币失去信心，购买力猛降，致使货币体系和价格体系完全崩溃，在严重情况下，还会发生社会动乱。例如：第一次世界大战后德国魏玛共和国时期的通货膨胀和国民党政府垮台前国统区的通货膨胀就属于这种超级通货膨胀。

二、通货膨胀的形成原因

引起通货膨胀的原因主要有四种：需求拉上、成本推动、经济结构调整以及社会预期。

1. 需求拉上的通货膨胀

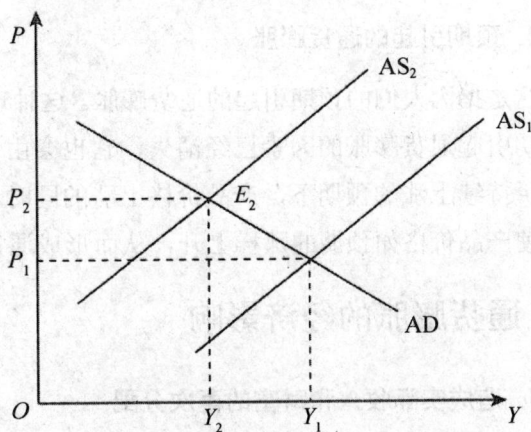

这是一种因社会总需求增长过度引起的通货膨胀。如图 11-1 所示，社会总需求小于 AD_2 时，随着总需求的增长，总需求曲线向右上方移动，此时，物价水平上升，由 P_1 升至 P_2，国民收入增加，由 Y_1 增至 Y_f，社会产品随需求增加，不会引起通货膨胀；当社会需求增长超过 AD_2 时，此时的国民收入 Y_f 已经是潜在最大国民收入，总需求曲线继续向右上方移动，只会引起物价水平上升，而国民收入不会增加，这样就产生了需求拉上的通货膨胀，它通常在社会实现了充分就业的情况下才会出现。

2. 成本推动的通货膨胀

这种理论从产品和劳务的供给方面解释物价水平的上涨，认为通货膨胀的原因主要是企业生产成本的增加，具体说是工资成本，利润和进口成本推动的通货膨胀。如图 11-2 所示，社会需求不变为 AD，由于生产成本增加导致总供给减少，总供给曲线从 AS_1 左移至 AS_2，结果是国民收入减少，从 Y_1 减少至 Y_2，物价水平上升，从 P_1 升至 P_2。

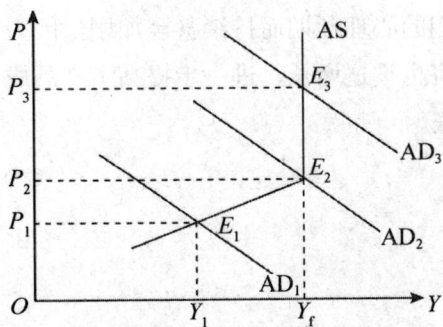

图 11-1　需求拉上的通货膨胀　　　图 11-2　成本推动的通货膨胀

工资推动的通货膨胀是由于工会对工资率施加压力而产生的，它的前提是存在不完全竞争的劳动市场，而这种不完全性的最重要的表现是工会的存在。在完全竞争的劳动市场中，工资率由劳动要素的供求决定。但是在现实社会中，劳动市场很少是完全竞争的，或多或少会存在垄断力量，工会作为卖方垄断者，会采取各种措施使工资率保持较高水平，前提条件是该企业的产品需求价格弹性较低。例如：在垄断竞争市场中，产品的需求价格弹性高，工资增长引起成本上升，产品价格势必上涨，会引起需求下降，企业利润减少，不能维持高工资水平。所以工资的增长往往发生于寡头行业，通过示范作用影响到其他行业，再进一步波及整个经济，形成工资和物价的螺旋式上升，即工资上升引起物价上升，物价上升又引起工资的继续上升，最终引发严重的通货膨胀。

利润推动的通货膨胀发生于存在垄断的产品市场中，在这些市场中，同行业只有几个或一个厂商，当工会需求提高工资时或者当原材料的价格上涨时，他们趁机更大幅度提高价格，以获得更多利润。当这个行业产品价格上升通过提高别的行业的成本，或者通过示范作用影响到其他行业，便形成通货膨胀。

进口成本推动的通货膨胀，是由于重要的进口物品的价格提高，引起某些以进口品为主要投入要素的企业的生产成本上升，从而使这些行业的产品价格上涨并波及整个经济，形成通货膨胀。

3. 结构性通货膨胀

这是由于社会经济结构方面的因素而引起的物价水平在一定时期内的持续上涨。当社会经济结构不利于社会资源从生产率低的行业转移到生产率高的行业时，一些发展迅速的行业出现资源短缺，产品价格趋于上升，一些衰落的行业出现资源过剩。由于各个行业普遍存在着工资和价格上升容易下降难的情况，趋向衰落的行业的工资和价格并不下降，所以社会整体价格水平将上升，从而引发通货膨胀。

4. 预期引起的通货膨胀

这是指因人们的预期引起的通货膨胀。这种理论认为，无论是何原因引起的通货膨胀，当最初引起通货膨胀的因素已经消失，它也会由于人们的心理预期而持续甚至加剧，因为在物价持续上涨的预期下，产品价格上涨的同时，工资也被迫增长，进一步提高了产品成本，使产品价格如预期的那样上升，从而形成通货膨胀。

三、通货膨胀的经济影响

1. 造成实际收入和财富的再次分配

通货膨胀对依靠固定货币收入生活的人不利，这些人包括大多数工薪阶层、退休者、失业和贫困接受政府救济者。工资、退休金、政府补贴在一定时期内是固定不变的，通货膨胀发生后，物价水平上升，但它们仍保持不动，这就意味着这些人群的实际收入水平下降。

通货膨胀对储蓄者和债权人不利。随着物价上涨，存款和债务的实际购买力下降，存款利率和借贷利率的实际利率水平也会下降。

通货膨胀会有利于政府而不利于公众。政府为弥补财政赤字经常发行政府债券，此时政府是债务人，拥有政府债券的居民是债权人，通货膨胀使政府债券的实际价值减少，居民财富缩水，而政府债务减轻。

对于拥有各种资产的富有阶层，他们可以通过调整自己的资产组合比例，降低通货膨胀带来的不利影响。因此，物价上升带给他们的影响有限。

2. 影响社会资源的合理配置

在温和的通货膨胀下，朝阳产业由于价格上涨超过了成本上升，利润空间扩大，有能力吸收更多的社会资源加入这些行业，而处于落后的产业部门利润空间被进一步挤压，可能萎缩。因此，温和的通货膨胀有助于社会资源趋于合理配置。

当通货膨胀程度严重甚至发生恶性通货膨胀时，市场价格被扭曲，无法正确反映社会供求状况，价格失去调节经济的能力，此时通货膨胀会破坏正常的经济秩序，降低经济运行效率。

3. 引起国民收入和就业水平的变化

如果通货膨胀发展稳定，人们可以预期，则它对经济的影响很小，因为此时名义工资和名义利率可以根据通货膨胀率进行调整，从而使实际工资和实际利率不变。但是如果通货膨胀不能预期，就会产生一系列后果。

需求拉上的通货膨胀在一定条件下能促使厂商扩大生产规模，增雇工人，从而导致国民收入增加，就业水平提高；通货膨胀使得实际利率下降，又会刺激社会消费和投资需求，促进资源充分利用和社会总供给增加。

成本推动的通货膨胀下，社会总需求不变时所能购买的实际产品数量将会减少，社会实际产出下降，国民收入减少，失业上升。

四、控制通货膨胀的方法

根据通货膨胀产生的原因不同，可以采用抑制总需求或者增加总供给的方法达到控制通货膨胀程度的目的。

1. 抑制总需求

如图 11-3 所示，总需求减少，从 AD_0 左移至 AD_1，物价水平由 P_0 将至 P_1，通货膨胀得到控制。但是采用这一方法，虽然物价水平下降，国民收入也从 Y_0 减少至 Y_1，经济开始衰退。

2. 刺激总供给

如图 11-4 所示，刺激总供给，可以使总供给增加，总供给曲线从 AS_0 右移至 AS_1，物价水平下降，从 P_0 降至 P_1，同时，国民收入增加，从 Y_0 增至 Y_1，因此通过刺激总供给的方法控制通货膨胀，可以促进经济繁荣。

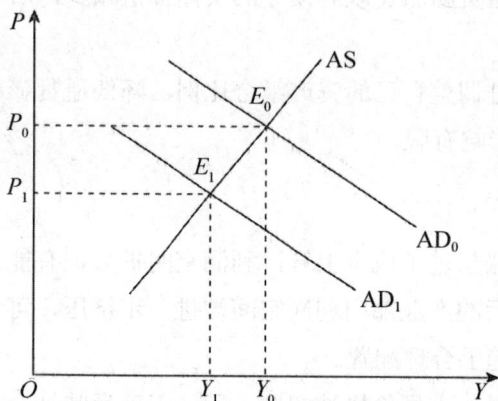

图 11-3　抑制总需求对付通货膨胀

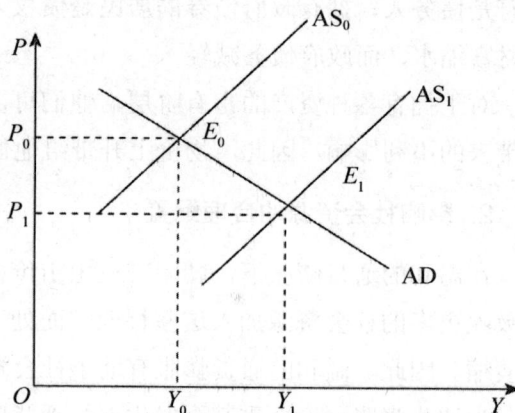

图 11-4　刺激总供给对付通货膨胀

第三节　失业与通货膨胀的关系

失业和通货膨胀是宏观经济的两个主要问题，关于两者的关系在此以凯恩斯学派的观点和菲利普斯曲线反映不同经济学派的代表性观点。

一、凯恩斯学派的观点

按照凯恩斯主义的理论，失业和通货膨胀不会并存。在没有达到充分就业时，总需求增加只会引起国民收入增加而价格水平不变；达到充分就业后，总需求增加，价格上升而国民收入保持不变。周期性失业的形成原因，说明了失业与通货膨胀不会并存的道理。

二、菲利普斯曲线

1958 年，新西兰经济学家菲利普斯根据英国 1861—1957 年失业率和货币工资变动率的统计资料，绘制了一条曲线，用来表示失业和货币工资变动率之间的交替关系，这就是人们所称的菲利普斯曲线。西方经济学家把物价上涨同货币工资变动率联系在一起，并用物价上涨率来表示通货膨胀率，所以，菲利普斯曲线就表示了失业率与通货膨胀率之间的关系。

如图 11-5 所示，横坐标表示失业率，纵坐标表示通货膨胀率，向右下方倾斜的曲线就是菲利普斯曲线。根据成本推动的通货膨胀理论，货币工资增长率可以表示通货膨胀率，从曲线中可以看出，当失业率较低时，货币工资增长率较高，反之，当失业率较高时，货币工资增长率较低，甚至是负数。这条曲线表示了失业与通货膨胀之间的交替关系，即失业率高，通货膨胀率低；失业率低，则通货膨胀率高。

失业率较高表明经济处于萧条阶段，此时工资和物价水平都低，从而通货膨胀率也低；

反之，失业率较低时表明经济处于繁荣阶段，此时工资和物价水平较高，从而通货膨胀率也高。

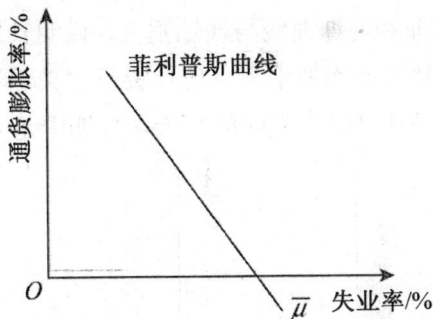

图 11-5　菲利普斯曲线

从菲利普斯曲线可得出以下几点结论。

(1) 肯定了成本推动的通货膨胀理论，并且根据这一理论把货币工资变动率与通货膨胀率联系了起来。

(2) 承认失业与通货膨胀之间存在交替关系，从而否定了凯恩斯关于失业与通货膨胀不会并存的观点。

(3) 在充分就业时，失业率为自然失业率，此时通货膨胀率为零。菲利普斯曲线反映的失业与通货膨胀之间的交替关系，基本符合 20 世纪五六十年代西方国家的实际情况，进入 20 世纪 70 年代后，"滞胀"现象的出现，使得失业与通货膨胀不再交替出现而是并存，于是对失业与通货膨胀之间的关系又有了新的解释。

三、短期菲利普斯曲线和长期菲利普斯曲线

1. 货币主义学派的观点

货币主义学派代表人物米尔顿·弗里德曼(Milton Friedman)和他在解释菲利普斯曲线时引入了适应预期的概念，即人们是根据过去的经验来形成并调整对未来的预期。

在短期中，人们来不及调整通货膨胀预期，使预期的通货膨胀率可能会低于实际发生的通货膨胀率。这样，人们所得到的实际工资可能小于先前预期的实际工资，从而使企业的实际利润增加，刺激了投资，就业增加，失业率下降。所以，向右下方倾斜的菲利普斯曲线在短期内仍成立，被称为短期菲利普斯曲线。这说明，在短期中引起通货膨胀加剧的扩张性财政和货币政策可以起到增加就业的作用，宏观经济政策是在短期是有效的。

但是，长期中，人们将根据实际发生的情况不断调整自己的预期，使预期的通货膨胀与实际发生的通货膨胀一致。人们会要求增加名义工资，使实际工资不变，这样通货膨胀将不能起到减少失业的作用。这时的菲利普斯曲线是一条从自然失业率出发与横轴垂直的线，即长期菲利普斯曲线。因为长期中经济可以实现充分就业，表明失业与通货膨胀之间

不存在交替关系，此时以引起通货膨胀为代价的扩张性财政和货币政策不能减少失业，宏观经济政策在长期中是无效的。

如图 11-6 所示，长期菲利普斯曲线与横轴垂直，说明长期中无论通货膨胀严重到何种程度，失业率都维持在自然失业率的水平。现代货币主义学派用这条曲线否定了凯恩斯学派的观点，指出国家调节经济以减少失业的政策在长期中是无效的。

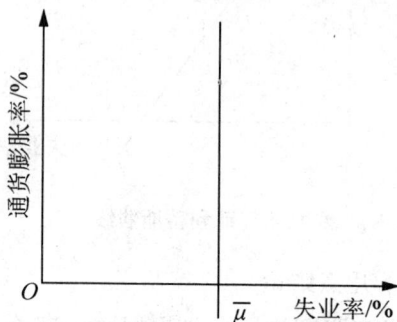

图 11-6　长期菲利普斯曲线

2. 理性预期学派的观点

理性预期学派采用的预期概念是理性预期。理性预期是合乎理性的预期，其特征是预期值与以后发生的实际值是一致的。

在这种预期下，无论是短期中或长期中，预期的通货膨胀率与实际发生的通货膨胀率总是一致的，从而也就无法以通货膨胀为代价来降低失业率，所以菲利普斯曲线始终为一条位于自然失业率水平垂直于横坐标的线，即失业与通货膨胀自始至终不存在交替关系，宏观经济政策自始至终是无效的。

知识链接

滞胀问题及其治理方法

滞胀是指生产停滞(失业)和通货膨胀并存的现象。自从 20 世纪 60 年代末 70 年代初以来，西方各国都在不同程度上发生了滞胀现象。滞胀表明通货膨胀已不再是达到充分就业以后才出现的现象。它意味着菲利普斯曲线表示的通货膨胀率和失业率之间的交替关系恶化了，即菲利普斯曲线向右上方移动，较高的失业率和较高的通货膨胀率并存。

1. 关于滞胀的原因不同学派有不同的看法

凯恩斯学派认为，在 20 世纪 70 年代初，美国经济遇到一系列外部冲击。首先，世界农业歉收，美国农产品出口剧增，国内食品供应减少，导致粮价猛涨；其次，70 年代初美元贬值，从而造成美国国内进口商品价格上升；最后，石油输出国组织大幅度提高石油价格，造成美国能源价格和石油制品价格上升，对美国国民生产形成最严重的冲击。这些原因形成了成本推动的通货膨胀。另外，美国劳动力结构发生很大变化，青年人和妇女在劳动中的比例增大，但是劳动力市场对他们的需求是不充分的，因而失业率较高。上述因素的共同作用，使美国经济在70年代初发生了"滞胀"。

供给学派是20世纪60年代末70年代初在美国迅速崛起的一个学派。他们同意石油价格上涨是造成美国经济"滞胀"的一个原因，除此之外，他们认为美国政府大量增加税收，提高企业成本，使产品价格上升，较好的社会福利制度使人们的工作热情下降，生产效率不高，社会产品供给减少。政府长期采用刺激需求以发展经济的政策，推动了社会产品供求矛盾，最终形成生产停滞和物价上升的滞胀现象。

在货币学派看来，美国的滞胀是由于政府长期对经济滥加干预造成的。他们根据长期菲利普斯曲线的分析指出，当政府反复采用扩张经济政策干预经济时，在短期内会带来以通货膨胀降低失业率的效果，但是物价上升后，工会会相应要求提高工资，因而实际工资并没有下降，厂商没有增雇员工的动力。结果，政府的经济政策从长期看，不但没有降低失业率，反而提高了通货膨胀，形成了"滞胀"现象。

2. 对付滞胀的方法

关于滞胀的治理方法，不同学派根据自己的观点提出不同方案。

凯恩斯学派认为，对付滞胀需要多种措施结合使用。首先，通过减少管制来促进竞争，从而降低价格；其次，可以通过道德劝说和施加压力的方法来阻止厂商提价、工会涨工资，进而改变人们对通货膨胀的预期；再次，可以通过收入政策控制工资和价格，包括对工资和物价的硬性冻结，工会与企业协定共同遵守限制工资收入增长率的措施，以增税或减税来限制工资收入增长率等政策。

供给学派认为，对付滞胀最有效的政策是减税，通过减税可以降低生产成本，刺激人们的工作热情和投资积极性，从而提高生产效率，使社会供给增加，就可以缓解滞胀程度。另外，供给学派建议减少政府对经济的过多干预，废除不必要的规章制度，充分发挥私人企业的积极性和创造性。

货币学派认为，应该实行简单的货币规则。任何通货膨胀如果没有货币供应量增加的支持，迟早会趋于缓和，人们对通货膨胀的预期将随之更改。同时，政府应减少对经济的干预，发挥市场机制的调节作用，以增进经济效率。

(资料参考：梁小民. 西方经济学教程[M]. 北京：中国统计出版社，1998.)

◎ 项 目 总 结

此项目介绍了失业和通货膨胀的定义。着重分析自然失业和周期性失业的情况，指出失业率的计算方法以及失业对经济的负面影响。通货膨胀分为温和、加速和恶性三种类型，产生的原因包括需求拉上和成本推动。菲利普斯曲线分为短期和长期两种，分别表明凯恩斯学派、货币学派和理性预期学派对失业和通货膨胀之间关系的各自观点。

◎ 项目考核

一、选择题

1. 失业率是指(   )。

   A. 失业人数占劳动力人数的百分比

   B. 失业人数占人口总数的百分比

   C. 失业人数占就业人数的百分比

   D. 就业人数占失业人数的百分比

2. 充分就业的含义是(   )。

   A. 人人都有工作，没有失业者

   B. 消灭了周期性失业的就业状态

   C. 消灭了自然失业的就业状态

   D. 消灭了自愿失业的就业状态

3. 引起周期性失业的原因是(   )。

   A. 工资刚性   B. 总需求不足

   C. 经济中劳动力的正常流动   D. 经济结构的调整

4. 可以称为温和通货膨胀的情况是指(   )。

   A. 通货膨胀率以每年 10%的速度增长

   B. 通货膨胀率在 10%以上

   C. 通货膨胀率一直保持在 2%~3%水平

   D. 通货膨胀率在 100%以上

5. 根据菲利普斯曲线，降低通货膨胀的办法是(   )。

   A. 减少货币供给量   B. 降低失业率

   C. 提高失业率   D. 增加财政赤字

6. 自然失业率(   )。

   A. 取决于价格水平

   B. 恒为零

   C. 是经济处于潜在产出水平时的失业率

   D. 没有摩擦性失业时的失业率

7. 假如经济发生了严重的通货膨胀，受害者将是(   )。

   A. 债权人   B. 退休金领取者

   C. A 和 B 所指的人   D. 无法判断

8. 需求拉上的通货膨胀(　　)。

    A. 通常用于描述某种供给原因引起的通货膨胀

    B. 表示经济制度已调整过的预期通货膨胀

    C. 通常用于描述总需求的增长所引起的价格波动

    D. 以上均是

9. 在下列引起通货膨胀的成因中，最有可能是成本推动的通货膨胀的是(　　)。

    A. 预算赤字　　　　　　　　　　B. 世界性商品的价格上涨

    C. 投资率下降　　　　　　　　　D. 银行贷款的扩张

二、判断题

1. 充分就业与任何失业的存在都是矛盾的，因此，只要社会存在一个失业者，就不能说实现了充分就业。 (　　)

2. 周期性失业是无法消除的。 (　　)

3. 根据奥肯定理，在经济未实现充分就业以前，失业率每增加 1%，则实际国民收入就会减少 2.5%。 (　　)

4. 只要出现了物价上升的情况，就意味着通货膨胀的发生。 (　　)

5. 如果通货膨胀相当稳定，而且人们可以完全预期，那么通货膨胀对经济的影响就很小。 (　　)

6. 工会要求提高工资水平并不会导致通货膨胀。 (　　)

7. 通货膨胀有利于穷人而不利于富人，因为富人拥有的财富多，所以贬值得更快。 (　　)

8. 政府在通货膨胀中得不到任何好处，相反，为了治理通货膨胀，政府还需要付出额外的代价。 (　　)

9. 凯恩斯学派、货币主义学派、理性预期学派围绕菲利普斯曲线的争论，表明了他们对宏观政策的不同态度。 (　　)

三、问答题

1. 失业主要有哪些类型？

2. 失业对经济有何不利影响？

3. 导致通货膨胀的原因有哪些？

4. 通货膨胀对经济生活有哪些影响？

5. 凯恩斯学派关于失业和通货膨胀的关系是如何解释的？

6. 货币主义学派和理性预期学派是怎样解释短期和长期菲利普斯曲线的？

7. 解释何为滞胀现象？经济学家对于解决滞胀问题各有什么主张？

◎ 项目拓展

1. 结合现实，讨论中国政府治理通货膨胀的措施。
2. 案例分析。

扩大就业：破解世界难题

最近，美国费城联邦储备银行预测，明年第二季度以前，美国的失业率仍将维持在8%以上。欧洲的失业率更让人忧心，今年4月，欧元区25岁以下年轻人的失业人口达到335.8万人，失业率高达22.2%。而中国却给全球黯淡的就业市场平添了新的信心——二季度末，中国城镇登记失业率为4.1%，与一季度末持平；上半年中国城镇新增就业694万人，完成全年900万人目标的77%。十年来，作为世界上人口最多、劳动力数量最大的发展中国家，中国正全力以赴破解就业这道世界难题。

十年新增就业上亿人——经济增长是坚实支撑

十年来，没有一个国家面临如此复杂的就业形势。从国际金融危机冲击下，上千万农民工返乡，到一些企业转型升级减员，再到今年普通高校毕业生人数高达680万人，创历史新高。巨大的人口压力，加上转轨就业、青年就业和农村转移就业"三碰头"，让就业问题变得极为棘手。

十年来，没有一个国家能解决这么多人口的就业问题。2002年，中国果断实施积极的就业政策，十年新增就业上亿人。尤其在2003年至2011年的9年间，全国新增就业人数累计达9800万，连续5年超过千万！城镇登记失业率始终保持在4.3%以下的较低水平，实现了就业规模持续扩大和就业形势持续稳定。

"分析判断中国经济是否出现问题，最重要的就要看'就业'。"国务院参事室特邀研究员姚景源说。一方面，就业指标是宏观经济的风向标；另一方面，宏观经济形势的稳定向好也是扩大就业的源泉所在。过去十年是中国经济增长的黄金十年，尤其从2008年到2011年，在世界主要工业国深陷国际金融危机之际，中国经济增速分别达到9.6%、8.7%、10.4%和9.2%。据测算，GDP每增长一个百分点，大体可带动80万人～100万人就业，中国较长时间稳定的经济增长为稳定就业打下了坚实基础。

理念与实践的最佳结合——积极政策是重要保障

"2002年我国开创性地实施积极的就业政策。"人力资源和社会保障部劳动科学研究所副所长莫荣说，在应对国际金融危机和重大自然灾害中进一步丰富完善政策内容，就业政策体系日臻完善。积极就业政策的实施，已经并继续深刻地改变着我国的就业格局。

人们仍清楚地记得，2008年突如其来的国际金融危机使1000多万进城务工的农村劳动者一度失去工作岗位，中央在保增长、保民生、保稳定的战略部署中，把就业摆在更加突出的位置；2009 年 2 月，国务院下发《关于做好当前经济形势下就业工作的通知》，4 万亿元投资保增长拉动就业、"五缓四减三补贴"稳定就业、促进以创业带动就业等举措更是对稳定就业局势起到了关键作用。"如果没有这些政策，740 万职工中将有一半可能失去工作。"人力资源和社会保障部副部长张小建说。

在更加积极就业政策的推动下，国家快速扭转了 2008 年下半年城镇新增就业下滑的局面。2009 年下半年就业状况已基本恢复到金融危机之前的水平，2010 年城镇新增就业达到了 1168 万人，城镇登记失业率始终保持在 4.3%以下，高校毕业生初次就业率维持在 70%以上。

中国特色积极就业政策体系的建立实施，是解决我国就业问题的成功实践。国际劳工组织这样评论，中国积极的就业政策囊括了世界各国就业政策的三个要素：一是治理失业中更注重再就业；二是在大力开发岗位的同时注重开发技能；三是在促进就业各种途径中注重鼓励创业。中国积极的就业政策是现代就业理念、世界各国经验与中国实际的最好结合。

十年数亿农村劳动力实现转移——城镇化蕴含巨大潜力

"十二五"期间，我国每年城镇劳动力供给将达到 2400 万人，而每年创造的就业岗位是 900 万个；年供求缺口将超过 1000 万个。作为世界上人口最多的国家，我国就业问题的艰巨性和复杂性是任何国家都无法比拟的，而中国正以自己的方式"难中求进"。从 1978 年至 2011 年，数以亿计的农村剩余劳动力从农业进入非农业，从农村进入城市，中国城镇化率从 17.9%提高到 51.3%。

近十年来，第一产业的就业人员比例下降了 15.2 个百分点，第二、三产业大幅提高——去年，第三产业的就业人员的比例首次超过第一产业，这无疑是一个具有标志性意义的变化。

"通过城市的发展带动产业的发展，通过产业的发展促进中小城市规模的升级，是解决中国现代化和农村剩余劳动力的唯一出路。"国家发改委社会发展研究所所长杨宜勇指出，城镇化率每提高一个百分点，意味着约有 2000 万农村人口进入城镇居住、生活、就学、就业。"与发达国家 78%和世界平均 49%的城镇化水平相比，中国仍有很大的发展潜力。"

根据英国共识公司的预测，金砖五国中，二季度印度和俄罗斯的经济增长率在 5%左右，巴西在 1.2%左右。发达国家更不理想，欧元区预计上半年为负增长 0.3%，美国一季度的折年率也有下调，在 1.6%左右。而在二季度，中国实现 7.6%的经济增速。中国经济仍处在较快发展区间，这是扩大就业的根本所在。随着就业优先战略的实施和更加积极就业政策的落实，我们有理由对未来充满信心。

(资料来源：光明日报，2012 年 8 月 17 日)

问题：阅读上述文献，总结中国政府提高就业的措施有哪些。

项目十二　经济周期与经济增长理论及应用

【项目引入】

1990 年的衰退

当 1993 年克林顿总统入主白宫时，美国从开始于 1990 年的最近一次衰退中恢复过来。失业率从 1990 年 6 月的 5.1%上升到 1992 年 6 月的 7.7%。虽然按历史标准来看并不严重，但这次衰退是决策者极为关心的。高失业率在整个 1992 年中存在，经济状况便成了那一年总统竞选的中心问题。

衰退的一个早期原因是由于货币供给引起的 LM 曲线的紧缩性移动。20 世纪 80 年代后期失业率低于经济自然率，而且，通货膨胀还在上升。这就引起美联储放慢货币增长。短期利率从 1988 年中期的 6%一年后上升到 9%，这就压低了投资支出，从而压低了总需求。

在美联储紧缩之后不久，1990 年夏季伊拉克入侵科威特，消费者信心下降，消费支出减少。此外，多种因素引发的"信用危机"使得银行"惜贷"，企业贷款变得更为困难，从而减少了投资品需求。这两方面对 IS 曲线的冲击加剧了衰退。

为了遏制衰退，美联储降低了利率，短期利率于 1992 年降到 3%左右。但是，美联储采取这种政策太晚，以至于衰退已经无可避免。

1990 年的衰退表明了短期稳定政策的一些困难。由于决策者只有在相当长的时滞之后才能认识到并抵消对经济的冲击力量，所以他们稳定经济的能力是有限的。

思考题：请思考 1990 年衰退的原因是什么？

(资料来源：http//yingyu. 100xuexi.Com./view/Specdata/20121008/f1d8bb70-4398.)

【技能目标】

- 掌握经济增长的含义与衡量。
- 能够对几种主要的经济增长模型及经济增长因素进行分析。

【知识目标】

- 掌握经济周期类型、加速原理和乘数-加速数模型。
- 掌握哈罗德-多马经济增长模型、新古典经济增长模型。
- 掌握罗默的新增长理论的基本观点。

【关键概念】

经济周期　经济增长　加速原理　乘数–加速数。

【导语】

现代宏观经济学把经济周期和经济增长都作为以国民收入为中心的经济活动的波动，也是国民收入决定理论的动态化和长期化，本项目将考察在长期中国民收入水平的周期性波动和如何实现经济增长的问题。

第一节　经济周期理论与应用

一、经济周期的含义及特征

1. 经济周期的含义

所谓经济波动，是指国民经济中的许多重要变量(如国民收入、投资和储蓄、物价水平、利润率、利息率、就业量等)，每年均不是按相同的幅度增长，而是在一定时期内呈现出波浪式的上升与下降。国民经济表现出的有规律的扩张与收缩相互交替的运动过程就是经济周期。

2. 经济周期的阶段

一个经济周期通常分为复苏、繁荣、衰退、萧条四个阶段。复苏阶段：$T \sim i$；繁荣阶段：$i \sim P$；衰退阶段：$P \sim j$；萧条阶段：$j \sim T'$，如图 12-1 所示。

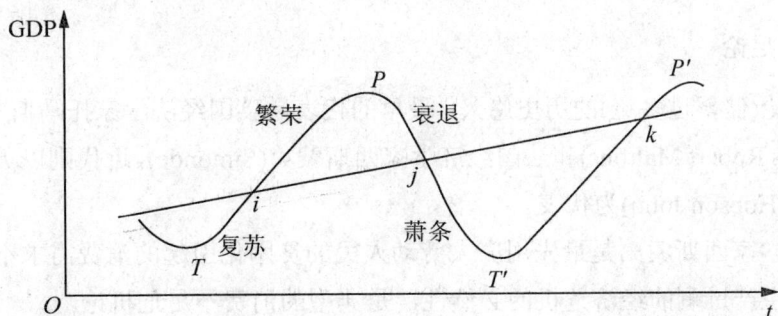

图 12-1　经济周期的四个阶段

假定一个经济周期从繁荣阶段开始，此时的经济处于高水平时期，消费旺盛，就业增加，产量扩大，社会总产出逐渐达到最高水平。繁荣阶段不可能长期保持下去，当消费趋缓、投资下降时，经济就开始下滑，走向衰退阶段。在衰退阶段初期，由于消费需求的减少，投资也逐步减少，进而生产下降、失业增多。随着消费的不断减少，产品滞销，价格下降，企业利润减少，致使企业投资进一步减少，相应地，社会收入也不断减少，最终使得经济跌落到萧条阶段。在萧条阶段，经济活动处于最低水平，这一阶段存在着大量的失业，大批生产能力闲置，工厂亏损甚至倒闭。随着时间的推移，现有设备不断损耗，消费引起的库存减少，企业开始增加投资，于是就业开始增加，产量逐渐扩大，经济便进入复苏阶段。复苏阶段是经济走出萧条并走向上升的阶段，这一阶段的生产和销售逐渐回升，就业增加，价格有所上涨，整个经济呈现上升的势头。随着就业与生产的继续扩大，价格上升，经济又走向繁荣阶段，开始了又一个经济循环。

二、经济周期理论

经济周期理论旨在对经济周期这一社会经济现象作出完整的解释的理论或者假说，一般来说包括以下几个方面的内容：①为什么经济发展到一定阶段之后，总会爆发危机并继之呈现反方向的收缩过程。②经济扩展和经济收缩过程为什么是累积性的。③促使经济周期四个阶段交替更迭的原因是什么。④经济周期为什么周期性地出现，或者说周期性的根源是什么。

从 19 世纪初马尔萨斯提出的消费不足论开始，经济周期理论多达几十种。西方学者将为数众多的经济周期理论综合概括为两大类别：外部因素和内部因素(外生的和内生的)理论。外部因素理论认为，经济周期的根源在于市场经济体制以外的某些事物的波动，如太阳黑子或星象、战争、革命、政治事件、人口和移民的增长、新疆域、新资源的发现、科学发明和技术进步等。内部因素理论则从市场经济体制本身的内部运行机制来解释导致社会经济周期性循环往复地上下波动的原因。首先把外因和内因结合在一起的一个理论模型是萨缪尔森的乘数-加速数模型。

1. 消费不足论

消费不足论(储蓄过多论)的历史悠久，最早的代表是英国经济学家托马斯·罗伯特·马尔萨斯(Thomas Robert Malthus)和法国经济学家西斯蒙第(Simonde)，近代则以英国经济学家约翰·霍布森(Hobson John)为代表。

法国经济学家西斯蒙第是最先用广大劳动人民的贫困化引起的消费需求不足来论证资本主义制度下生产过剩的经济危机的必然性，是典型的消费不足危机论。

2. 投资过多论(资本短缺或消费过多)

上面所谈到的消费不足论是以经济没有达到充分就业为前提的，投资过多论(资本短缺或消费过多)的经济周期理论则是以充分就业为其暗含的前提的。根据对引起投资原因解释的不同，投资过度理论可分为两派，一派认为是货币引起了投资过度，称为货币投资过度理论；另一派则认为是新发明、新市场开辟等非货币因素引起了投资过度，称为非货币投资过度理论。

3. 纯货币危机理论

纯货币危机理论的最基本的特征是把经济周期和经济危机说成是纯货币现象。这种理论不仅认为资本主义经济周期性波动之唯一的和充分的原因，在于银行系统周期地扩张和紧缩信用，而且认为危机之所以产生，完全是由于繁荣后期银行采取的紧缩性信用政策造成的。它认为只要在繁荣后期银行继续扩张信用就能防止危机的爆发。纯货币危机理论的主要倡导者是英国的应为拉尔夫·乔治·霍特里(Ralph George. Hawtrey)和货币主义的米尔顿·弗里德曼(Milton Friedman)。

4. 熊彼特的"创新"经济周期理论

奥地利经济学家约瑟夫·熊彼特(Joseph Alois Schum Peter)用创新来解释社会的发展，把创新作为社会前进的动力，由此出发，他也用创新来解释经济周期，说明经济中周期性波动根源于创新。

熊彼特把创新一词定义为"新的生产函数的建立"，即"企业家对生产要素的新的组合"，它包括以下五种情况：①引入一种新产品；②采用一种新的生产方法或新的技术；③开辟一个新市场；④获得一种原料或半成品的新的供给来源；⑤实行一种新的企业组织形式。所以，创新与技术上的新发明不是一回事，一般的企业经理不是企业家，因为他们只是遵循常规按习惯和传统的方式方法来管理企业，只有那些富有冒险精神，勇于率先把创新活动付诸实践的创新者才是在竞争市场中赚得利润的企业家。由于富有创新精神的企业家，借助银行扩大信用贷款的帮助，增雇工人，新建厂房，增添设备，推动国民产品和国民收入的增加，促进消费品生产的增加，随后由于企业家的创新利润，刺激其他企业经理也在银行信贷的帮助下群起模仿，这就是经济周期的复苏和高涨。在经济高涨阶段，厂商在乐观情绪的支配下，投资盛行，借助银行贷款扩大的投资高估了社会对产品的需求。此外，消费者的乐观情绪高估了可能的收入，常以抵押贷款的方式购买耐用消费品，消费者负债购买反过来刺激企业的过度投资。所以在熊彼特看来，经济周期的衰退与萧条，意味着新产品、新技术对旧的厂商和部门的冲击，那些在经济高涨期间过度扩大了的投资在萧条阶段的毁灭是社会经济从失衡走向新的均衡之必然的和有益的过程，从资本主义发展的角度来看，一旦萧条到达谷底，新的创新引致的复苏和高涨，将推动资本主义生产力在更高的水平上向前发展，均衡—失衡—在更高的水平上均衡，如此循环往复周而复始。

5. 政治经济周期理论

政治因素周期理论的主要倡导者是波兰的经济学家米哈尔·卡莱斯基(Michul Kalecki)。卡莱茨基指出，在资本主义社会，由于政治的原因，大地主总会反对通过政府干预经济以实现和保持充分就业，因此，政府反经济周期的政策将是这样的：在失业较多的萧条阶段，当政府借助财政赤字来刺激经济，使经济转向复苏以后，如果政府企图把就业推向更高的水平，企业主和食利阶层将以赤字财政违背"健全的财政"为借口，反对继续刺激生产和就业。这样，尽管经济还没有达到充分就业，政府会转而采取紧缩性的政策，这将导致生产下降失业增多，因而资本主义的经济发展将由于政治的原因而表现为繁荣与萧条交替更迭的经济循环。

6. 农业收获理论

农业收获理论也称为"太阳黑子理论"，这种理论主要分析气候变化与农业生产，以及农业生产与经济周期的关系。它的主要倡导者是英国的经济学家威廉姆·斯坦利·杰文斯(Willian Stanley Jevons)父子。这种理论认为太阳黑子活动等自然现象会影响农业收成，而农业收成会影响工业生产，以至于整个经济活动。这是因为农业收成的好坏要影响以农产品为原料的加工工业，影响实际工资水平(通过农产品价格的波动)，进而影响不以农产品为原料的工业，影响农民的购买力及其投资，从而影响整个经济的活动。太阳黑子的活动是有周期性的，从而经济也会经历周期性的波动。

这种理论也许能说明资本主义早期的一些经济周期现象，但现代的经济学家们认为气候对农业影响不是决定性的，农业对整个经济的影响也不是举足轻重的。因此，这种经济周期理论已经被否认。

7. 心理因素理论

这种理论用心理因素来说明经济周期产生的原因，主要代表人物是约翰·梅纳德·凯恩斯(John Maynard Keynes)和阿瑟·塞西尔·庇古(Arthur Cecil Pigou)。这种理论强调心理预期对经济周期各个阶段形成的决定作用，有两种不同的说法。一种说法认为人在心理上都有一种"自生的周期"使人的情绪在乐观和悲观之间反复交替出现。这种周而复始的情绪变化是难以控制的，它会对人们的消费行为和投资行为产生影响，当人们的情绪乐观时，消费者会增加消费，生产者会增加投资，从而引起经济繁荣；反之，当人们的情绪悲观时，消费和投资都会减少，从而导致经济也相应地发生周期性变化。另一种说法则主要强调不合理的心理因素对经济周期的影响。他们认为，当任何一种原因刺激了投资活动，引起经济高涨后，资本家对未来的乐观预期一般总超过合理的经济考虑下应有的程度，这就导致过多的投资，形成经济的繁荣。而当这种过度乐观的情绪所造成的错误被察觉以后，又变成不合理的过度悲观预期，由此导致萧条。凯恩斯认为，萧条的产生是由于资本边际效率的突然崩溃，而造成这种崩溃的正是资本家对未来悲观的预期。

以上种种理论，对经济周期原因的解释各不相同。但大多数之间的分歧仅在于各自所强调的因素和条件不同。一般认为，资本主义的经济周期理论是一种涉及经济体系各部分的复杂现象，是由许多因素决定的。因而不能用单一因素论来解释经济周期，而应当用多种因素的相互结合、相互影响来解释经济周期。

三、经济周期的类型

1. 朱格拉周期

法国经济学家克里门特·朱格拉(Clement Juglar)根据其统计分析，认为经济中存在一个长度约为 9～10 年的经济周期。熊彼特把这种周期称为为中周期，或朱格拉周期。汉森则把这种周期称为"主要经济周期"。

2. 基钦周期

英国统计学家约瑟夫·基钦(Joseph Kitchin)认为经济周期实际上包括大周期和小周期两种周期的观点。小周期平均长度为 3.5 年(约 40 个月)，而一个大周期则包括两个或三个小周期。熊彼特把这种约为 40 个月的周期称为短周期或基钦周期。

基钦提到，这种小周期是心理原因所引起的有节奏的运动的结果，而这种心理原因又是受农业歉收影响食物价格所造成的。

3. 康德拉季耶夫周期

俄国经济学家尼古拉·康德拉季耶夫(Nikolai D.Kondratieff)提出著名的"长波理论"。认为经济中存在一种平均长度约为 50 年左右的长期循环。这种长周期被称为"康德拉季耶夫周期"。

4. 库兹涅茨周期

美国经济学家西蒙·史密斯·库兹涅茨(Simon Smith Kuznets)认为经济中存在长度为 15～25 年不等的长期波动。

这种波动在美国的许多经济活动中，尤其是建筑业中表现得特别明显，所以库兹涅茨周期也称为建筑业周期。

5. 熊彼特综合周期

指出每一个 50～60 年的长周期包括六个 8～10 年的中周期，每一个中周期包括三个长度约 40 个月的短周期。熊彼特提出，人类进入工业社会后大约经历了以下三个长周期。

第一个长周期：18 世纪 80 年代至 1842 年，"纺织机时代"。

第二个长周期：1842 年至 1897 年，"蒸汽机和钢铁时代"。

第三个长周期：1897 年以后，"电气化和汽车时代"。

四、经济周期的波动原因

对导致经济周期性波动的原因，西方经济学家作了很多探讨。早期的马尔萨斯与西斯蒙第等人、近代以霍布森为代表的学者，持消费不足的观点。他们认为，由于收入分配不均，产生富人储蓄过度，致使消费品需求无法赶上消费品供给的增长，引起经济萧条，最终导致经济波动。

以奥地利经济学弗里德希·奥古斯特·冯·哈耶克(Hayek,Friedrich August)、路德维希·冯·密塞斯(Ludwig von Mises)和瑞典经济学家古斯塔夫·卡塞尔(Gustav Cassel)为代表的经济学家们认为，由于投资过度，造成了重视生产资本品的产业、轻视生产消费品的产业，从而导致产业结构的失衡，引起经济周期性的波动。

以庇古、凯恩斯为代表的经济学家则持心理预期论的观点，他们认为，由于生产者对经济繁荣、衰退、萧条、复苏阶段的不同心理预期，引发了经济周期性的波动。

经济学家杰文斯认为，由于太阳黑子的出现，导致了农业减产，进而波及互有联系的工业、商业等产业，对购买力、投资等方面产生消极影响，从而引起整个社会经济的萧条。太阳黑子的周期出现，致使国家经济的波动也相应地周期产生。

以英国经济学家拉尔夫·乔治·霍特里(Ralph George Hawtrey)为首的经济学家认为，银行交替地扩张与收缩信用，产生了流通中货币数量的增加与减少，由此引发了经济周期的产生。

经济学家熊彼特、汉森等人认为，创新引发了旧的均衡的破坏和向新的均衡的过渡。持续不断的创新，会产生持续不断的新的平衡，从而引发了一次又一次经济周期的产生。

盖拉斯基、杜夫特以后的诺德豪斯等经济学家持政治说观点。他们中有的人认为，由于政府为阻止周期性的通货膨胀而采取了相应的紧缩措施，人为地制造了一次停滞和衰退，从而引起经济的周期波动。有的人认为，每届到期的政府为了树立良好的政府业绩以争取选民而采取了扩张性的经济政策，以谋求连任；新一届政府上台后就要采取经济紧缩政策，以消除经济扩张政策所带来的经济问题，由于政府的选举与产生具有周期性，因此经济也出了相应的周期。

以萨缪尔森、约翰·希克斯(John Richard Hicks)为代表的经济学家，运用乘数和加速系数的交互作用，来解释经济周期运动的产生。

综合以上各种不同的周期理论，大致可以分为外部因素和内部因素两大类，诸如太阳黑子、科技创新、政府行为等属外部因素，心理预期、消费投资以及乘数-加速数作用等属于内部因素。

五、加速原理

加速原理是关于收入水平或消费需求的变动会引起投资量变动的经济理论。其基本内容是：收入或消费的变动，要求生产部门增加商品的供给量，如果生产部门的生产能力已经得到充分利用，增加生产就要相应地增加资本存量，就要有新的投资追加到生产中去。所以，加速原理分析的是收入变化与追加投资之间的关系。

1．自发投资和引致投资

自发投资又称自动投资，是指与国民收入或消费变动无关的投资，而是由人口增长、技术进步、资源开发以及政府政策等方面外在因素的变化而引起的投资。

引致投资又称诱发投资，是指由收入或消费变动而引起的投资。这种投资取决于收入水平或消费需求。加速原理就是研究引致投资与收入变化之间的关系。

2．资本-产量比率和加速系数

(1) 资本-产量比率。资本产量比率是指生产一单位产品所需要的资本数量，即：

$$资本-产量比率=\frac{资本数量}{产量}=\frac{K}{Y}$$

式中，K 为资本数量，Y 为产量或收入。　　　　　　　　　　　　　　　　　　(12-1)

(2) 加速系数。从资本-产量比率中可看到，在技术不变的条件下，如果要使收入增加，就必须按资本-产量比率相应地增加资本存量。资本-产量比率决定了资本增量与产量增量的比率。通常将资本增量等于投资，所以，把投资增量与收入增量之比叫做加速系数，即：

$$加速系数=\frac{资本增量}{产量增量}=\frac{投资}{收入增量}$$

(12-2)

若以 a 代表加速系数，ΔK 表示资本增量(K_t-K_t-1)，ΔY 表示收入增量(Y_t-Y_t-1)，I_Y 为引致投资，则上述公式可表示如下：

$$a=\frac{\Delta K}{\Delta Y}=\frac{I_Y}{\Delta Y}$$

(12-3)

3．净投资、重置投资与总投资

$a=\dfrac{\Delta K}{\Delta Y}=\dfrac{I_Y}{\Delta Y}$ 中的引致投资 I_Y 是因收入增加而引发的投资，称为净投资。除了净投资外，每年还会有一笔为弥补设备、厂房等资本设备磨损的投资，称为重置投资，其数量取决于原有资本设备的数量、构成和使用年限。净投资和重置投资之和为总投资，即：

$$总投资=重置投资+净投资$$

$$I=I_a+I_Y=I_a+a(Y_t-Y_t-1)$$

(12-4)

式中，I 为总投资；I_a 为重置投资。

总投资一般来说大于零或等于零，即最低的总投资为零。

一般来说，净投资为负数，意味着企业将把一部分设备卖掉。但是，在正常情况下，如果出现暂时的产量下降，企业不会立即卖掉设备，而是让其暂时闲置。所以，可以将产量下降时的净投资看作零。

4．加速原理的特征

根据产量增长率和投资增长率的变化特点，可归纳出加速原理的一些基本特征。

(1) 投资的变动取决于产量的变动率，而不是产量变动的绝对量。因此，投资是产量变动率或收入变动率的函数。

(2) 投资变动率的幅度要大于产量或收入变动的幅度，产量微小的变化会引起投资的巨大波动。

(3) 产量增长率如果放慢，则投资的增长率就会出现停止或下降。因此，产量增长的速度相对放慢也会引起经济的衰退。

(4) 加速的含义有两个方面，即如果产量增长时，投资的增长是加速的；反之，如果产量增长率下降或停止增长时，投资的减少也是加速的。

5．加速原理的假设条件

加速原理的作用以下述假设条件为前提。

(1) 假设技术水平不变，资本-产量比率不变。从历史发展的观点来看，技术的进步从来没有停止过，因此，资本与产量的比率亦是不断变化的。但是，加速原理的分析必须假定技术水平不变为前提，即假定产量增加同资本存量的增加保持同步增长。

(2) 假设企业没有闲置的生产设备。加速原理的主要参数加速系数是以固定的资本-产量比率为假定条件，要增加产量，必须增加资本存量，所以，一定要假设企业的设备已达到充分利用，那么，增加产量就要添置新的设备。当然，如果企业有闲置生产设备，需要增加产量时，企业只要动用闲置设备就行了，不必添置新设备，这样就不会增加净投资。

(3) 假设社会上还有可利用而尚未利用的资源。这样为增加产出而增加的净投资，就能购买到新的设备。

六、乘数与加速原理的相互作用与经济周期波动

乘数原理和加速原理都是说明投资与产量之间的关系和相互变动的连锁反应。只是前者在于说明投资变动对产量变动的影响，后者在于说明产量变动对投资变动的影响。汉森和萨缪尔森把乘数与加速数作用结合起来，说明经济会自动地呈现周期性的波动，并决定了经济周期的各个阶段。萨缪尔森认为，加速原理和乘数相互作用造成一个越来越严重的通货收缩(或通货膨胀)的螺旋。由于加速原理的作用，产量或销售量的增加会引起投资加速增加；同时，因乘数原理所起的作用，即投资的增加反过来又会引起产量或销售量的成倍增加。结果，社会经济呈上升的膨胀螺旋。这时经济波动处于复苏的阶段。但是，由于边际收益递减规律的作用，在一定技术条件下，当实际产出水平接近潜在国民收入时，经济增长速度必将出现递减趋势，周期就从复苏阶段过渡到高涨阶段。根据加速原理的作用，如果产量增加速度递减，则总投资将以更快的速度下降，结果将导致社会经济呈下降的紧缩螺旋。这时经济波动处于衰退的阶段。但是，这种紧缩螺旋不会无限制地下降，亦有一个极限。这个极限就是由于重置投资的存在，使总投资不能小于零，同时，边际消费倾向

也不可能等于零，这样，经济的收缩就有了一个限度。一旦经济下降到这一限度，就会停止收缩。这时经济波动处于萧条阶段。由于重置投资的乘数作用仍然起着作用，就会使收入逐渐上升。这样，经济由于收入与投资相互影响而再一次增长起来。此时，经济波动再次处于复苏阶段，一个新的周期又重新开始。

由上可知，经济的膨胀与收缩是交替出现的，尽管在某一时期，膨胀时期和收缩时期的时间跨度可能由于各种原因而发生变化，但是，这种交替为西方经济学家所主张的政府对经济进行必要的干预以缓和经济波动并维持经济长期稳定的增长建立了理论基础。

七、乘数-加速数模型

1. 乘数-加速数模型的基本概念

美国经济学家汉森和萨缪尔森认为，凯恩斯的乘数理论只说明了投资变化引起国民收入和就业的变化，而没有说明收入变化反过来又会引起投资的变化。只有将加速数原理和乘数理论结合起来，才能解释资本主义经济周期性波动的原因和波动的幅度，从而提出了乘数-加速数模型，又称"汉森-萨缪尔森模型"。

乘数-加速数模型基于以下收入函数：现期收入等于现期消费、现期投资、自发支出之和，即：

$$Y_t = C_t + I_t + G \tag{12-5}$$

式中，Y_t 为现期国民收入，C_t 为现期消费，I_t 为现期投资，G 为自发支出(如政府支出、自发投资、自发消费)。

假设现期消费是上期收入 Y_t-1 的函数，现期投资是本期消费增量(C_t-C_t-1)的函数，则有消费函数 $C_t=\beta Y_t-1$ 和投资函数 $I_t=\alpha(C_t-C_t-1)$，式中，β 为边际消费倾向，α 为加速系数。

将 $C_t=\beta Y_t-1$、$I_t=\alpha(C_t-C_t-1)$代入式(12-5)式中，可得：

$$Y_t=\beta Y_t-1+\alpha(C_t-C_t-1)+G \tag{12-6}$$

根据 $C_t=\beta Y_t-1$ 式可知：$C_t-1=\beta Y_t-2$

将 $C_t=\beta Y_t-1$、$C_t-1=\beta Y_t-2$ 代入式(12-6)中，经整理可得：

$$Y_t =(1+\alpha)\, \beta Y_t-1-\alpha\beta Y_t-2 + G \tag{12-7}$$

这就是汉森-萨缪尔森即乘数-加速数模型。

2. 经济波动的形式

在乘数-加速数模型中，由于加速系数(α)、边际消费倾向(β)的值不同，将会使经济波动呈现出以下五种形式。

第一，减幅振荡，指国民收入波动幅度逐渐缩小，最后趋于消失。

第二，增幅振荡，指国民收入波动的幅度越来越大。

第三，同幅振荡，指国民收入波动的幅度在一定范围内保持不变。

第四，在某种干扰下，国民收入波动的水平以递减的速度上升或下降，没有振荡地从初始的均衡达到新的均衡。

第五，在某种干扰下，国民收入波动的水平以递增的速度上升或下降。

第二节 经济增长理论

经济增长理论研究国民经济长期发展的问题，其发展主要经过了三个阶段：哈罗德-多马模型、新古典经济增长模型和内生增长模型。

一、经济增长的含义及特点

1. 经济增长的含义

经济增长是研究经济长期发展的趋势。用美国经济学家西蒙·库兹涅茨(Simon Kuznets)的话来说："一个国家给居民提供种类繁多的经济产品的能力在长期中的上升，这种不断增长的能力是建立在技术进步以及所需要的制度和思想意识的相应的调整的基础上的。"经济增长的这一定义包含以下三个含义。

第一，经济增长集中表现在经济实力的增长上，而这种经济实力的增长就是商品和劳务总量的增加。如果考虑到人口的增加和价格的变动，也可以说是人均实际国民收入的增加。

第二，技术进步是实现经济增长的必要条件。

第三，经济增长的充分条件是制度与意识形态的相应调整。

2. 经济增长的基本特征

(1) 实际 GDP 的增长率超过各种投入的增长率，这表明技术进步在经济增长中起着十分重要的作用。

(2) 资本存量的增长超过就业量的增加，导致人均资本占有量的增加。

(3) 实际工资明显上升。工资在 GDP 中的比重虽有所上升，但非常微小。

(4) 实际利率与利润率没有明显的上升或下降趋势，尽管在商业周期中它们会急剧变动。

(5) 资本-产出比率下降。这显然是技术进步的作用。因为若技术既定，根据边际报酬递减规律，资本-产出比率应该上升。

(6) 储蓄在国民收入中的比重比较稳定，发达国家为 10%～20%，美国在 1980 年以后大幅度下降，为 6%。

(7) 社会结构与意识形态迅速改变。如教育与宗教的分离、城市化、民主化、法制化、政治生活的公开化、居民生活的科学化等不仅是经济增长的结果，也是经济进一步增长的条件。

二、经济增长的源泉

对于经济增长的源泉，不同的经济学家常有不同的看法。亚当·斯密强调分工、专业化生产与国际贸易中的绝对优势；李嘉图强调了比较优势与自由贸易；马克思和恩格斯以及熊彼特强调了创新；而索洛等人强调生产要素；加里·斯坦利·贝克尔(Gary S.Becker)和西奥多·舒尔茨(Theodore Schultz)则强调了教育与人力资本；新经济增长理论中，保罗·罗默(Paul M.Romer)和罗伯特·卢卡斯(Robert Lucas)强调内生性增长，特别是规模报酬递增在经济增长中的贡献，其实质是强调内生性技术创新；道格拉斯·诺斯(Douglass North)等人强调制度创新对经济增长的作用；最近，美国经济学家威廉·杰克·鲍莫尔(William Jack Baumol)在新书中强调了自由市场机制是资本主义经济增长的关键。

一般来说，经济增长的源泉主要有四个：人力资本、自然资源、资本和技术。

可以根据总量生产函数来研究增长的源泉，即：

$$Y=AF(L,K,R) \tag{12-8}$$

其中，Y代表总产量，K代表资本，L代表劳动，A代表技术，R代表自然资源。由总量生产函数可以看出，经济增长的源泉是资本积累、自然条件的改良、劳动素质的提高或人力资本的积累与技术进步。

1. 人力资源

劳动力的数量与质量是决定一国经济增长的重要因素。尤其是劳动力的质量或素质，如劳动者的生产技术水平、知识水平与结构、纪律性以及健康程度，是决定一国经济增长最重要的因素。一个国家可以购买最先进的生产设备，但是这些先进的生产设备只有拥有一定技术且受过良好训练的劳动者才能使用，并使它们充分发挥效用。提高劳动者的知识水平与生产技能，增强他们的身体素质与纪律意识，将极大地提高劳动生产率。一般来说，在经济增长的开始阶段，人口增长率较高，这时，经济增长主要依靠劳动力数量的增加。而经济增长到了一定阶段，人口增长率下降，劳动时间缩短，这时，就要通过提高劳动力的质量或人力资本的积累来促进经济增长。

2. 自然资源

自然资源也是影响一国经济增长的重要因素。一些国家，如加拿大和挪威，就是凭借其丰富的自然资源，在农业、渔业和林业等方面获得高产而发展起来的。但在当今世界上，自然资源的拥有量并不是取得成功的必要条件。许多几乎没有自然资源可言的国家，如日本，通过大力发展劳动密集型与资本密集型的产业而获得经济发展。

3. 资本

资本分为物质资本和人力资本。物质资本又称有形资本，是指设备、厂房、基础设施等存量。人力资本又称无形资本，是指体现在劳动者身上的投资，如劳动者的文化技术水平、纪律性与健康状况等，已经包含在人力资源之中。因此，这里的资本是指物质资本，包括厂房、机器设备、道路以及其他基础设施等。

资本积累是经济增长的基础。英国古典经济学家亚当·斯密曾把资本的增加作为国民财富增加的源泉。现代经济学家认为，只有人均资本量的增加，才有人均产量的提高。许多经济学家都把资本积累占国民收入的 10%～15%作为经济起飞的先决条件，把增加资本积累作为实现经济增长的首要任务。西方各国经济增长的事实表明，储蓄多从而资本积累多的国家，经济增长率往往是比较高的，如德国、日本等。

4. 技术进步

技术进步在经济增长中的作用主要体现在生产率的提高上，使得同样的生产要素投入量能提供更多的产品。随着 K、L、R 投入的增加，产出虽然也增加，但由于其边际产量(Marginal Product, MP)递减，经济增长的速度会日益减慢。而技术水平的提高可以使一国的经济快速增长。

技术进步在经济增长中有着十分重要的作用。据美国经济学家罗伯特·默顿·索洛(Robert Merton Solow，估算，在 1909—1940 年间美国 2.9%的年增长率中，由技术进步引起的增长率为 1.49%，即技术进步在经济增长中所做出的贡献占 51%左右。而且，随着经济的发展，技术进步的作用越来越重要。

上述分析，隐含着现存的社会政治经济制度和意识形态符合经济增长的要求的假定。若不具备这一假设条件，社会政治经济制度和意识形态的相应调整对促进经济增长具有十分重要的作用。一个社会只有在具备了经济增长所要求的基本制度条件，有了一套能促进经济增长的制度之后，上述影响经济增长的因素才能发挥其作用。战后许多发展中国家经济发展缓慢的原因，关键并不是缺乏资本、劳动或技术，而是没有改变他们落后的制度。

三、经济增长模型

1. 哈罗德-多马经济增长模型

(1) 哈罗德—多马经济增长模型的假定。

① 经济社会生产单一产品；②只有劳动和资本两种生产要素；③在一定时期内技术水平不变，故资本-产量比率不变，规模报酬也不变；④在边际消费倾向不变的条件下，储蓄率不变。在这些假定基础上，哈罗德-多马经济增长模型集中考察了社会再生产过程中的几个变量以及它们之间的相互关系，提出了一个国家在长期内实现经济稳定的、均衡增长所需具备的条件。

(2) 哈罗德经济增长模型。

哈罗德经济增长模型是从国民收入、资本-产量比率和储蓄率三个经济变量及其相互关系的分析中来考察决定经济增长的因素。用 G 表示经济增长率，Y 表示国民收入，ΔY 表示国民收入的增量，则有：

$$G = \frac{\Delta Y}{Y} \tag{12-9}$$

用 v 表示资本-产量比率，即前面提到的加速系数 a，则有：

$$v = \frac{K}{Y} = \frac{\Delta K}{\Delta Y} = \frac{I}{\Delta Y} \tag{12-10}$$

用 s 表示储蓄-收入比率(储蓄率)，则有：

$$s = \frac{S}{Y} \tag{12-11}$$

把式(12-10)和式(12-11)作些变化，分别变成 $I = \Delta Yv$、$S = sY$ 的形式，使 $I = S$，经整理，并用 G 表示 $\Delta Y / Y$，于是得到 G、v、s 三者之间的如下关系：

$$G = \frac{s}{v} \tag{12-12}$$

式(12-12)就是哈罗德经济增长模型的基本公式，它说明：第一，经济增长率与储蓄率成正比，储蓄率越高，经济增长率也越高。第二，经济增长率与资本-产量比率成反比，即资本-产量比率越高，经济增长率越低。

哈罗德经济增长模型是以凯恩斯收入理论为基础的动态经济分析。

(3) 多马经济增长模型。

多马经济增长模型研究的是三个变量及其相互关系，这三个变量是：收入增长率(G)、储蓄在收入中的比例(s)、资本生产率(又称投资效率)，即每单位资本的产出或收入，由 σ 表示。前两个变量与哈罗德公式中的两个变量是一致的，后一个变量即资本生产率 σ 实际上就是哈罗德的资本-产量比率的倒数。

多马的基本公式是：

$$G = s\sigma \tag{12-13}$$

将 $G = \frac{\Delta Y}{Y}$、$s = \frac{S}{Y}$、$\sigma = \frac{\Delta Y}{I}$ 代入 $G = s\sigma$ 中，得：

$$\frac{\Delta Y}{Y} = \frac{S}{Y} \cdot \frac{\Delta Y}{I}$$

即：

$$S = I \tag{12-14}$$

由于多马经济增长模型的基本公式 $G = s\sigma$ 与哈罗德的基本公式 $Gv = s$ 是完全一致的，因此，西方经济学家一般把两个模型相提并论，称作"哈罗德-多马经济增长模型"。

从以上分析可以看到，哈罗德-多马经济增长模型是建立在凯恩斯储蓄-投资理论基础上的，是凯恩斯理论的发展。但是，哈罗德-多马经济增长模型与凯恩斯理论又有明显的区别。首先，凯恩斯理论是从短期的角度用静态的方法来说明投资和储蓄的均衡以及由此实现的国民收入均衡。哈罗德-多马经济增长理论则将凯恩斯的储蓄-投资的分析加以长期化、动态化。所谓长期化，就是将人口、资本和技术等关系经济增长的因素看作是随着时间的推移而变动的变量；所谓动态化，就是阐述长期内投资和储蓄的均衡及其对国民收入均衡变动的影响。其次，凯恩斯短期静态的投资-储蓄分析理论，只注意增加投资对刺激收入增长的重要作用，而哈罗德-多马经济增长理论则强调投资既增加需求又增加供给的双重作用。

(4) 均衡增长率、实际增长率和自然增长率及三者关系。

① 均衡增长率是指经济在实现充分就业条件下均衡的、稳定的增长所需要的增长率。在经济稳定增长的条件下，只有保证使增加的储蓄能全部转化为投资，才能使总供给和总需求相等，实现均衡增长。假设在充分就业条件下人们愿意的储蓄率为 s_w(称合意的储蓄率)，用 v_w 表示合意的资本/产出比率 (用投资-收入增量比率 $I/\Delta Y$ 表示)，为了必须使投资者在保证实现最大利润条件下愿意按资本-产出比率增加投资，则为实现充分就业的有保证的均衡经济增长率(G_w)应是：

$$G_w = \frac{s_w}{v_w} \tag{12-15}$$

实际的资本存量等于合意的资本存量，实际的与合意的资本存量增长率等于投资增长率亦等于储蓄增长率，同时总供给等于总需求(储蓄=投资)时，经济就能在保持充分就业的条件下获得均衡增长。

② 实际增长率及其与均衡增长率之间的关系。实际增长率就是在事后统计的实际达到的增长率。$G=s/v$ 中的 s、v 如果是实际的统计数字，则 G 就是实际增长率。实际增长率可能大于均衡增长率，亦可能低于均衡增长率。

均衡增长率高于实际增长率条件下，实际资本存量超过合意的资本存量(企业家所需要的资本存量)，表示有过剩的资本存量。这是因为，较低的经济增长率造成的商品滞销，必然导致库存增加、生产能力过剩。在这种情况下，企业家就要用逐步削减投资的办法来减少库存，使实际资本存量降低到与合意的资本存量相当的水平。由此造成的实际投资下降，会通过乘数和加速系数作用而引起经济过程的累积性收缩，其结果是经济的衰退与萧条。反之，如果实际增长率大于均衡增长率，就会有实际资本存量小于合意资本存量的情况出现。在资本不足的情况下，企业家就会通过增加投资使实际资本存量同合意资本存量相当。这就意味着实际的储蓄率或实际的投资率会大于合意的储蓄率或合意的投资率，从而使实际的需求大于合意的供给，这样就会形成经济的累积性扩张，可能导致通货膨胀。

以上两种情况都会导致社会经济发生短期性的周期波动，经济就这样处于收缩与扩张的不断交替中。只有当实际增长率等于合意的增长率时，经济才能保持在充分就业条件下的长期、稳定的增长。

③ 自然增长率与均衡增长率的关系。自然增长率是指与人口增长率相对应的经济增长率。从长期的经济发展来看，人口的增长和技术的进步对经济增长的影响是极其重要的。

哈罗德的增长模型中引进了这两种因素,把人口增长归纳为劳动力增长,把技术进步归为劳动生产率增长。用 n 代表劳动力增长率, ε 代表劳动生产率增长率,则经济的自然增长率(G_n)等于两者之和,即:

$$G_n = n + \varepsilon \tag{12-16}$$

如果劳动力增长率 $n=1\%$,劳动生产率增长率 $\varepsilon=5\%$,则自然增长率为 6%。这样,保证实现长期充分就业的均衡增长率就是 6%。如果均衡增长率偏离自然增长率,就会使经济过程出现波动。

当均衡增长率大于自然增长率,说明储蓄和投资的增长率超过了人口增长与技术进步所能允许的程度,这时的生产增长受到劳动力的不足与技术水平的限制,将会出现储蓄与投资过度现象,也就是社会总供给大于社会总需求,从而使经济呈现长期停滞的趋势。反之,当均衡的增长率小于自然增长率,说明储蓄和投资的增长率还没有达到人口增长同步所允许的程度。这时,生产的增加不会受劳动力不足与技术水平的限制,生产者将增加雇佣工人以扩大再生产,从而使经济出现长期的繁荣、扩张的趋势。

哈罗德认为,只有实际增长率、合意增长率、自然增长率这三个增长率相等,即: $G = G_w = G_n$,经济社会才能实现合乎理想的长期的均衡增长,$G=G_w=G_n$ 也就是理想的、长期的均衡增长条件。但是,事实上要达到实际增长率、合意增长率、自然增长率三者一致是极其困难的,因为要达到三个增长率相等必须取决于其他六个要素。三个增长率常常不一致,这就导致了经济的长期波动。

综上所述,哈罗德-多马经济增长模型得出的结论是:尽管经济在长期中均衡增长的可能性是存在的,但经济的长期均衡增长的可能性极小;一般情况下,资本主义经济很难稳定在一个不变的增长速度上,表现出的是或者连续上升或者连续下降的剧烈波动状态。

2. 新古典经济增长模型

在哈罗德模型中,经济均衡增长的条件是三种增长率相等。由于三种增长率各取决于不同的因素,它们的相等是非常困难的,几乎是不可能的。一旦它们不相等,经济就会发散,远离均衡增长轨迹而去。这种结论既被大多数经济学家所怀疑,也不符合战后资本主义经济发展的事实。资本主义经济在战后虽然发生过几次较大的危机,但从未出现过如哈罗德模型中所描绘的那种剧烈的波动。为了说明资本主义经济可以实现持续的稳定的均衡增长,人们提出了各种增长模型,其中最为流行的是罗伯特·默顿·索洛(Robert Merton Solow)等学者提出的新古典经济增长模型。

(1) 新古典增长模型的基本假定

新古典经济增长模型最初是美国经济学家索洛在 1956 年发表的《经济理论》一文中提出来的,该模型建立在哈罗德经济增长模型的基础上,主要包括以下几个假设条件。

① 为两部门经济,经济均衡增长的条件为 $I = S$ 。

② 生产函数为 $Q=F(L,K)$,不存在技术进步,且 $MP_L \downarrow$, $MP_K \downarrow$。

③ 规模报酬不变：$F\left(L\dfrac{1}{L}, K\dfrac{1}{L}\right) = \dfrac{1}{L}F(L,K) = \dfrac{1}{L}Q \Rightarrow Q = L \cdot F\left(\dfrac{K}{L}, 1\right)$。令 $k = \dfrac{K}{L}$，得：

$$Q = L \cdot f(k) \text{ 或 } \frac{Q}{L} = f(k) \tag{12-17}$$

即人均产量是人均资本的函数。

这是索罗经济增长模型中的生产函数。与哈罗德经济增长模型中的生产函数不同，该生产函数中的资本-劳动比率可以变动，尽管规模报酬不变。

④ 劳动按固定比率 n 增长：$L_t = L_0 e^{nt}$。

⑤ 不存在资本折旧，即 $\Delta K = I$。

⑥ 储蓄函数采取长期的形式：$S = sY$。

(2) 新古典增长模型的基本方程。

① 基本方程为

$$sf(k) = \frac{\mathrm{d}k}{\mathrm{d}t} + nk \tag{12-18}$$

② 基本方程推导：

因为 $\dfrac{\mathrm{d}K}{\mathrm{d}t} = I_t = S_t = sQ_t = sLf(k) = sL_0 e^{nt} f(k)$，

$k = \dfrac{K}{L} \Rightarrow K = kL \Rightarrow \dfrac{\mathrm{d}K}{\mathrm{d}t} = \dfrac{\mathrm{d}k}{\mathrm{d}t}L + \dfrac{\mathrm{d}L}{\mathrm{d}t}k = L_0 e^{nt}\dfrac{\mathrm{d}k}{\mathrm{d}t} + nL_0 e^{nt}k$

所以 $L_0 e^{nt}\dfrac{dk}{\mathrm{d}t} + nL_0 e^{nt}k = sL_0 e^{nt}f(k) \Rightarrow sf(k) = \dfrac{\mathrm{d}k}{\mathrm{d}t} + nk$

③ 基本方程的含义：

基本方程表示，一个社会由人均储蓄 $sf(k)$ 转化而来的新资本分为两个部分：一部分 (nk) 是为新增加的每个劳动力提供社会平均水平的资本量，称为"资本广化"；另一部分 $\dfrac{\mathrm{d}k}{\mathrm{d}t}$ 则用来增加人均资本拥有量，即为每个人配备更多的资本品，称为"资本深化"。

也可以这样来理解：在两部门经济中，社会总产品扣除消费(C)以后，剩下的便是储蓄，储蓄转化为投资，投资所增加的资本存量分成两部分，用于两种用途：一部分为新增加的劳动力提供社会平均水平的资本，另一部分用于增加人均资本拥有量。

(3) 经济均衡增长的条件及其稳定性。

① 经济均衡增长的条件。

经济均衡增长的条件是人均储蓄量等于资本广化量，资本深化量等于零，即：$sf(k) = nk$。此时，收入、投资与资本均按自然增长率 n 增长。

(a) 收入按 n 增长：$\dfrac{Q}{L} = f(k)$。

当经济均衡增长时，由于人均资本量 k 不变，故人均产量 $f(k)$ 也不变。但劳动力始终按 n 增长，为了保证人均产量不变，产量也必须按 n 增长。

(b) 资本按 n 增长：$sf(k)=nk \Rightarrow \dfrac{sf(k)}{k}=\dfrac{s\dfrac{Q}{L}}{\dfrac{K}{L}}=\dfrac{sQ}{K}=\dfrac{S}{K}=\dfrac{I}{K}=\dfrac{\Delta K}{K}=n$，即：$K_t=K_0e^{nt}$。

由于经济均衡增长时，人均资本量 k 不变，而劳动力始终按 n 增长，故资本也必须按 n 增长。

(c) 投资也按 n 增长：$\dfrac{\dfrac{dI}{dt}}{I}=\dfrac{\dfrac{d^2K}{dt^2}}{\dfrac{dK}{dt}}=\dfrac{n^2K_0e^{nt}}{nK_0e^{nt}}=n$，即：$I_t=I_0e^{nt}$。

② 经济均衡增长的稳定性。

在新古典模型中，不仅存在经济均衡增长的可能性，而且经济均衡增长具有稳定性，当经济均衡条件遭到破坏时，经济系统会迅速地恢复该均衡条件。

(a) $sf(k)>nk \Rightarrow \dfrac{dk}{dt}>0 \Rightarrow k\uparrow \Rightarrow nk\uparrow \Rightarrow sf(k)=nk$。

均衡机制：如果社会储蓄率较高，储蓄量较多，大于资本广化(充分就业)所需要的储蓄量，资本供大于求，利率就会降低，厂商就会增加对资本的需求，人均资本量就会上升，资本广化量也相应上升，最终使人均储蓄量正好等于资本的广化量。

(b) $sf(k)<nk \Rightarrow \dfrac{dk}{dt}<0 \Rightarrow k\downarrow \Rightarrow nk\downarrow \Rightarrow sf(k)=nk$。

均衡机制：如果社会储蓄率较低，储蓄量较少，少于资本广化(充分就业)所需要的储蓄量，资本供不应求，利率就会上升，厂商就会减少对资本的需求量，人均资本量就会下降，资本广化量也相应降低，最终使人均储蓄量正好等于资本的广化量，如图 12-2 所示。

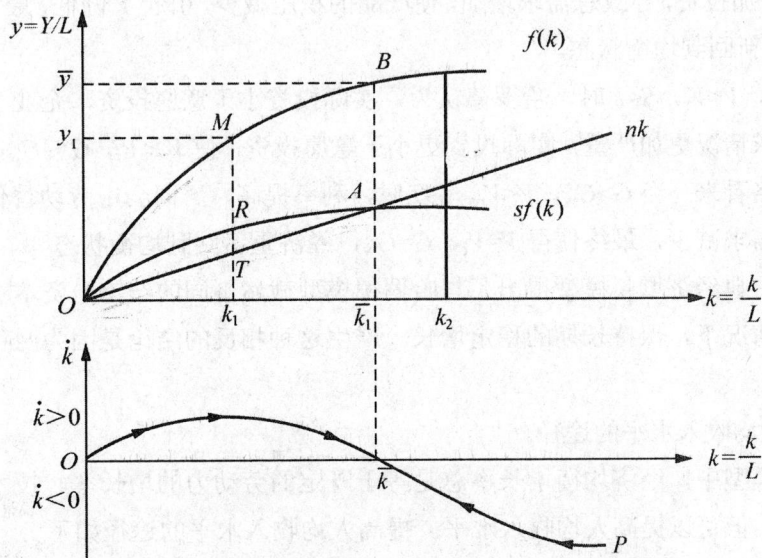

图 12-2　均衡机制

(4) 新古典经济增长模型与哈罗德经济增长模型的异同点。

① 相同点。

- 收入均衡的条件相同：$I=S$。

- 增长率相同：$sf(k)=nk \Rightarrow \dfrac{sf(k)}{k}=n \Rightarrow \dfrac{s\dfrac{Q}{L}}{\dfrac{K}{L}}=n \Rightarrow \dfrac{sQ}{K}=n \Rightarrow \dfrac{s}{\dfrac{K}{Q}}=n \Rightarrow \dfrac{s}{v}=n$。

② 不同点。

- 对生产函数的假定不同：哈罗德认为，$\dfrac{K}{L}$ 不能变动，为固定技术系数；而索洛认为，$\dfrac{K}{L}$ 可以变动，为可变技术系数。

- 均衡增长的可能性与稳定性不同：

哈罗德认为，经济均衡增长的路径不仅十分狭窄，而且极不稳定，像刀刃一样，一旦偏离均衡增长的路径，经济就会远离均衡而去，即储蓄与投资的不相等将导致经济累积性的扩张或收缩；在索洛看来，经济体系能够自动保持均衡增长，因为利率的变动能保证投资与储蓄相等，使经济处于充分就业均衡。

例如：哈罗德认为，当 $G_A<G_w$，$V>V_r$，$S>I$ 时，实际投资大于意愿投资时，企业会减少投资，投资的减少意味着需求的减少，最终使产品积压更加严重，$V \geqslant V_r$，$G \leqslant G_w$，经济累积性收缩。

而在索洛看来，当 $G<G_w$，$V>V_r$，$S>I$ 时，利率降低，追求利润最大化的厂商会用资本替代劳动，增加投资，导致总需求增加，使产品的积压减少，引起 V 降低，最终使得 $V=V_r$，$G=G_w$，经济重新回到均衡状态。

当 $G_A>G_w$，$V<V_r$，$S<I$ 时，哈罗德认为，实际投资小于意愿投资，企业会增加投资，使产品供不应求情况更加严重，实际投资更小于意愿投资，使 $V \geqslant V_r$，$G \leqslant G_w$，经济累积性扩张。而在索洛看来，当 $G>G_w$，$V<V_r$，$S<I$ 时，利率提高，厂商会用劳动替代资本，减少投资，导致总需求减少，最终使得 $V=V_r$，$G=G_w$，经济重新回到均衡状态。

总之，新古典经济增长模型得出了与哈罗德模型截然不同的结论：资本主义经济可以在充分就业的情况下，保持长期的稳定增长。产生这种相反的结论是因为两种模型中的假设条件不同。

(5) 提高人均收入水平的途径。

在新古典模型中，经济均衡增长率总是等于既定的劳动力的增长率。技术进步不能提高经济增长率，但可以提高人均收入水平。提高人均收入水平的途径如下。

① 使用新技术，提高要素的生产率(上移人均产量 $f(k)$ 曲线)。

② 提高储蓄率，增加积累(上移 $sf(k)$ 曲线)。

③ 降低人口增长率(下移 nk 线)。

四、丹尼森对经济增长因素的分析

美国经济学家爱德华·富尔顿·丹尼森(Edward Fulton denison)把经济增长因素分为两大类，一类是生产要素投入量；一类是生产要素生产率。经济增长是生产要素劳动、资本、土地投入的结果，其中劳动、资本是可变的，土地是不变的。要素生产率是产量与投入量之比，即单位投入量的产出量。要素生产率取决于资源配置状况、规模经济与知识进展。具体讲，影响经济增长的因素包括六个：劳动、资本存量的规模、资源配置状况、规模经济、知识进展和其他因素。

丹尼森分析经济增长因素的目的在于确定各个影响因素对经济增长所做的贡献，以此来比较各个影响因素的相对重要性。

丹尼森根据美国 1929—1982 年的历史统计数据，对经济增长因素进行了考察与分析。经过计算与分析，劳动力增加对经济增长的贡献相当大，部分原因在于劳动的产出弹性相对较大，劳动增长率就占有较大的权重。资源配置状况对经济增长也做出了重要贡献，比如劳动者转换工作、农村劳动力的流动等，都导致了产量或收入的增加。在收入的年平均增长中超过 10%的部分来自于规模经济，因为规模的扩大使得单位产量的投入更少，可以节约生产资源，从而带来规模经济效应。在所有的因素中，知识进展对经济增长的贡献约为 2/3。

据此，丹尼森的结论是：知识进展是发达资本主义国家最重要的增长因素。丹尼森所讲的知识进展包括的范围很广，包括技术知识、管理知识的进步和由于采用新知识而在结构与设备方面产生的更有效的设计，还包括从经验与观察中得到的知识。丹尼森认为，技术进步对经济增长的贡献是明显的，但也不能把生产率的增长主要归因于技术知识，因为管理知识也是非常重要的。管理知识更有可能降低生产资本，增加国民收入，它对国民收入增长的贡献比改善产品物理特性而产生的影响更大。因此，管理知识与技术知识都是很重要的，不能只重视技术知识而忽略管理知识。

五、库兹涅茨对经济增长因素的分析

美国经济学家西蒙·史密斯·库兹涅茨认为经济增长因素主要是知识存量的增加、劳动生产率的提高和经济结构的优化。

第一，知识存量的增加。随着社会的发展与进步，人类社会迅速增加了技术知识和社会知识的存量，当这种存量被利用的时候，它就成为推动经济增长的重要源泉。当然，知识本身并不直接是生产力，它转化为现实生产力需要一系列的诸如劳动力的训练、对适用知识的判断、企业家克服困难的能力等中介因素。在这些中介因素的作用下，知识才会转变为现实的生产力。

第二，劳动生产率的提高。现代经济增长的重要特征是人均产值的高增长率，通过对劳动投入和资本投入对经济增长贡献的长期分析，库兹涅茨认为，人均产值的高增长率来自于劳动生产率的提高。

第三，经济结构的优化。发达资本主义国家的经济增长过程中，经济结构迅速转变。例如：农业活动转向工业活动，再由工业活动转向服务性行业。与此相对应，劳动力的部门分配和社会产值比重也发生变化，第三产业劳动力数量占社会劳动力数量的比例和第三产业产值占国民收入的比重不断上升，特别在现在的一个世纪里，这两个比例迅速变化，这都是经济结构迅速变化的结果。同时，生产规模由家庭企业、独资企业发展到全国性甚至跨国性的大公司。发达国家现在的总体增长率与经济结构的变化速度比其现代化之前的要高得多。库兹涅茨也认为，不发达国家传统的生产技术和组织方式、劳动力在农业部门占有太大的比重、制造业结构不能满足现代经济的要求、需求结构变化缓慢、消费水平低等因素或状况，不能形成对经济增长的强有力的刺激。

六、新经济增长理论概述

1. 新古典增长理论的缺陷

新古典增长理论也日益暴露出一些不足或缺陷。一是生产规模报酬不变的假定与事实越来越不相符合。大多数工业化国家由于资源配置合理化、部门协调效率较高、信息传递有效等，其经济资源的利用率高，产生了规模报酬递增的现象；而发展中国家则由于种种原因出现了规模报酬递减的状况。二是该模型无法对劳动力增长率和技术进步率作出解释，也未能对控制人口增长、提高技术进步速度提出相应的建议。在新古典增长模型中，稳态增长率即人口增长率是外生变量，但人口增长率与技术进步率对经济增长至关重要。所以，许多西方学者认为增长率的外生化是新古典增长模型在理论上的主要缺陷。三是新古典增长理论在解释现实方面显得无力。新古典增长理论的一个重要结论是，具有相同的技术和相同人口增长率的不同国家的增长率具有趋同性，但许多国家的增长率存在着较大或相当大的差异的现实却与新古典增长理论的趋同论相悖。

2. 新经济增长理论概述

正是在这样的背景下，出现了"新经济增长理论"。新经济增长理论是用规模收益递增和内生技术进步来说明长期经济增长和各国增长率差异的理论总称。新增长理论的重要特征是将增长率内生化。在规模收益递增的原因上，新增长理论大多强调技术的溢出效应。企业采用了新技术而增加了技术知识，从而对整个社会产生了有利影响，技术的这种正的外部性就叫技术的溢出效应。新增长理论还特别论证了知识对经济增长的极端重要性。

新经济增长理论中，美国经济学家保罗·罗默(Paul M.Romer)的增长理论与实际情况较为符合。保罗·罗默(Paul M.Romer)在1983年写的题目为《外部因素、收益递增和无限增长条件下的动态竞争均衡》的博士论文，标志着新增长理论的兴起。罗默的新增长理论表现在以下几个方面。

一是承认知识是一个生产要素，与获得资本一样，知识必须通过放弃当前的消费才能得到。

二是过去投入的资本可以使知识得到积累，并且知识又能刺激投资，投资的持续增长能够永久地提高一国的经济增长率。

三是知识能够提高投资收益。

四是资本、人力资本、非熟练劳动、专利等都属于生产要素，这些生产要素的组合使得规模报酬递增。

五是国际贸易有利于将新技术、新知识及人力资本引入一个国家，会促进一国的经济增长，使世界经济具有持续的增长动力。各国经济增长的差别源于不同的知识、人力资本等。

罗默的新经济增长理论奠定了随后出现的增长理论的基础。

美国经济学家罗伯特·卢卡斯(Robert Lucas)依据人力资本理论，沿着罗默的思路，进一步研究了一般的人力资本与个人的、特殊的人力资本的区别，提出"私人人力资本积累带动经济增长"的卢卡斯模式，认为必须重视人力资本的投入，重视包括在职训练、边学边干等形式的教育，不断积累人力资本，多对研究与发展进行投资。这样，一国才能实现长期、稳定、均衡的经济增长。

牛津大学经济学教授伊恩·斯科特(Lan Scot)认为应当用资本即总投资的变化来说明产出的变化，他把总投资与技术进步看成是一回事，认为发明是由预期的利润所激发和促成的，这与促成投资的因素是完全相同的。

美国哈佛大学的罗伯特·巴罗(Rokert J. Barro)教授认为，穷国追赶不上富国的原因并不是穷国缺乏投资，而在于穷国缺乏人力资本，即对教育投资不够。

在技术进步的原因方面，新增长理论的经济学家有着不同的看法，罗默认为技术进步表现为私人厂商投资于研究活动而生产出新知识，卢卡斯认为技术进步是教育部门进行人力资本投资的结果，巴罗认为技术进步表现为政府提供服务所带来的私人厂商生产率与社会生产率的提高。另外，新增长理论还对税收、国际贸易等影响经济增长的因素进行了分析。

从新增长理论的内容来看，新增长理论具有重要的政策意义。如果一个国家的政府认真考虑教育、投资、研究与发展、税收与贸易政策等问题，并实施正确的政策，就能够促进一国的经济增长。

◎ 项 目 总 结

本项目介绍了经济周期的概念和四个阶段，经济增长是实际 GDP 的增加，决定一国经济增长的因素是制度、资源和技术进步，现代经济增长的核心是技术。然后介绍了各种经济增长模型，分析经济增长与影响它的各种因素之间的关系。

◎ 项 目 考 核

一、选择题

1. 经济周期的中心是(　　)。

   A. 价格的波动　　B. 利率的波动　　C. 收入的波动　　D. 消费的波动

2. 经济周期的四个阶段依次是(　　)。

   A. 繁荣、萧条、衰退、复苏　　　　　B. 繁荣、衰退、萧条、复苏

   C. 繁荣、复苏、衰退、萧条　　　　　D. 衰退、复苏、萧条、繁荣

3. 中周期的每一个周期为(　　)。

   A. 5～6 年　　　　　B. 8～10 年　　　　C. 25 年左右　　　D. 50 年左右

4. 乘数原理和加速原理的联系在于(　　)。

   A. 前者说明投资的变化对国民收入的影响，后者说明国民收入的变化对投资产生影响

   B. 两者都说明投资是怎样产生的

   C. 前者解释了经济如何走向繁荣，后者说明经济怎样陷入萧条

   D. 前者解释了经济如何走向萧条，后者说明经济怎样走向繁荣

二、问答题

1. 什么是经济增长？

2. 经济增长的源泉是什么？

3. 哈罗德-多马经济增长模型的假设条件、基本公式和得出的结论分别是什么？

4. 简述乘数与加速数的相互作用。

◎ 项 目 拓 展

1. 根据所学的经济周期与经济增长理论，你对当前中国经济发展该如何分析？

2. 案例分析。

"新经济世界"跳出了经济周期率？

经历多次经济衰退后，美国经济走进了 20 世纪 60 年代。约翰·肯尼迪当选总统后，希望重振美国经济，在那个年代，被称为"新经济学"的凯恩斯主宰了华盛顿政府。后来的约翰逊总统的顾问班子极力主张扩张性的经济政策，企图刺激经济，包括 1963 年的大幅度削减个人所得税和公司税。在 20 世纪早期，GDP 年增长 4%，失业下降，价格稳定。到 1965 年，美国经济已达到潜在产出水平。

可是，政府低估了越战的军费支出，国防支出从 1965 到 1968 年增长了 55%。在通货膨胀已相当严重时，政府仍推迟实施抑制经济增长的财政政策。直到 1968 年，增税和减少民用支出的措施才得以出台。但是为时已晚，当时的美联储也采取货币供给快速增长和低利率政策，容忍经济的扩张。结果，在 1966—1970 年的大部分时间里，经济在高于潜在产出能力上运行，在低失业和高增长的运转压力下，通货膨胀逐步攀高，开始了 1966—1981 年的"通货膨胀时代"。

经济学家由此看到：面临高通货膨胀时，刺激经济发展比说服政策制定者通过提高税收来抑制经济发展更容易，面对这一教训，许多人对运用财政政策来稳定经济是否明智产生了怀疑。

到 20 世纪 70 年代，工业界受到一种新的宏观经济症的冲击——供给冲击。所谓供给冲击，就是指生产成本或生产率状况发生突变，从而使总供给发生急剧变动。供给冲击在 1973 年达到极为严重的程度，被称为"七灾之年"。其标志就是：农业歉收、海洋环流转变、世界市场投机猖獗、外汇市场波动剧烈以及由中东战争引发的世界石油价格暴涨等。

供给冲击引起价格上升，同时又使产出水平下降和失业率上升，从而导致所有的宏观经济指标恶化。

到 1979 年美国经济才从供给冲击中恢复过来，回到了潜在产出水平。但是好景不长，中东的动荡、伊朗革命又引起了石油价格再度上涨。从 1978 年初每桶 14 美元跃升到 1979 年的每桶 34 美元，引发了又一轮石油冲击。通货膨胀率也急剧上涨，从 1978 年到 1980 年平均每年上升 12%。

如此高的通货膨胀逼使美联储采取措施，在经济学家保罗·沃尔克的领导下，为缓解通货膨胀压力，开出货币紧缩的一剂"猛药方"。1979 年和 1980 年，利率大幅上升，股市下跌，企业贷款陷入困难，美联储的紧缩措施抑制了消费和投资增长。1979 年后，住宅建设、汽车购买、商业投资以及净出口全面下降。实行紧缩货币政策的直接结果是通货膨胀下降。从 1979—1980 年的平均 12% 下降到 1983—1988 年的平均 4%。货币政策成功地结束了"通货膨胀时代"，但是国家也为此付出了沉重的代价，引发了经济增长下降和较高的失业率。

20 世纪 80 年代初，果断的扩张性货币政策出台，为 1982—1997 年长期经济扩张奠定了基础。里根和克林顿执政期间，除 1990—1991 年的一段时间温和衰退外，这个时期是美国历史上最成功的经济稳定时期。实际 GDP 以 3% 的速度增长，而通货膨胀率仅略高于 3%，直到 20 时 90 年代末，许多劳工没有经历过痛苦的经济周期和高通货膨胀的打击。有一些人竟天真地宣布：经济周期在"美好的新经济世界"中已经消失，这个世界的经济开始进入永久的繁荣。

（资料来源：http://www.doc88.com/p-576325787755. html）

问题：请查阅资料，比较美国经济现状，你认为，美国经济跳出"经济周期率"了吗？

项目十三　宏观经济政策

【项目引入】

1998 年 6 月 16 日，财政部部长项怀诚先生在《人民日报》上发表署名文章，提出"有必要即时追踪和分析经济发展态势，适当采取刺激有效需求管理的政策措施，适度启动经济，改变经济增长乏力的状况，保持国民经济持续、快速、健康发展"。虽然这一文章是在该报"理论版"上发表的，但引起当时国内外财经界的极大关注，被认为是中国财政政策从紧缩转为扩张的信号。果然，一个多月后召开全国财政工作会议，更明确地强调要实施更加积极的财政措施，加大对基础设施的投入力度，以有效启动经济。

讨论：根据上述案例，我们能在其中发现哪些经济学规律？为何一篇普通的文章却引起国内外如此大的关注？究竟什么是宏观政策？具体有哪些措施？对经济有何作用？

(资料来源：http://business.sohu.com/31/38/aticle13793831.html)

【技能目标】

- 能够理解宏观经济政策的政策目标。
- 能够理解货币政策和财政政策的相关含义。
- 能够分析不同经济政策措施的实施作用。

【知识目标】

能够掌握不同经济政策措施对宏观经济模型的影响。

【关键概念】

需求管理政策　货币政策　财政政策　挤出效应　内在稳定器　财政赤字　财政盈余
相机抉择

【导语】

如果让经济进行自行调节，仅仅依靠市场机制发挥作用，就会出现小于充分就业的国民收入均衡，经济中必然会出现周期性波动。因此，必须由国家来调节经济，利用宏观经济政策影响平经济周期，使经济稳步增长。

第一节　宏观经济政策

西方经济学家认为，宏观经济政策是国家或政府为了增进社会福利而制定的解决经济问题的指导原则和措施。它是政府为了达到一定的经济目的而对经济活动有意识的干预。

因此，国家制定任何一项经济政策都是根据经济进行社会的实际状况和一定的经济目标进行的。一国在经济发展中，运用宏观经济政策对经济进行调控应该同时达到充分就业、物价稳定、经济增长和国际收支平衡的四个目标。

一、充分就业

充分就业是指一切生产要素(包含劳动)都有机会以自己愿意的报酬参加生产的状态。需要指出的是，充分就业并不是 100%就业，也并不排除像摩擦性失业这样的失业情况存在。所谓摩擦性失业是指在劳动力正常流动过程中所产生的失业，是由于各行业、各部门与各地区之间的劳动需求经常发生变动，以及劳动者根据本人的偏好与能力发生转化职业的行为等原因引起的，它在任何动态市场中都是必然存在的。但不管如何分类，失业总是给社会及失业者本人和家庭带来损失和痛苦，也使社会损失了本来可以得到的产出量。严重的社会失业不可避免地会带来社会动荡和混乱，因此，降低失业率，实现充分就业，就常常成为宏观经济政策的首要或重要目标。

二、价格稳定

价格稳定是宏观经济政策的第二个目标。价格稳定是指价格总水平的稳定，它是一个宏观经济概念。西方学者一般用价格指数来表达一般价格水平的变化。价格指数有消费物价指数(CPI)、批发物价指数(PPI)和国内生产总值指数(GDP)三种。价格稳定成为宏观经济目标，是由于通货膨胀对经济的不良影响。为了控制通货膨胀对经济的冲击，西方国家把价格稳定作为宏观经济政策的另一目标。但值得注意的是，价格稳定并不意味着价格不变，而是指价格指数的相对稳定，即不出现通货膨胀，因此，一般把轻微的通货膨胀看作是正常的经济现象。

三、经济持续增长

宏观经济政策的第三个目标是经济的持续增长。经济增长是指在一个特定时期内经济社会所生产的人均产量和人均收入的持续增长。通常用一定时期内实际国内生产总值年均增长率来衡量。经济增长与失业常常是相互关联的。如何维持较高的增长率实现充分就业，是西方国家宏观经济政策追求的目标之一。

四、国际收支平衡

随着国际间经济交往的密切，如何平衡国际收支也成为一国宏观经济政策的重要目标之一。国际收支对现代开放型国家是至关重要的。西方经济学家认为，一国的国际收支状况不仅反映了这个国家的对外经济交往情况，还反映了该国经济的稳定程度。当一国国际收支处于失衡状态时，就必然会对国内经济形成冲击，从而影响该国国内就业水平、价格水平及经济增长。

经济学家认为，要实现既定的经济目标，政府运用的各种政策手段必须相互配合、协调一致，否则将无法实现理想目标。其次，政府在制定目标上，不能追求单一目标，而应综合考虑，否则会带来经济和政治上的副作用。因为经济政策目标相互之间不但会存在互补性，也会存在一定的冲击。因此，政府在制定经济目标和经济政策时应该做整体性的宏观战略考虑和安排。

第二节　财　政　政　策

财政政策是国家干预经济的重要政策措施之一。

财政政策是为促进就业水平提高，减轻经济波动，防止通货膨胀，实现稳定增长而对政府支出、税收和借债水平所进行的选择，或对政府收入和支出水平所做的决策。

一、财政政策的构成与财政政策工具

国家财政由政府的收入和支出两方面构成，其中政府的支出包括政府购买和转移性支付，而政府收入则包含税收和公债两部分。

1. 政府支出

政府支出是指整个国家中各级政府支出的总和，由许多具体的支出项目构成，主要可分为政府购买和转移性支付两类。

1) 政府购买

政府购买是指政府对商品和劳务的购买。如购买军需品、机关公用品、政府雇员报酬、公共项目工程所需的支出等都属于政府购买。政府购买是一种实质性支出，因而直接形成社会需求和购买力，是国民收入的一个组成部分。在总支出水平过低时，政府可以提高购买性支出水平，如举办公共工程，增加社会整体需求水平，以此同衰退进行斗争。反之，当总支出水平过高时，政府可以采取减少购买支出的政策，降低社会总体需求，以此来抑制通货膨胀。因此，变动政府购买支出水平是财政政策的有力手段。

2) 转移性支付

政府支出的另一个部分是转移性支付。与政府购买性支出不同，转移性支付是指政府在社会福利保险、贫困救济和补助等方面的支出。这是一种货币性支出，政府在付出这些货币时并无相应的商品和劳务的交换发生，因而是一种不以取得本年生产出来的商品和劳务作为报偿的支出。因此，转移性支出不能算作国民收入的组成部分。它所作的仅是在不同社会成员间进行转移和重新分配。一般来讲，在总支出不足时，失业会增加，这时政府应增加社会福利费用，提高转移支付水平，从而增加人们的可支配收入和消费支出水平，社会有效需求因而增加；在总支出水平过高时，通货膨胀率上升，政府应减少社会福利支出，降低转移支付水平，从而降低人们的可支配收入和社会总需求水平。

2. 政府收入

1) 税收

税收是政府收入中最主要的部分，它是国家为实现其职能，按照法律规定的标准，通过强制手段无偿地向居民取得的一种财政收入，具有强制性、无偿性和固定性三个特征。正因为如此，税收才作为财政政策的一个有力的手段进而影响宏观经济。具体来讲，税收可以通过改变税率来实现，也可以通过变动税收总量来实现，如一次性减税来达到刺激社会总需求增加的目的。对税率而言，一般来讲，降低税率，减少税收都会引起社会总需求增加和国民产出的增长；反之，提高税率，增加税收都会引起社会总需求的减少和国民产出的减少。因此，在总需求不足时，可采取减税措施来抑制经济衰退；在需求过旺时，可采取增税措施抑制通货膨胀。

2) 公债

当政府税收不足以弥补政府支出时，政府就会通过发行公债来弥补一定时期的财政赤字。因此，公债是政府财政收入的又一组成部分。公债是政府对公众的债务，是政府以债务人的身份凭借信用条件，按照法律规定的标准向国内外居民举借的债，具有有偿性、自主性等特征。公债包括中央债和地方债。可分为短期公债、中期公债和长期公债。政府发行公债，一方面可以增加财政收入，影响财政支出，属于财政政策；另一方面又能对包括货币市场和资本市场在内的金融市场的扩张和紧缩起重要作用，影响货币的供求，从而调节总需求水平。因此，公债也是实施宏观调控的经济政策工具。

二、自动稳定器

政府的财政收支及其变动会直接、间接地影响宏观经济的运行。但经济自身的修复作用不容忽视。自动稳定器就是其中之一。自动稳定器，亦称内在稳定器，是指经济系统本身存在的一种会减少各种干扰对国民收入冲击的机制，能够在经济繁荣时期自动抑制通货膨胀，在经济衰退时期自动减轻萧条，无须政府采取任何行动。自动稳定器的表现形式如下。

首先是政府税收的自动变化。当经济衰退时，国民产出水平下降，个人收入减少；税率不变的情况下，政府的税收会随之减少，个人的可支配收入变相增加，从而使消费和需求也自动地少下降一些，进而抑制了经济的衰退。反之，当经济繁荣的时候，国民产出水平上升，个人收入增加；税率不变的情况下，政府的税收会随之增加，个人可支配收入变相减少，从而使消费和需求也自动地多下降一些，进而抑制了通货膨胀。税收这种随经济变动而自动发生变动的内在机动性和伸缩性是一种有助于减轻经济波动的自动稳定因素。

其次是政府支出的自动变化。这里的政府支出主要指针对政府的转移性支付，它包括政府的失业救济和其他社会福利支出。当经济出现衰退或萧条时，失业人员开始随之增加，符合救济条件的人越来越多，失业救济和其他社会福利支出就会随之增加，这样就可以抑制人们可支配收入的下降，进而抑制消费需求的下降。当经济繁荣时，失业人员开始随之减少，符合救济条件的人越来越少，失业救济和其他社会福利支出就会随之减少，这样可以抑制人们可支配收入的增长。

最后是农产品价格维持制度。经济萧条时，国民收入下降，农产品价格下降，政府依照农产品价格维持制度，按支持价格收购农产品，可是农民收入和消费维持在一定水平上。经济繁荣时，国民收入水平上升，农产品价格上升，这时政府减少对农产品的收购并抛售农产品，限制农产品价格上升，也就抑制农民收入的增加，从而也就减少了总需求的增加量。

总之，政府税收和转移支付的自动变化、农产品价格维持制度对宏观经济活动都能起到稳定作用。

三、西方国家的财政政策与财政思想

1. 斟酌使用的财政政策和补偿性财政政策

由于政府支出中的转移性支付和税收所产生的实际效果有限，特别是对于剧烈的经济波动，自动稳定器更是难以扭转。因此，西方经济学者认为，为确保经济稳定，政府要审时度势，主动采取一些财政措施，即变动支出水平或税收以稳定总需求水平，使之接近物价稳定的充分就业水平，这就是斟酌使用或权衡的财政政策。

当认为总需求非常低，即出现经济衰退时，政府应通过削减税收、降低税率、增加支出或双管齐下刺激总需求。反之，当认为总需求非常高，即出现通货膨胀时，政府应增加税收或削减开支以抑制总需求。前者称为扩张性财政政策，后者称为紧缩性财政政策，两者交替使用，被称为补偿性财政政策。

2. 功能财政和预算盈余

根据权衡性财政政策，政府在财政方面的积极政策主要是为实现无通货膨胀的充分就业水平。当实现这一目标时，预算可以是盈余，也可以是赤字。这样的财政为功能财政。功能财政思想认为，政府为了实现充分就业和消除通货膨胀，需要赤字就赤字，需要盈余就盈余，而不应为实现财政收支平衡妨碍政府财政政策的正确制定和实行。当国民收入低于充分就业的收入水平时，政府有义务实行扩张性财政政策，增加支出或减少税收，以实现充分就业。如果起初存在财政盈余，政府有责任减少盈余甚至不惜出现更大赤字，坚定地实行扩张性政策；反之，当存在通货膨胀缺口时，政府有责任减少支出，增加税收。如果起初有预算盈余，不应担心出现更大盈余，而宁肯盈余增大也要实行紧缩性政策。

3. 充分就业预算盈余与财政政策方向

所谓充分就业预算盈余是指既定的政府预算在充分就业的国民收入水平，即潜在的国民收入水平上所产生的政府预算盈余。如果这种盈余为负值，就是充分就业预算赤字。它不同于实际的预算盈余，实际的预算盈余是以实际国民收入来衡量预算状况的，因此二者的差别就在于充分就业的国民收入与实际的国民收入水平的差额。一般地讲，当实际国民收入水平高于充分就业国民收入水平时，则充分就业预算盈余小于实际预算盈余；反之则相反。这一思想的作用在于：第一，把收入水平固定在充分就业的水平上，消除经济中收入水平周期性波动对预算状况的影响，从而能更准确地反映财政政策对预算状况的影响。第二，是政策制定者充分注意充分就业问题，以充分就业为目标确定预算规模，从而确定财政政策。因此，这一概念得到广泛运用。但值得注意的是：充分就业的国民收入与潜在的国民收入本身是难以准确估算的。

4. 财政政策的挤出效应

挤出效应是政府支出增加所引起的私人消费和投资减少的作用。具体地说，政府财政支出增加，引起利率上升，而利率上升会引起储蓄增加、私人消费和投资减少。

图 13-1 所示是 IS-LM 模型，当 IS 曲线为 IS_0 时，IS_0 与 LM 相较于 E_0，决定了国民收入为 Y_0，利率为 r_0。当政府支出增加，即自发总需求增加时，IS 曲线从 IS_0 向上方平行移动至 IS_1，IS_1 与 LM 相较于 E_1，国民收入为 Y_1，利率为 r_1。在政府支出增加，从而国民收入增加的过程中，由于货币供给量没有改变，而货币需求随国民收入的增加而增加，所以引起利率上升。这种利率的上升会减少私人投资和消费，即一部分政府支出的增加，实际上只是对私人支出的替代，并没有起到增加国民收入的作用，这就是财政政策的挤出效应。从图 13-1 中显示来看，这就是 $Y_2 - Y_1$ 的部分。

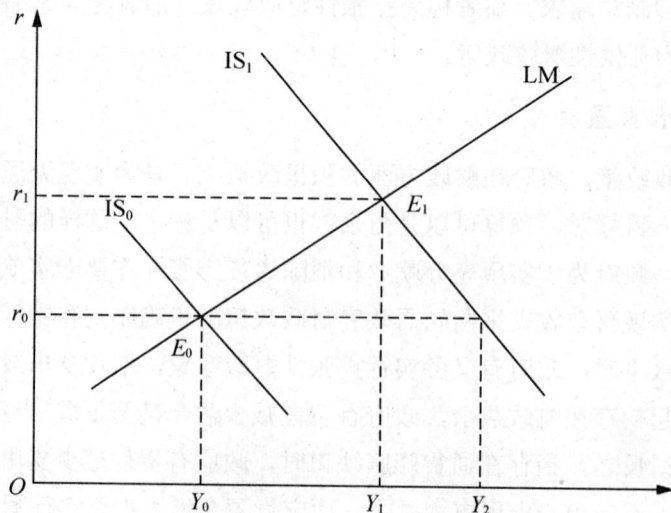

图 13-1 财政政策的挤出效应

财政政策挤出效应的大小取决于多种因素。在实现了充分就业的情况下，挤出效应最大，即挤出效应为 1，也就是政府的支出增加等于私人支出的减少，扩张性财政政策对经济没有任何刺激作用。在没有实现充分就业的情况下，挤出效应一般大于 0 而小于 1，其大小主要取决于政府支出增加所引起的利率上升的大小。利率上升高，则挤出效应大；反之，利率上升低，则挤出效应小。

主张国家干预的凯恩斯主义者认为，财政支出的挤出效应必须具体问题具体分析。

首先，在经济萧条时，有效需求不足，私人宁愿把货币保留在手里而不愿支出，或者商业银行的贷款根本贷不出去，这时需要政府支出去填补支出不足，而这时不存在挤出效应的问题。只有充分就业时，才存在挤出效应。

其次，影响私人投资的因素除了利率外，还有预期收益率。如果财政支出增加能够提高预期收益率，那么私人投资不仅不会被挤出，反而会增加。在经济萧条时期，私人投资者对利润前景缺乏信心，裹足不前，增加公共支出既能增加政府对私人的订货，又能增加消费者的收入，从而扩大市场需求。这样，私人投资者对市场前景也就增强了信心，投资需求将上升。

最后，财政支出上升，对利率的影响有两种情况。当货币供应量随支出增加而增加时，则利率不会上升，私人投资也不会减少；当货币供应量不变或很少增加时，则会出现利率上升的情况，但是，如果利率上升相对于预期收益率的上升微不足道时，挤出效应就不会发生。

第三节　货币政策

一、货币政策的内容

货币政策是国家干预经济的主要宏观经济政策的重要组成部分之一。货币政策是一个国家根据既定目标，通过中央银行运用其政策工具，控制货币供应量来调节利率进而影响投资和整个宏观经济活动水平的经济政策。货币政策同财政政策一样，也是通过调节国民收入来达到充分就业、稳定物价、实现经济增长和促进国际收支平衡的工具。两者的不同之处在于，财政政策主要通过政府支出和政府收入直接影响总需求，期间没有中间经济变量，是一种直接的政策干预；而货币政策则是通过利率的变动来间接影响总需求，是对整个经济进行影响的经济政策。

要想了解货币政策，必须具备一些银行制度的相关知识，因为货币政策是通过银行制度来实现的。

1. 中央银行

中央银行是一国最高的金融当局，它统筹管理全国金融活动，实施货币政策以影响经济。当今世界除少数地区和国家，几乎所有已独立的国家和地区都设立了中央银行。一般认为，中央银行具有以下三个职能。

(1) 作为发行银行的银行，发行国家货币。

(2) 作为银行的银行，即为商业银行提供贷款(用票据再贴现、抵押贷款等办法)，又为商业银行集中保管存款准备金，还为商业银行集中办理全国结算业务。

(3) 作为国家的银行，第一，它代理国库，一方面根据国库委托代收各种税款和公债价款等收入作为国库的活动存款；另一方面代理国库拨付各种经费，代办各种付款和转账。第二，提供政府所需的资金，即用贴现短期国库券等形式为政府提供长期资金。第三，代表政府与外国发生金融业务关系。第四，执行货币政策。第五，监督、管理全国金融活动。

2. 商业银行

商业银行之所以称之为商业银行，是因为早先向银行借款的人都经营商业，但后来工业、农业、建筑业、消费者也都日益依赖商业银行融通资金，故其客户遍及经济各部门，业务也多种多样，之所以仍叫商业银行，只是沿用旧称呼罢了。商业银行的主要业务是负债业务、资产业务放款业务、投资业务和中间业务。负债业务主要是吸收存款，包括活期存款、定期存款和储蓄存款；资产业务主要包括放款和投资两类业务；放款业务是为企业提供短期贷款，包括票据贴现、抵押贷款等投资业务就是购买有价证券以取得利息收入。中间业务是指代为客户办理支付事项和其他委托事项，从中收取手续费的业务。

除上述中央银行和商业银行以外，还有诸如储蓄和贷款协会、信用协会、保险公司、私人养老基金等其他金融机构。

二、货币政策及其工具

中央银行通过控制货币供应量以及通过货币供应量来调节利率，进而影响投资和整个经济，以达到一定经济目标的行为就是货币政策。货币政策一般分为扩张性和紧缩性货币政策。前者通过增加货币供给来带动总需求的增加，货币供给增加时，利率会很低，取得信贷更为容易，因此经济萧条时多采用扩张性的货币政策；反之，紧缩性货币政策是通过削减货币供给的增长来降低总需求水平，在这种情况下，取得信贷比较困难，利率也随之提高，因此，在通货膨胀严重时，多采用紧缩性货币政策。

中央银行运用哪些工具来变动货币供给量呢？

1. 再贴现率

这是美国中央银行最早运用的货币政策工具。再贴现率是中央银行对商业银行及其他金融机构的放款利率。如果一家存款机构(主要指商业银行)的资金临时感到不足，例如，说某一家银行客户出乎意料地要把一大笔存款转到其他银行时，就会出现临时的资金不够的困难，这时该银行就可用他持有的政府债券或合格的客户票据向中央银行的贴现窗口(办理这类贴现业务的地点)办理再贴现或申请借款。当这种贴现或借款增加时，意味着商业银行的资金增加，进而引起货币供给量多倍增加；当这种贴现减少时，会引起货币供给量多倍减少。贴现率政策是中央银行通过改变给商业银行及其他存款机构的贷款利率来调节货币供应量。贴现率提高，商业银行向中央银行借款就会因为资金成本的加大而减少，整个社会的资金供应就会减少；贴现率降低，商业银行向中央银行借款就会因为资金成本的降低而增加，整个社会的资金供应就会增加。还需指出，通过变动贴现率控制货币供给本身也存在一些问题。例如：当银行十分缺乏资金时，即使贴现率很高，银行依然会从贴现窗口借款，可见，通过贴现率变动来控制银行资金的效果是相当有限的。

2. 公开市场业务

这是目前中央银行控制货币供给最重要也是最常用的工具。公开市场业务是指中央银行在金融市场上通过公开买卖二级市场的政府债券以控制货币和利率的政策。一般认为，当经济出现衰退或萧条时，中央银行可以通过回购债券的方式，向整个社会的政府债券购买者赎回债券发放资金，进而增加社会的流通资金，促进消费和投资，抑制过度下降的经济。当经济出现过热或通货膨胀时，中央银行可以通过发行债券的方式，向整个社会的消费者、企业、金融机构发售政府债券，进而有效地减少整个社会的流通资金，降低现有消费和投资，抑制过度上升的通货膨胀水平。

公开市场业务之所以能成为中央银行控制货币供给量最主要的手段，是因为运用这种政策可以比较灵活、准确地控制银行体系的资金，便于中央银行及时改变货币供给变动方向。除此之外，中央银行还可以通过公开市场业务的方式自由、连续地决定债券的发行数量、时间和方向，及时纠正某些政策失误。

3. 法定准备金

中央银行有权决定商业银行和其他存款机构的法定准备金。所谓法定准备金是指商业银行按照法律规定必须存在中央银行里的自身所吸收存款的一个最低限度的准备金。法定存款准备金的比例通常是由中央银行决定的，被称为法定存款准备金率。当整个经济出现经济衰退或萧条时，中央银行有权降低法定准备金率以增加商业银行的可流通资金，从而抑制过低经济增长水平。反之，当整个经济出现过热或通货膨胀时，中央银行有权提高法定准备金率以减少商业银行的可流通资金，有效抑制社会的消费和投资，从而抑制过快的通货膨胀水平。然而，一般中央银行不愿轻易使用变动法定准备金率这一手段，这是因为，商业银行向中央银行报告它们的准备金和存款状况时有一个时滞，因此，今天变动的准备金率一般要过一段日子以后才起作用，并且变动法定准备金的作用十分猛烈，一点变动所有银行的信用都必须扩张或收缩。因此，这一政策手段很少使用。

上述三大货币政策工具常常需要配合使用。例如，当中央银行在公开市场操作中出售政府债券时，市场利率上升(即债券价格下降)后，再贴现率必须相应提高，以防止商业银行增加贴现，于是，商业银行向它的顾客的贷款利率也将提高，以免产生亏损。相反，当中央银行认为需要扩大信用时，在公开市场操作中买进债券的同时，也可同时降低再贴现率。贴现率政策和公开市场业务虽然都能使商业银行准备金变动，但变动方式和作用还是有区别的。当中央银行在市场出售证券时，一般地讲，能减少银行准备金，但究竟哪家银行会减少以及减少多少却无法事先知道，因而，究竟会给哪些银行造成严重影响也无法事先知道。原来超额准备金多的银行可能没什么影响，即使其客户提取不少存款去买证券时，也只会是超额准备金减少一些而已。然而，那些本来就没有什么超额准备金的银行马上会感到准备金不足，因此，其客户提取存款后，准备金就会降到法定准备金之下。在这种情况下，中央银行之所以还大胆地进行公开市场业务，就是因为再贴现政策在作补充。当中央银行售卖债券使一些银行缺乏准备金时，这些银行就可向中央银行办理贴现以克服困难。

第四节　财政政策与货币政策的相互配合

财政政策与货币政策的协调配合，是国家在市场经济中调控社会供需总量和结构不可缺少的工具。两大政策对社会供需总量和结构的调整是通过不同的作用途径与效果体现的。

一、财政政策的作用

从财政政策调节来看，财政对总供给的调节，首先反映为社会经济结构的调节，如财政运用必要的税收优惠、财政贴息政策、财政投资政策支持产业结构的调整，支持"瓶颈"产业的发展和短缺产品供给的有效增加；财政对总需求的调节主要通过扩大或缩小财政支出规模，以结构调节为前提，借以达到刺激和抑制社会总需求的目的。

二、货币政策的作用

货币政策对社会总需求的调节，主题是通过中央银行货币投放和再贷款等政策手段控制基础货币量，通过存款准备金率和再贴现率等手段控制货币乘数，从而有效地控制社会总需求，达到货币和稳定物价的目的。与此同时，中央银行在调控社会总需求的基础上也会对社会经济结构产生一定的调节作用，如银行依照产业政策和市场盈利水平，选择贷款投放方向，包括产业间、地区间信贷规模的区别对待，客观上起到调节社会经济结构的作用。

三、两大政策的协调安排

鉴于财政政策与货币政策的不同特点，制定财政政策与货币政策时需要统筹考虑，相互协调安排，以共同实现社会供需结构的调节和合理化布局，促进社会经济整体协调、稳定发展。总体来说，制定原则有以下三点。

(1) 两种政策措施一定时期内的实现目标必须协调一致。

(2) 所制定的政策措施不能追求单一目标，要综合兼顾考虑相互作用。

(3) 每项政策本身需要合理，以适应宏观经济形势发展时机的需要。

◎ 项 目 总 结

此项目先从需求管理的政策概念入手，研究宏观经济政策的具体政策措施。宏观经济政策主要包括货币政策和财政政策，其中，货币政策又包括公开市场业务、贴现率和法定准备金率三个传统的调控杠杆，而财政政策又包括财政支出和财政收入两个措施。运用货币政策和财政政策可以从需求角度干预经济，除上述两个宏观干预措施外还有相机抉择的宏观政策手段，以上是我国当前政府普遍使用的宏观政策，这些政策相互协调将有效促进我国宏观经济形势稳定发展。

◎ 项 目 考 核

一、选择题

1. 宏观经济政策的目标是( )。
   A. 促进经济的增长　　　　　　　　B. 增加就业
   C. 稳定物价　　　　　　　　　　　D. 保持国际收支平衡

2. 中央银行实施的货币政策工具有( )。
   A. 公开市场业务　　　　　　　　　B. 贴现率
   C. 法定准备金　　　　　　　　　　D. 税收政策

3. 当经济中存在失业时，应该采取的财政政策工具是( )。
   A. 增加政府支出　　　　　　　　　B. 提高个人所得税
   C. 提高公司所得税　　　　　　　　D. 减少政府支出

4. 属于紧缩性财政政策工具的是( )。
   A. 减少政府支出和增加税收　　　　B. 减少政府支出和减少税收
   C. 增加政府支出和减少税收　　　　D. 增加政府支出和增加税收

5. 政府支出中的政府购买增加可以( )。
   A. 增加投资　　B. 减少投资　　C. 增加消费　　D. 减少消费

6. 属于内部稳定器的财政政策工具是( )。
   A. 社会福利支出　　　　　　　　　B. 政府公共工程支出
   C. 政府购买　　　　　　　　　　　D. 货币供给

二、判断题

1. 物价稳定就是通货膨胀为零。 （ ）

2. 需求管理政策包括财政政策和货币政策。 （ ）

3. 财政政策和货币政策都由政府制定。 （ ）

4. 扩张性财政政策包括增加政府支出和税收。 （ ）

5. 在财政政策中，转移支付的增加可以刺激私人投资。 （ ）

6. 在经济繁荣时期，总需求大于总供给，经济中存在通货膨胀，政府通过紧缩性的财政政策压抑总需求，可以实现物价稳定。 （ ）

7. 个人所得税和公司所得税都具有内部稳定器的作用。 （ ）

8. 在经济萧条时期，中央银行要运用扩张的货币政策；而在经济繁荣时期，中央银行要运用紧缩的货币政策。 （ ）

9. 相机抉择的实质是灵活地运用各种经济政策。 （ ）

10. 在经济萧条时期，为了刺激总需求，中央银行要在公开市场上卖出有价证券。 （ ）

三、问答题

1. 什么是需求管理政策？包括哪些具体内容？

2. 宏观经济政策的目标是什么？

3. 如何运用扩张的财政政策和货币政策？

4. 如何运用紧缩的财政政策和货币政策？

5. 在经济繁荣时期和经济萧条时期如何运用不同的财政政策和货币政策？

6. 如何运用赤字财政政策？

7. 什么是财政挤出效应？如何消除这种挤出效应？

8. 什么是经济的自动稳定器？如何有效稳定经济？

◎ 项 目 拓 展

案例分析。

中国的宏观经济政策搭配实践

第一阶段(1988 年 9 月至 1990 年 9 月)，"紧财政紧货币"的双紧政策。 从 1988 年初开始，中国经济进入过热状态，表现为经济高速增长(工业产值增幅超过 20%)、投资迅速扩张(1988 年固定资产投资额比 1987 年增长 18.5%)、物价上涨迅速(1988 年 10 月物价比上年同期上升 27.1%)、货币回笼缓慢(流通中的货币增加 46.7%)和经济秩序混乱。在这种形势下，中国于 1988 年 9 月开始实行"双紧"政策。具体措施有：收缩基本建设规模，压缩财政支出，压缩货币规模，严格控制现金投放和物价上涨，严格管理税收等。

"双紧政策"很快见效，经济增长速度从 20%左右跌至 5%左右，社会消费需求大幅下降，通货膨胀得到遏制，1990 年第三季度物价涨幅降到最低水平，不到 1%。

第二阶段(1990 年 9 月至 1991 年 12 月)，"紧财政松货币"的一紧一松政策。 在"双紧政策"之后，中国经济又出现了新的失衡。表现为市场销售疲软，企业开工不足，企业资金严重不足，三角债问题突出，生产大幅下降。

针对上述情况，从 1991 年初开始，实行了松的货币政策，中央银行陆续多次调低存贷款利率，以刺激消费、鼓励投资。这些政策在实施之初效果并不显著，直到 1991 年下半年，市场销售才转向正常。

第三阶段(1992 年 1 月至 1993 年 6 月)，"松财政松货币"的双松政策。 1992 年，财政支出 4 426 亿元，其中财政投资 1 670 亿元，分别比年初预算增长 107%和 108%。信贷规模也大幅度增长，货币净投放额创历史最高水平。

"双松政策"的成效是实现了经济的高速增长，1992 年 GDP 增长 12.8%，城市居民人均收入增长 8.8%，农村居民人均收入增长 5.9%。但是"双松政策"又带来了老问题，即通货膨胀加剧，物价指数再次超过两位数，短线资源再度紧张。

第四阶段(1993 后 7 月至 1996 年底)，"适度从紧的财政与货币政策"。 具体措施有：控制预算外投资规模，控制社会集资搞建设，控制银行同业拆借，提高存贷利率等。与 1988 年的紧缩相比，财政没有大动作，但货币紧缩力度较缓。

适度的"双紧政策"使我国的宏观经济终于成功实现了"软着陆"。各项宏观经济指标表现出明显的改善：1996 年 GDP 的增长率为 9.7%，通货膨胀率降为 6.1%；外汇储备达到 1 000 多亿美元。这次政策的配合实施被认为是中国治理宏观经济成效较好的一次，为中国以后实施经济政策积累了经验。

第五阶段(1997 年至今)，适度的货币政策和积极的财政政策。 1997 年至 1998 年，中国经济发展受到了亚洲金融危机和国内自然灾害等多方面的冲击。经济问题表现为通货紧缩式的宏观失衡，经济增长的力度下降，物价水平持续下降，失业增加，有效需求不足，出口不振等。面临新形势，中国政府实施了较有力度的财政扩张政策，其措施是大量发行国债，投资于基础设施方面的建设；实施适当的货币政策，连续下调人民币存贷款利率，改革商业银行体系等。这些政策使中国经济成功地应对了亚洲金融危机的挑战，保持了国民经济的持续增长。

(资料来源：http://yingyn.100xuexi.com/View/specdota/201220925)

问题：请阅读以上资料并结合本项目实际，谈谈我国每一阶段的财政政策和货币政策对 IS-LM 模型会造成怎样的影响？

项目十四　开放经济理论

【任务引入】

美国是一个充分利用全球资源的典型国家：日本的资本充裕，美国就通过出售债券和不动产来吸引日本的资本；中东的石油便宜，美国就减少国内的石油开采，进口中东的石油；印度人和中国人在开发软件、发展信息产业中有优势，美国公司就重金聘请印度和中国的软件开发人才；墨西哥的农民勤劳且工资低廉，在美国农场中随处可见墨西哥农民忙碌的身影。而中国汽车制造商(如沈阳金杯)也不会只使用本国的生产要素，而会根据需要购买发达国家的技术，通过合资或在国外上市获得国际资本，聘用美国或德国的高级管理人员，同时使用中国的技术工人和普通劳动力，从而建立自己的全球生产网络。

(资料来源：海闻、P. 林德特. 王新奎译·国际货物[M]. 上海：上海人民出版社，2002.)

讨论：1. 美国为何可以聘请全球各国的优秀人才为其服务？为何伴随着全球生产技术的进步世界各国的关系如今变得越来越紧密？

2. 为何当美国出现次贷危机时，我国的资本市场也会受到连带的影响？

【技能目标】

● 能够理解比较成本原理，了解汇率及汇率制度。
● 能够理解国际贸易与国际金融的基本相关知识。

【知识目标】

能够利用主要的国际贸易理论与汇率理论分析当今社会的经济问题。

【关键概念】

比较优势　汇率　固定汇率　浮动汇率　直接标价法　间接标价法

【导语】

前面知识点的学习大多是建立在封闭经济的基础上的，而在这一项目，我们主要结合经济全球化的趋势对开放经济作一个大体的概述。要知道国家之间的经济纽带是什么？而国际贸易和国际金融无疑是最重要的经济学范畴。考虑到这些内容，本项目将结合国际贸易和国际金融的基本知识，介绍开放经济理论的相关内容。

第一节　国际贸易的理论基础

到目前为止，本书对宏观经济理论的论述都以封闭经济为假设前提，但是在现实世界中，完全封闭的经济是不存在的。因此，任何一国经济都在不同程度上是所谓的开放经济。

一、开放经济的含义

开放经济是与封闭经济相对立的概念。在开放经济中，要素、商品与服务可以较自由地跨国界流动，从而实现最优资源配置和最高经济效率。一般而言，一国经济发展水平越高，越接近开放型经济。

开放经济就是指参与国际经济活动的经济。由于在国际经济活动中，最重要的是国际贸易，所以开放经济也可以说是"参与国际贸易的一种经济"。

国际贸易是国家之间商品与劳务之间的交换活动，是开放经济的表现形式，它反映了世界各国在经济上的相互联系。

二、国际贸易的形成

在现实经济世界里，能够引起国际贸易发生的因素有很多，国际贸易之所以会发生，可以说是众多因素综合的结果。根据形成国际贸易因素的不同形成了不同的国际贸易理论。

1. 绝对优势理论

绝对优势理论是最早的国际贸易理论，其代表人物是 18 世纪的英国经济学家亚当·斯密。绝对优势理论认为，各国所存在的生产技术上的差别以及由此造成的劳动生产率和生产成本的绝对差别，是国际贸易和国际分工的基础。各国应该集中生产并出口其具有"绝对优势"的产品，进口其不具有"绝对优势"的产品，其结果比自己什么都生产更有利。

2. 比较优势理论

英国另一位经济学家大卫·李嘉图提出了比较优势贸易理论。比较优势理论认为，国际贸易的基础并不限于生产技术上的绝对差别，只要各国之间存在着生产技术上的相对差别，就会出现生产成本和产品价格的相对差别，从而使各国在不同的产品上具有比较优势，使国际分工和国际贸易成为可能。

3. 赫克歇尔-俄林模型

李嘉图相对优势模型表明当劳动力是唯一的生产要素时，生产技术水平(生产效率)的差异使各国在不同的商品生产上具有相对优势。当生产中投入劳动力和资本等多种生产要素时，国家间要素禀赋差异将使各国在不同的商品生产上具有相对优势。赫克歇尔-俄林模型将考察这一命题。瑞典经济学家伊·菲·赫克歇尔(Eli.Heckscher)和其学生柏蒂尔·俄林(Bertil Ohlin)所提出的资源禀赋理论(Factor Endowments Theory)，又叫 H-O 理论、H-O 模型，它建立在对现实经济简单化、抽象化的严格模型设定基础上。

H-O 定理表明资本充裕的国家在资本密集型商品上具有相对优势，劳动力充裕的国家在劳动力密集型商品上具有相对优势，一个国家在进行国际贸易时出口密集使用其相对充裕和便宜的生产要素的商品，而进口密集使用其相对缺乏和昂贵的生产要素的商品。

4. 规模经济与国际贸易

国家之间的资源禀赋差异或技术差异(生产效率差异)使各国具有生产商品的相对优势，各国专业化生产具有相对优势的商品，并进行国际贸易和获得贸易利益。除此之外，规模经济也促使各国进行专业化生产和国际贸易，并使各国获益。

第二节　汇率与国际收支

在开放的经济中，汇率和对外贸易都是十分重要的概念。

一、汇率及其标价

1. 汇率

汇率是一个国家的货币折算成另一国货币的比率。汇率表示的是两个国家货币之间的互换关系。

2. 汇率的标价方法

汇率主要有两种标价方法。一种被称为直接标价法，它是用一单位的外国货币作为标准，折算为一定数额的本国货币来表示汇率。汇率下降表示外国货币贬值或本国货币升值；反之则相反。另一种被称为间接标价法，它是用一单位的本国货币作为标准，折算为一定数额的外国货币来表示的汇率。

二、汇率制度

世界上的汇率制度主要有固定汇率制与浮动汇率制两种。固定汇率制是指一国货币同他国货币的汇率基本固定，其波动限于一定的幅度之内。浮动汇率制是指一国中央银行不规定本国货币与他国货币的官方汇率，听任汇率由外汇市场的供求关系自发地决定。浮动汇率制又分为自由浮动与管理浮动，前者指中央银行对外汇市场不采取任何干预措施，汇率完全由外汇市场的供求力量自发地决定。后者指实行浮动汇率制的国家，对外汇市场进行各种形式的干预活动，主要是根据外汇市场的供求状况售出或购入外汇，以通过外汇供求的影响来影响汇率。

从经济学观点来看，货币也是一种商品。汇率既然是两种商品之间的兑换率，当然就是货币买、卖双方交易的市场价格。

假设货币市场上只有英国和美国两个国家进行美元和英镑的兑换活动，从英国人角度来看，他们感兴趣的是用 1 英镑可换多少美元。

如图 14-1 所示，供给曲线 S 是向右上方倾斜的，说明英镑可以兑换更多的美元时，将有更多的英镑持有者愿意供给英镑，构成对英镑的更多供给。相反，需求曲线 D 是右下方倾斜的，说明英镑的价格越低时，会有更多的美元持有者愿意将美元换成英镑。两条曲线相交点 E 即为市场均衡点，该点给出了供求双方在均衡时的英镑数量和英镑以美元所表示出来的价格，即汇率 r。

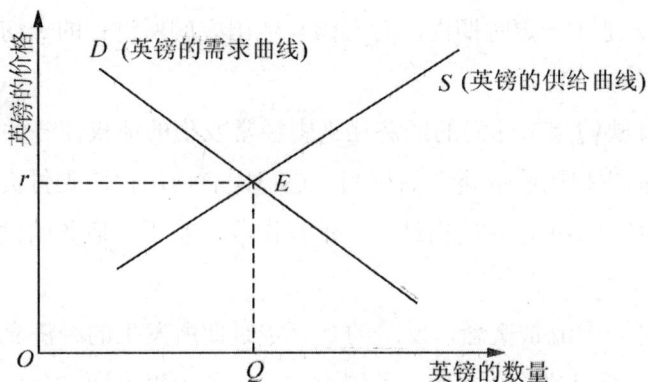

图 14-1　汇率的决定过程

利用比较静态分析的方法可知，若由于某种原因，对英镑的需求增加，即需求曲线 D 向右移动，则均衡汇率大于原来的汇率，这时英镑升值；另一方面，若由于某种原因，对英镑的供给增加，即供给曲线 s 向右移，则均衡的汇率小于原来汇率，这时英镑贬值。

在外汇市场上，汇率是经常变动的，影响汇率的因素是十分复杂的，既有经济因素，又有非经济因素。就短期而言，影响汇率的因素主要有以下几个。

1. 货币供给量

当一国货币供给量增长较快时，该国公众持有的货币存量超过其愿意持有的货币数量，公众将购买有价证券，在开放经济中，这将使资本外流而使该国汇率上升、本币贬值。

2. 利率

一国利率的上升会使资本流入，导致汇率下降、本币升值，而利率的下降会使资本流出，导致汇率上升、本币贬值。

3. 政府干预

一般来说，政府可以通过买卖外汇或外汇管制等直接或间接性手段来影响外汇市场的短期汇率。

此外，心理预期以及季节性等因素也可能会影响汇率。

三、国际收支

国际收支是指一国在一定时期内从国外收进的全部货币资金和向国外支付的全部货币资金的对比关系。一国国际收支的状况反映在该国的国际收支平衡表上。

1. 国际收支平衡表

国际收支平衡表是在一定时期内，对一国与他国之间所进行的一切经济交易加以系统记录的报表。它具有以下特征。

(1) 国际收支反映的是国际间的经济往来中经常发生的债权债务关系。例如：在国际贸易中，出口国有向进口国收取货款的权利；进口国有向出口国支付货款的义务。国际间这种债权债务关系必须在规定时间内结清，债权国收入货币，债务国付出货币，这就产生了国际收支。

(2) 国际收支是一个流量概念，反映的是一定时期所发生的经济交易。这段时期可以是一年，也可以是一个月或一个季度，各国通常以一年为报告期。

(3) 国际收支反映的是居民与非居民之间的交易。居民是一个经济概念，在本地居住1年以上的政府、个人、企业、事业单位和外国企业，都视为本国居民，反之就为非居民。

(4) 国际收支反映的是国家间的所有经济交易，不只包括外汇收支，还包括不涉及外汇收支的单方无偿援助、补偿贸易等。

2. 国际收支平衡表的账户划分

为了记录国际收支的情况，要把所有的数据都记在一张报表上，由此产生了国际收支平衡表。

国际收支平衡表总体上由三大部分组成：经常账户、资本账户及官方储备。

经常账户记录商品与劳务的交易，也记录转移支付。劳务包括运费、版权支付和利息支付，还包括净投资收入，即本国国外的资产获得的利息和利率减去外国人在本国拥有的资产所获得的收入之差。转移支付包括汇款、捐赠和援助。

资本账户记录国际间的资本流动。凡是外国对本国居民的贷款，外国购买本国的实物资产和金融资产的交易都是资本流入，或称资本输入。凡本国居民对国外的贷款，以及他们购买外国的实物资产或金融资产的交易都是资本流出，或称资本输出。资本账户记录着一国资本的输入输出情况，如政府、国际金融机构、商业银行和跨国公司的投资等。资本流动又分为长期和短期两种，前者指一年以上到期的国际资本的流动；后者指一年或不足一年到期的国际资产和负债的变化。

官方储备又可称为官方的黄金和外汇储备，由一个国家官方的货币机构所持有。黄金和外汇通常被称为储备资产。

在开放经济中，一国与外国的经济往来主要包括两个方面的内容：一是商品与劳务的进出口和各种转移支付的进出；二是为购买实物资产和金融资产而发生的资本流入和流出。前者反映在国际收支平衡表的经常账户上，后者反映在资本账户上。

3. 国际收支平衡表的平衡含义

每个国家在一定时期内都可能产生经常账户的顺差或逆差，以及资本账户的顺差和逆差。当然这两个项目也可能分别出现平衡，但这种情况大多是偶然的。

现将净出口和净资本流出的差额称为国际收支差额。并用 BP 表示，即：

$$国际收支差额=净出口-净资本流出 \tag{14-1}$$

或者

$$BP=nx-F \tag{14-2}$$

按照宏观经济学的定义，一国国际收支平衡也称为外部均衡，是指一国国际收支差额为零，即 $BP=0$。对于国际收支平衡还可以通过下述方式理解：个人和企业必须为其在国外的购买而支付。如果一个人的花费大于他的收入，他的赤字需要通过出售资产或借款来支持。与此类似，如果一个国家发生了经常账户赤字，即在国外的花费比它从国外得到的收入多，那么这一赤字就需要通过向国外出售资产或从国外借款来支持。而这种资产出售或借债意味着该国出现了资本账户盈余。因此，任何经常账户赤字要由相应的资本流入来抵消。如果国际收支差额为正，即 $BP>0$，称国际收支顺差，也称国际收支盈余。如果国际收支差额为正，即 $BP<0$，称国际收支逆差，也称国际收支赤字。 一般来讲，无论出现国际收支的顺差还是逆差都要通过财政政策、货币政策、汇率政策和直接管制等经济手段对国际收支进行调节。

◎ 项 目 总 结

本项目从一国与多国的国际贸易问题入手，着重介绍了开放经济的概念和成因，从不同角度介绍了各理论学派在开放经济中进行国际贸易的理论渊源，强调了汇率在各国国际贸易中的作用及对国际贸易行为的影响。一国的国际收支平衡表有效地反映了一国具体的贸易往来情况，国际收支平衡表具体包括经常项目和资本项目。经常账户即记录商品与劳务的交易，也记录转移支付。资本账户记录国际间的资本流动。只有当经常账户与资本账户都保持平衡，即 $BP=0$ 时，国际收支才实现了平衡。

◎ 项目考核

一、选择题

1. 在开放经济中决定国内国民收入水平的总需求是( )。

   A. 国内总需求

   B. 对国内产品的总需求

   C. 国内支出

   D. 国民总支出

2. 在开放经济中，国内总需求的增加将引起( )。

   A. 国民收入增加，贸易收支状况改善

   B. 国民收入增加，贸易收支状况恶化

   C. 国民收入增加，贸易收支状况不变

   D. 国民收入减少，贸易收支状况恶化

3. 开放经济中的乘数( )。

   A. 大于封闭经济中的乘数

   B. 等于封闭经济中的乘数

   C. 小于封闭经济中的乘数

   D. 大于等于封闭经济中的乘数

4. 在开放的经济中，出口的增加将引起( )。

   A. 国民收入增加，贸易收支状况改善

   B. 国民收入增加，贸易收支状况恶化

   C. 国民收入增加，贸易收支状况不变

   D. 国民收入减少，贸易收支状况恶化

5. 属于国际收支平衡表中经常项目的是( )。

   A. 国外政府在本国的存款

   B. 本国在外国发行股票的收入

   C. 外国居民在本国旅游的支出

   D. 以上答案均正确

二、判断题

1. 开放经济中的总需求和封闭经济中的总需求是完全相同的。 ( )

2. 在开放经济中，国内总需求增加，既可以增加国民收入，又可以改善贸易收支状况，因此是绝对有利的。 ( )

3.　在开放经济中，对外贸易乘数小于一般的乘数。　　　　　　　　　　　（　　）

4.　在开放经济中，出口增加会使国民收入增加及贸易收支状况改善。　　（　　）

三、计算题

1.　某国总需求增加 100 亿元，其边际消费倾向为 0.6，边际进口倾向为 0.2，请计算:

(1) 该国的对外贸易乘数是多少？

(2) 总需求增加使国民收入增加多少？

(3) 国民收入增加后，进口会增加多少？

2. 美元与人民币的汇率为 1 : 4，以后变成 1 : 8，据此计算:

(1) 中国出口到美国的某产品原人民币价格为 1 200 元，汇率变动前后的美元价格各为多少？

(2) 美国出口到中国的某产品原美元价格为 400 美元，汇率变动前后的人民币价格各为多少？

(3) 这种变动是有利于增加美国向中国的出口，还是有利于中国向美国的出口？

四、问答题

1.　在开放经济中，决定国民收入水平的总需求是什么？

2.　什么是国际收支？

3.　什么是外汇汇率？外汇汇率有几种标价方法？

4.　什么是汇率升值和汇率贬值？

◎ 项 目 拓 展

案例分析。

我国的财政与货币与政策

1993 年以来，我国宏观经济的运行轨迹非常清晰。就内部经济来讲，经历了膨胀和紧缩两个阶段。1993 年至 1996 年初具有明显的膨胀特征: 物价上涨幅度较大，是新中国成立以来前所未有的，币值不稳，经济中的泡沫成分比较多。1996 年下半年尤其是东南亚金融危机爆发至今，经济具有明显的衰退特征: 存贷增加，需求疲软，失业增加，经济滑坡。就外部经济来说，经历了逆差、顺差、顺差大幅缩减三个阶段。1993 年国际收支失衡较严重，贸易收支呈现逆差，主要依靠资本的净流入来平衡，外汇储备仅 220 亿美元。1994 年至 1997 年，国际收支连年顺差，外汇储备大幅增长，1997 年底，官方外汇储备为 1 399 亿美元。1998 年以来，出口受阻，资本流入趋缓，国际收支平衡面临严峻考验。

(资料来源: 中国宏观经济运行轨迹，1990—1994 年. 国家流计局国民经济核算司，1995 年)

问题：

1. 1993 年以来，我国采取的汇率政策有何特点？
2. 1993 年以来，我国采取了什么样的货币政策？
3. 1993 年以来，我国采取了什么样的财政政策？

参 考 文 献

[1] 刘源海. 经济学基础[M]. 北京：高等教育出版社，2006.

[2] 高鸿业. 西方经济学[M]. 北京：中国人民大学出版社，2000.

[3] 卢峰. 经济学原理[M]. 北京：北京大学出版社，2002.

[4] 张淑云. 西方经济学教程[M]. 北京：化工出版社，2007.

[5] 卢进强. 应用经济学[M]. 北京：北京交通大学出版社，2009.

[6] 李成，何善华，林宙. 西方经济学[M]. 广州：暨南大学出版社，2006.

[7] 连有，王瑞芬. 西方经济学[M]. 北京：清华大学出版社，2008.

[8] 臧良运. 经济学基础[M]. 北京：高等教育出版社，2009.

[9] 梁小民. 西方经济学教程[M]. 北京：中国统计出版社，1998.

[10] 曼昆. 经济学原理[M]. 北京：机械工业出版社，2003.

[11] 方欣. 西方经济学(第二版) [M]. 北京：科学出版社，2008.